Uma Arquitetura da Indiferença

Coleção Estudos
Dirigida por J. Guinsburg

Equipe de realização – Revisão de texto: Nanci Fernandes; Revisão de provas: Carolina Lemos; Sobrecapa: Sérgio Kon; Produção: Ricardo W. Neves, Heda Maria Lopes e Raquel Fernandes Abranches.

Annie Dymetman

UMA ARQUITETURA DA INDIFERENÇA
A REPÚBLICA DE WEIMAR

EDITORA PERSPECTIVA

Direitos reservados à
EDITORA PERSPECTIVA S.A.
Av. Brigadeiro Luís Antônio, 3025
01401-000 – São Paulo – SP – Brasil
Telefax: (0--11) 3885-8388
www.editoraperspectiva.com.br
2002

Ao Júlio (in memoriam): que pregou que a resistência solitária não dá conta da barbárie;

Às filhas Galah e Sharon: que recusam morar nos edifícios construídos pela arquitetura da indiferença;

Aos pais Michel e Lily: em quem tudo começou.

Agradeço

Ao Chico de Oliveira, arcanjo de minha história pessoal, que me instigou a despertar meus mortos e a rejuntar meus/seus fragmentos...

À Olgária Matos, insistente testemunha de um passado quase-que-perfeito, que provocou a louca anamnese de minha paixão e imaginação redivivas...

À Flávia Schilling, anjo da Presença que, mão na mão, com a pequena vitória de cada dia, pacientemente, ensinou-me a arte da resistência...

Aos mestres que, como pedras ou flores no caminho, provocaram guinadas, descobertas e rupturas: Maria Helena Augusto, José Carlos Bruni, Renato Janine Ribeiro, Boaventura Souza Santos, Giacomo Marramao, Gabriel Cohn, Eva Blay e Berta Waldman.

Aos amigos que me leram e me confirmaram: Helena Singer, Marcelo Justo, Sônia Novinsky, Filip Strul, Glauber Silva de Carvalho, Leopoldo Waisborth.

E, finalmente,

Às personagens fortes embora efêmeras de minha trajetória:
Prof. Shmuel Eisenstadt, da Universidade de Jerusalém;
Prof. Itzhak Steiner, da Universidade de Haifa;
Profa. Tovah Benski, da Universidade de Haifa;
Profa. Ruti Katz, da Universidade de Haifa.

Sumário

ABREVIATURAS XIII
PREFÁCIO XV
INTRODUÇÃO XVII

1. RACISMO ADMINISTRADO 1
   Continuidade Estrutural: A Incompletude da Revolução
   Burguesa 6
   Democracia de Massas: Soberania Popular com Povo
   Des-poderado, Manipulado 20
   Perda do Monopólio Estatal da Força/Violência –
   Gewalt 28
   Liberalismo Econômico: Livre Concorrência/
   Cartelização; Livre Mercado/Intervencionismo; Capital
   Industrial/Capital Financeiro 36
   Liberalismo Político: Governo da Lei e Governo dos
   Homens 47

2. ARQUITETURA DA EXCLUSÃO ABSOLUTA 55
   TRÊS FORMAS DE PARTICULARISMO UNIVERSALISTA
   O Imperialismo como Produtor de Nacionalismo .. 56
   O Nacionalismo como Produtor do Tribalismo
   (Pangermanismo) 62
   O Romantismo como Produtor do *Volkisch* 72

3. Hermenêutica do Excesso 93
   Alguns Meandros Partidários 95
   Do Estado de Exceção 109
   (Des)encontros Excepcionais 123
   Carl Schmitt e o Decisionismo Monista 124
   Walter Benjamin e a Redenção Messiânica 141

   4. Algumas Anotações Conclusivas 171
      Diálogo da Exceção com a Modernidade

Referências Bibliográficas 177

Abreviaturas

PARTIDOS

DDP/DSP Deutsche Demokratische Partei –
Partido Democrata Alemão

DNVP Deutschnationale Volkspatei –
Partido Nacionalista Alemão - agrários

DVP Deustsche Volkspartei –
Partido Populista Alemão

KPD Kommunistische Partei Deustschlands –
Partido Comunista da Alemanha

NSDAP Nationalsozialistische Deutsche Arbeiterpartei –
Partido Nacional Socialista Alemão

SPD Sozialdemokratische Partei Deustschlands –
Partido Socialdemocrata da Alemanha

Z Zentrum –
Centro (partido católico)

IDENTIDADE PARTIDÁRIA DOS GOVERNOS E CHANCELERES CITADOS

Scheidemann – SPD
G. Bauer – SPD

H. Müeller – SPD
Fehrenbach – Z
Wirth – Z
Cuno – sem partido
Marx – Z
H. Brüning – Z
Von Papen – sem partido
Von Schleicher – sem partido
Hitler – NSDAP

Prefácio

À guisa de nota justificativa da construção do tema, pareceu-me oportuno usar este espaço para algumas considerações em torno da dimensão de resgate deste projeto, a fim de introduzir as diretrizes que orientaram a sua escrita.

Filha de sobreviventes judeus da Segunda Guerra Mundial, fui criada no contexto cotidiano das narrativas – raramente heróicas – de luto e lamento que, no decorrer dos anos, foram se cristalizando e adquirindo um estatuto de verdade, de *fatos/choses* durkheimianos. Entretanto, esse saber difuso, jamais organizado e sistematizado, por conta de sua inquestionabilidade, foi sedimentando uma grande área escura, de falta ou de silêncio. É justamente sobre essa área, emergida como um *retorno do recalcado*, que recai o aspecto subjetivo de resgate do projeto.

Tudo começou num curso do professor Chico de Oliveira em que, para melhor entender a crise atual, víamos os caminhos e os descaminhos da socialdemocracia. Ao tratar da crise dos anos 1930, o professor observou que, em determinado contexto, o nazismo se apresentava como alternativa à socialdemocracia – pleno emprego, intervencionismo, dirigismo –, estabelecendo as prioridades da produção, os fortes investimentos de infra-estrutura, gastando muito acima da receita. Essa colocação um tanto insólita do nazismo como racionalidade submetia meu saber difuso e coisificado a um novo olhar. Naquela fala, o Holocausto e o fenômeno nazista deslocavam-se de uma história privada, familiar ou exclusivamente ligada à história do povo judeu, para o seu devido lugar, enquanto tema da *herança iluminista*, pano de fundo das discussões que perduraram desde a Segunda Guerra, e que se tornaram mais agudas na contemporaneidade.

Como o período weimariano – 1920-1933 – envolve uma grande multiplicidade de personagens cujas falas e antagonismos estão novamente – ou será *ainda*? – em pauta, bem como de dimensões que terminam se emaranhando umas com as outras, a empreitada de uma revisitação ao período parecia ainda mais ambiciosa e difícil.

Como apresentar tantos representantes das sombras e das luzes? Como fazer falar o que se oculta nas entrelinhas das decisões e das hesitações, nas respostas silenciosas à sedução e conquista, ou que se oculta nos discursos mudos das massas invisíveis dos que morreram? Como trabalhar uma época que terminou se transformando num dos símbolos de maior produção e reprodução de significados de nosso tempo? Por meio da narrativa? da dramaturgia? Como articular os múltiplos discursos? Como costurá-los?

A costura cronológica, recomendável sob a perspectiva da ordem, não esvaziaria a experiência ao eliminar o arrepio de familiariadade que o reconhecimento de certos *flashes* de uma época provoca? Articulá-los espacialmente, por sua vez, não isolaria e congelaria o acontecimento, arrancando-o do mundo vivido, retirando-lhe, portanto, ao menos parte de seus significados?

A escolha da forma de apresentação foi ditada pela singularidade própria da República de Weimar. Estudar os tempos weimarianos pode ser, entre outras, o aceite a um convite de envolvimento e debate. Aqui, a república é apresentada e representada como o cenário-acontecimento de um debate longo e durável. Este livro pretende imiscuir-se nas interlocuções da época, enfocando sobretudo as questões e os ângulos com os quais estamos envolvidos hoje. O fio condutor, portanto, não é o tempo nem o espaço; é o presente.

Introdução

Na dimensão do ator social que pensa a realidade, o objetivo é contribuir para o debate atual em torno da crise, recompondo o cenário das discussões do período weimariano, sobretudo retomando a questão das aporias da democracia, que parece em continuidade direta com as décadas que antecederam a Segunda Guerra Mundial, e que foram silenciadas por conta da reconstrução de uma Europa em ruínas e do consenso em torno do regime democrático como a via do bom governo.

Tendo como referência a lei de exceção – art. 48 da Constituição de Weimar –, trata-se de rever tipos de *mentalidades culturais* do período, dando especial visibilidade aos conservadores radicais antidemocratas, cuja prática discursiva remontava à tradição contra-revolucionária de 1796-1810, como Du Bonald, Maistre, Schelling, Burke, Novalis, e que veio desembocar, via Father Jahn, ainda no início do século XIX, no Novo Romantismo e na Revolução Conservadora, no sentido amplo de revolta intelectual contra a democracia liberal.

Trata-se também de resgatar certos aspectos da polêmica em torno da democracia, do liberalismo parlamentar e da socialdemocracia – como crítica e como resignação –, do Estado administrado e do fenômeno de massas, inaugurados pelas análises da Escola de Frankfurt.

E, finalmente, trata-se da construção de uma metáfora da exceção – uma hermenêutica do excesso –, a partir da *redenção messiânica* de Walter Benjamin e do *decisionismo* de Carl Schmitt.

Na dimensão do pensamento sociológico que considera o ator social em função da realidade, o objetivo é colocar as grandes teorias – *grosso modo,* marxismo e funcionalismo – em interlocução com o registro foucaultiano da *contra-história* e das técnicas de poder – *disciplina, microfísica* e *biopoder* –, dando relevo às mudanças que o fenômeno nazista aportou para a própria sociologia. Em última instância, trata-se, sobre o pano de fundo de uma dialética da razão, de questionar o potencial de barbárie enraizado no próprio projeto da modernidade.

Cinqüenta anos depois da Segunda Guerra Mundial, o impacto da experiência de uma certa concepção do político, sem precedentes no passado, os campos de extermínio, enquanto emblema do mal radical e da exclusão absoluta, ainda requerem o reconhecimento de sua excepcionalidade.

O nazismo diferencia-se da tirania antiga e do despotismo absolutista, assim como não se lhe pode atribuir a racionalidade do Príncipe maquiaveliano nem se pode comparar a forma de exclusão – a *solução final* – com qualquer experiência excludente anterior.

O ditador romano era indicado por um período não superior a seis meses para defender o país contra um inimigo externo ou de dissenções internas. Não tinha autoridade para alterar a Constituição, declarar guerra, intervir em processos legais, nem criar novos impostos. Tinha poder soberano *dentro desses limites.*

O monarca absoluto, por sua vez, é um ditador, e seu governo não é legítimo, pois não é constitucionalmente regulado por hereditariedade ou eleição. Aquele que ascende ao poder por meio de golpe de Estado é tirano usurpador e, para livrar-se do estigma da ilegitimidade, deve estabelecer formalmente seu governo.

E, na Alemanha, pela primeira vez na história, numa inquietante fusão entre modernidade e guerra total, parte de um coletivo foi definida como o absolutamente Outro e excluída da categoria humana comum.

Herdeiros do raciocentrismo iluminista, envoltos pela sagitalidade do presente, pelo entusiasmo e pelo desejo de autonomia, defrontamo-nos, desde 1945, com o vácuo civilizatório da barbárie, a indiferença a ela e sua anistia, colocando em questão a validade do entendimento do fenômeno nazista por meio de uma inteligibilidade totalizante. A incongruência entre cultura e barbárie não está no fenômeno do Holocausto, mas em como este tornou incompreensível à civilização ocidental.

É justamente no contexto do espírito da *Aufklärung – Esclarecimento* –, do amadurecimento da humanidade, que toda reflexão sobre a desumanização se petrifica, seja ela coletiva ou privada ou sobre o humano, seja ele vítima, perpetrador ou platéia.

Na medida em que, de uma perspectiva epistemológica, a história da sociologia pode ser considerada como racionalização da realidade social, abarcando regiões cada vez mais extensas, o nazismo ainda se apresenta como grande desafio. Sobre ele perdura uma certa indecifrabilidade, sobretudo no que se refere ao diagnóstico dos elementos conjunturais que ensejariam a reinstalação desse "não Estado, império da anomia", reavivando o velho debate sobre a cientificidade das ciências sociais, relativamente apaziguado pelo reconhecimento da impossibilidade e mesmo da ineficácia da previsão e do prognóstico.

O enigma sempiterno entre o progresso da humanidade e sua autodestruição – tal qual o Anjo da História de Benjamim que, com os olhos voltados para o passado, é impelido para a frente pelo furor dos ventos do progresso – reatualiza-se no clima melancólico e apocalíptico do final do milênio, expressado pelo *ethos* de crise que torna a atualidade ruptura e que, enquanto tal, recoloca a questão da modernidade. Embora a República de Weimar, como cenário do fenômeno nazista, seja dos temas mais abordados da história contemporânea, muito ainda permanece por fazer quando se trata das lições que a primeira democracia alemã, esse "desesperado e furioso experimento", pode prover.

Assim, este texto é também uma tentativa de resgatar um recorte que oponha e recomponha a multiplicidade de saberes deformados, reformados e transformados pela dialética entre memória e esquecimento destes últimos cinqüenta anos e que adentra o tempo da atualidade. Essa dialética se estabeleceu sobretudo por conta da crise – do capitalismo, do Estado, da razão – que, ao se caracterizar por soluções concretas de curto prazo, tem se defrontado com propostas que muito rapidamente se mostram inócuas e estéreis e que remetem às discussões e saídas dos anos weimarianos.

No nível da economia, o amplo espectro neoliberal – o *suave totalitarismo* de Francisco de Oliveira –, sob a égide de uma divisão de recursos mais igualitária como produto automático da abertura do mercado, tem retomado o debate em torno das políticas intervencionistas, não intervencionistas e semi-intervencionistas (o Estado mínimo). Assim, por meio da globalização financeira e seu desenvolvimento extraordinário, em detrimento da produção, a crise remete à discussão sobre as soluções monetaristas – muitas vezes deflacionárias – e sobre o capital financeiro e o papel dos bancos.

No nível político, com a ambígua globalização/localização – a *glocalização* de Boaventura de Souza Santos –, tem-se assistido à reorganização política das nações. Tal reorganização culminou em verdadeiros genocídios étnico-nacionais na Europa oriental – como ruínas emergentes de situações inacabadas – e em processos lentos e penosos de democratização, sobretudo na América Latina, numa retomada das discussões em torno das aporias da democracia, do liberalismo e do Estado de direito.

No nível social, num Estado em que as políticas de bem-estar estão cada vez mais minguadas, a crescente conscientização dos direitos e liberdades da cidadania e o fortalecimento da sociedade civil têm propiciado abordagens fragmentárias e pontuais que conformam as novas sociabilidades pós-modernas e que, ao mesmo tempo, remetem à questão da soberania e da separação entre os poderes, assim como à questão das relações entre indivíduo e Estado.

As saídas atuais – neoliberalismo, Estado mínimo, organização da sociedade civil – têm se mostrado não só ineficazes como perversas, diante do aparecimento da nova/velha categoria social da barbárie moderna: a exclusão absoluta e o espraiamento da banalização da morte – desde a brutalidade e os assassínios em massa à insegurança do cotidiano das grandes metrópoles, onde convivem imbricados Primeiro e Terceiro mundo. Diante do processo de enfraquecimento gradual do "pacto social", ou seja, da violência enquanto monopólio exclusivo do Estado, recoloca-se na pauta dos debates o projeto da modernidade, seus limites e suas perversões.

O fenômeno nazista marcou profundamente as ciências humanas. Pode-se observar um deslocamento da análise do plano econômico para o político, ao longo dos diferentes períodos de recepção da República de Weimar. Muitos deles foram negativos e parciais, por conta da (des)memória coletiva, diante da disposição de negociar esquecimento em troca de indenizações, a começar pela própria recepção ambivalente de si mesma, como período de polarização ideológica e politização exacerbada – de que muitas vezes o período foi acusado, principalmente pelas análises liberais, que viam na fragmentação partidária a fonte maior de sua fragilidade e da precariedade de sua legitimidade –, ou como reação conservadora e traição à socialdemocracia.

Entretanto, houve tentativas de sua reavaliação positiva como conexão perdida da modernidade, por meio da revivificação de alguns autores weimarianos. O movimento estudantil de 1968 redescobriu Ernst Bloch, Karl Korsch e György Lukács. Wilhelm Reich apareceu como a tentativa de ponte entre a psicanálise e o marxismo; com Herbert Marcuse, a Escola de Frankfurt e Walter Benjamin retornaram ao palco; Bertold Brecht no teatro e Kurt Weill na música; e, pelo fio condutor nietzschiano, Oswald Spengler e o declínio do ocidente, os românticos e os irracionalistas. E, sem dúvida, desde a reunificação alemã de 1989 e as discussões atuais, o reconhecimento de sua importância tem aumentado.

Assim justifica-se uma retomada do nazismo, por conta de sua condição de "passado tão presente", que leve em consideração o dito, o escrito e o silenciado, numa espécie de *metodologia do anacronismo*, propondo "uma ida ao passado com questões do presente para retornar ao presente, com o lastro do que se compreende do passado, num vaivém entre o antigo e o novo" (Loraux: 64).

O cenário-acontecimento desta releitura, a instável e descontínua República de Weimar, considera uma série de experimentos da modernidade, na qual a *era dos extremos* de Hobsbawm encontrava-se incipiente e que, ao longo das décadas que se seguiram à ascensão de Hitler e à Segunda Guerra Mundial, foi-se constituindo num verdadeiro paroxismo do Iluminismo, em que Razão e Desrazão evoluem numa espécie de *pas-de-deux*, recolocando a questão da relação inevitável entre a barbárie e o projeto da modernidade.

1. Racismo Administrado

À guisa de apresentação do cenário weimariano, pretende-se mostrar como, a partir da Primeira Guerra Mundial, as possibilidades da república alemã se tornar um Estado administrado cresceram, apesar de se tratar de uma democracia modelar. Instaurada por uma maioria socialdemocrata e liberal, sua constituição foi redigida visando democracia plena, pelo judeu Hugo Preuss, por Friedrich Naumann e Max Weber – todos eles liberais atuantes – e era possuidora do capitalismo mais desenvolvido e o movimento trabalhista mais bem organizado da Europa.

O objetivo deste trabalho é dar visibilidade aos oxímoros do poder já presentes no Iluminismo, na noção de tirania da razão, da aliança entre a filosofia e a espada, e que na república weimariana convivem ora imbricados ora em embate, como mecanismos e estratégias de dominação. A referência pictórica hegeliana dessa aliança é o emblemático "Cavaleiro" de Dürer, de 1806. Nele, o Cavaleiro, que agora é visto como soldado – e não como filósofo –, cavalga em companhia da Morte e do Diabo, em busca do Santo Graal, que simboliza o *Weltgeist*, a *alma do mundo*. O desenho representa a aliança entre a filosofia e a espada. Para o lado da espada pendiam os hegelianos, que reivindicavam uma ditadura política, da qual naturalmente se tornariam os ditadores.

Assim, a transliteração alemã do entreguerras, seja pelos mecanismos do *ancien régime*, centrados na liderança do *Kaiser*, seja pela *Aufklärung* kantiana, envolvendo autonomia e progresso da humanidade, reflete o aspecto trágico da contemporaneidade, cuja expressão mais forte foi a superposição indiferenciada de cultura e barbárie. Uma das questões da época, a formalização ou (des)formalização da lei, deixa à mostra as aporias e ciladas da democracia, sobre o pano de fundo de uma significativa falta de manifestação liberal. A discussão em torno do *governo da lei*, no sentido weberiano de um governo de normas gerais claras que garantam um mínimo de proteção legal contra o autoritarismo e o abuso, terminou colocando em oposição duas críticas ao liberalismo. Uma foi a dos sociaisdemocratas Kirshheimer e Franz Neumann, ambos pela preservação da lei formal apesar da conseqüente expansão do aparato administrativo e burocrático. E, a outra, de Carl Schmitt, para quem a lei formal torna-se inútil numa sociedade em que as elites não respeitam a lei quando esta não está de acordo com os seus interesses.

No contexto específico do pós-guerra de 1918 – considerando-se a derrota alemã, o Tratado de Versalhes, a crise econômica e a ameaça bolchevique –, as discussões incluíam as crises cíclicas do capitalismo; a ausência de revolução burguesa na Alemanha; a burocracia que, na esteira do capitalismo, tornara-se cada vez mais desenvolvida e autônoma, e cujo *ethos* anônimo e impessoal penetrara todas as dimensões do social e do político – do judiciário inclusive –, sem prover conteúdo identitário ou de pertencimento. Enfim, tratava-se de um Estado em processo de formação, centralização e unificação tardios, que também passava pelas transformações produzidas pela fusão entre a modernidade técnica e a sociedade de massas, o que terminou criando o espaço para um racismo de Estado como atração e elo substitutivos da integração e que, numa estilização e estetização da política, fundada no terror, estava moldando uma *revolução conservadora*. A *revolução conservadora*, na qualificação de Zeev Sternhell, refere-se a uma longa tradição conservadora alemã que adentrou o século XX e que incluía, como figuras mais centrais, Oswald Spengler, Moeller van den Bruck, Wilhelm Stapel, Hans Freyer, Carl Schmitt, Edgar Julius Jung, Ernst Jünger, Ernst Niekisch, Hans Zehler, os editores da *Ring*, *TAT* e *Deutsches Volkstum,* e Martin Heidegger, que só mais tarde se tornou figura de peso.

Assim, entre uma democracia liberal e uma revolução conservadora, o Estado administrado é aqui visto como representativo de uma multiplicidade de incongruências e de fusões entre passado e presente, cujas expressões mais polêmicas estão nos aspectos que deram os enfoques dos capítulos do livro. Primeiro, a da continuidade estrutural de uma Alemanha em que convivem uma economia liberal e autônoma e uma política reacionária e conservadora; segundo, a da democracia de massas, em que convivem as noções de soberania popular e de povo "des-poderado" e manipulado; terceiro, a perda gradual da exclusividade do monopólio estatal da violência/força – *Gewalt*[1]; quarto, o liberalismo econômico em que convivem livre concorrência, cartelização e monopolização; quinto, o liberalismo político, em que convivem um governo da lei e um governo dos homens, o decisionismo baseado no artigo de exceção, art. 48 da Constituição.

Tomando emprestados alguns dos conceitos de poder de Michel Foucault, pode-se dizer que em Weimar se assiste ao convívio entre duas diferentes estratégias de dominação, duas formas de força/poder, de violência/direito. De um lado, o modelo reatualizado do "direito de fazer morrer e deixar viver", modelo da soberania em que resquícios da velha ordem se transliteram, via o absolutismo, em ditadura simples. Como lembra Franz Neumann em sua obra *Behemot*, publicada em 1943, em plena Segunda Guerra Mundial, o poder absoluto do chefe do partido ou do *pater familias* pode ajudar a entender o mecanismo desta ditadura simples, um poder exercido sobre as massas não politizadas, por meio do controle total e da repressão, aliando polícia, exército, burocracia e poder judiciário.

De outro lado, os modelos *disciplinar* e *biopolítico* de poder, como modelos de vigilância e opressão. O primeiro emerge juntamente com o capitalismo, "destinado a produzir forças, a fazê-las crescer e a ordená-las [...] que se exercem positivamente sobre a vida, que se encarregam de a gerir, valorizar, multiplicar, de sobre ela exercer controles precisos e regulações de conjunto" (Foucault, 1992). O outro refere-se às grandes populações contemporâneas – Foucault não falava explicitamente em massas – e lida com previsões, estimativas, cálculos probabilísticos, medidas globais, e que tem por meta reduzir a morbidez, prolongar a vida, instalando mecanismos de prevenção ao risco, regulamentando, administrando e normalizando o reparto das responsabilidades e instaurando a "sociedade seguracional", otimizando, enfim, o estado da vida, característico do moderno Estado administrado.

No reino da razão, o cálculo de probabilidades, em que regularidade e predictibilidade legais e econômicas são condição necessária e continente da deliberação, do diálogo e da ação política autônoma, e que também produz o risco, é o princípio do Eternamente Mesmo, do que se repete e se serializa. É o número fazendo sentido, reproduzido no sentido da massa. É, diz Foucault, a repetição da ocorrência reforçando a realidade e, ao mesmo tempo, banalizando-a e desauratizando-a. A probabilidade, enquanto astúcia da razão, conhece leis sem penetrar causas; elimina o singular, fabrica o homem médio, espécie de homem-massa, cuja individualização não se faz a partir de si mes-

---

1. Optou-se aqui por empregar o termo alemão usado por Benjamin em seu *Para uma Crítica da Violência*, "*Gewalt*", no sentido ambivalente de força ou violência, sempre que se tratar do monopólio estatal da violência.

mo, mas do grupo, não se faz dialogicamente pela discussão, mas pelo discurso (e pelo silêncio).

Enquanto no *ancien régime* a guerra se apresentava como conflito externo, travado nas fronteiras do domínio do soberano, na modernidade, com o processo de formação do Estado-nação, o conflito se interioriza contra ameaças à ordem e à integração sociais, criando uma polaridade, uma fissura binária em que se distinguem o Mesmo – categoria identitária e de pertencimento – *o hospes* – e o Outro – *o hostis*. É o surgimento do inimigo interno.

O poder soberano do contrato social, o poder-contrato, embora envolto no discurso pacificador e civilizador, funda-se num direito que regulamenta e normaliza o fazer a guerra. É o direito de matar normalizado, marcando a passagem da força ao direito; é a pacificação, o apaziguamento, como forma de continuar a guerra. Nele concentram-se armas e poder jurídico de maneira que a infração é sempre um ato contra o Estado, substituindo a idéia de crime pela de ofensa à ordem. O poder soberano é a parte lesada e exige reparação por meio do confisco de bens, que agrega à sua propriedade: "as monarquias fundam-se na apropriação da justiça, pelo confisco" (Foucault, 1980: 77).

Retomando o discurso da guerra das raças do século XVII, aliado ao evolucionismo biológico que penetra todas as dimensões do conhecimento e da política, inclusive os movimentos de identidade étnica contra os grandes aparatos estatais (austríacos e russos), trata-se de nova transcrição, agora uma teoria de raças que discrimina, separa e cinde a sociedade, criando um *hostis* interno, um Outro – *a outra raça* –, que não vem de fora mas que, de forma permanente, infiltra-se no corpo social e se reproduz dentro e a partir do tecido social. É o racismo como desdobramento de uma raça em super-raça e sub-raça, ou a reaparição do próprio passado da raça; é o discurso da degeneração tornado princípio de segregação, eliminação e normalização, que trata de defender a sociedade da ameaça biológica, do "contágio" dessa contra-raça que, apesar de si mesma, a sociedade constitui. Estratégia do conservadorismo, é o racismo de Estado que a sociedade exerce sobre si mesma, um racismo interno, de purificação permanente, dimensão fundamental da normalização social.

Foucault desenvolve raciocínio semelhante sobre "a luta entre as raças, transformada em luta entre as classes", e diagnostica o socialismo utópico do século XIX – como o de Fourier, por exemplo – como um racismo. Quanto à União Soviética, pós Revolução de 1917, qualifica-lhe o regime *socialismo racista*, na medida em que o biológico e o racial reaparecem no enfrentamento físico com o inimigo da classe, *inimigo do povo*, desaparecidos que estavam desde o crescimento da socialdemocracia e da luta pelos direitos e pela pluralidade, reforçada pelo "caso Dreyfus". Para eliminar economicamente um adversário, argumenta Foucault, o racismo não é necessário; este só se torna imprescindível quando há luta física, confronto de vida ou morte. A guerra das raças converte-se assim em racismo de Estado, tornando os processos biológicos uma questão do Estado. A biopolítica é a presença do Estado na vida das populações, e o racismo é condição e autorização do homicídio numa sociedade em que a norma, a regularidade e a homogeneidade são os instrumentos mais importantes para dar conta do valor central, que é a vida. Sob esse aspecto, Foucault prenuncia a centralidade da exceção na sociedade normatizada, normalizada, enfim, administrada.

Os movimentos totalitários, originados a partir dos movimentos de identidade étnica nacional, como o pangermanismo e o pan-eslavismo, servem de ilustração da biologização do Estado. Neles a cisão surge como genocídio colonizador, tornando-se mais tarde reforço e regeneração da própria raça. Os estados mais homicidas, diz Foucault, são também os mais racistas: o nazismo é o paroxismo do novo mecanismo, em que a disciplina e as regulações biológicas são centrais, com a gestão e administração da procriação, da hereditariedade, da doença. É o controle dos riscos dos processos biológicos tornado objetivo essencial do Estado. Assim, o "inimigo interno" estabelece a cisão: "para viver, o outro tem que morrer". Na sociedade de normalização, o racismo torna-se condição da função homicida do Estado: racismo de guerra convivendo com o poder homicida do soberano, de vida e morte.

Se no contrato social o poder é um direito cedido por acordo, assim como o é a propriedade, na biopolítica o poder não se dá nem se troca, só se exerce: só existe em ato. Ao contrário daquele em que, a partir da multiplicidade de indivíduos e vontades, forma-se uma vontade única, soberana, que se constitui no coração do Estado, na pessoa do príncipe, o poder disciplinar/biopolítico circula em rede; não é a manutenção e reprodução das relações econômicas, mas das relações de força. Como mecânica de repressão, numa inversão da definição de Klausewitz, disciplina e biopoder representam a guerra continuada com outros meios, pois que "perpetuam, numa espécie de guerra silenciosa, as relações de força, a desigualdade econômica, a língua e até os corpos" (Foucault, s/d: 27).

Disciplina e biopoder incumbem-se da uniformização, normalização, padronização e homogeneização constituintes da sociedade de massas, simplificando, unificando, instaurando linguagem e instituições.

A *Gleichschaltung* – sincronização –, estratégia de Hitler pouco depois de ascender ao poder, é sem dúvida a coroação plena desse processo de uniformização, normalização, padronização e homogeneização. O processo de sincronização teve início com a "lei de plebiscitos", de julho de 1933, que, diferentemente do "referendo democrático", não obrigava o *Führer* a acatar a decisão popular expressa no plebiscito, porque ele [o *Führer*] ainda era o representante da missão objetiva do povo. Num sistema de partido único, como era o caso da Alemanha de então, a lei era mais para efeitos de propaganda do que de direito constitucional. O passo seguinte da sincronização, também em 1933, foi a abolição do estatuto independente dos *Länder* – províncias e municípios –, padronizando as atividades federais "a fim de remediar a miséria do povo e do Reich".

Planejada, a sociedade de massas, a sociedade administrada, não pode ser pensada sem a *persona* do engenheiro, do técnico. Walter Benjamin, por exemplo, descreve a normalização da Primeira Guerra Mundial como "um ensaio de novos, inauditos esponsais com as potências cósmicas", transformado pela "avidez de lucro da classe dominante em um mar de sangue":

massas humanas, gases, forças elétricas foram lançadas ao campo aberto, correntes de alta freqüência atravessaram a paisagem, novos astros ergueram-se no céu, espaço aéreo e profundezas marítimas ferveram de propulsores, e por toda parte cavaram-se poços sacrificiais na Mãe Terra [...] pela primeira vez em escala planetária, ou seja, no espírito da técnica.

Embora a técnica seja definida como a dominação do homem sobre a natureza, na verdade, distingue Benjamin, ela é "dominação da relação entre natureza e humanidade [pois que] nas noites de aniquilamento da última guerra, sacudiu a estrutura dos membros da humanidade um sentimento que era semelhante à felicidade do epiléptico" (Benjamin, 1987: 68-69).

Essa diferenciação entre relação de dominação e dominação da relação, mais que qualquer outra coisa, indica afastamento, distanciamento e estranheza entre ambos, ao mesmo tempo em que trata da relação entre eles, em que a relação de dominação – do homem sobre a natureza ou da geração mais velha sobre a geração mais jovem – serve para mascarar o domínio da própria qualidade da relação.

CONTINUIDADE ESTRUTURAL: A INCOMPLETUDE DA REVOLUÇÃO BURGUESA

Usando os adjetivos hegelianos de celebração da Revolução Francesa, como "esplêndida aurora", "entusiasmo do espírito" ou "finalmente a conciliação do divino com o mundo", Norberto Bobbio refere-se à superioridade alemã por não ter precisado da revolução burguesa para se transformar.

Na verdade, o argumento da ausência de revolução burguesa na Alemanha e de sua unificação tardia em relação à Inglaterra e à França, está presente desde a pré-história de Weimar como explicação, ao menos em parte, da vontade de *revolução conservadora*, no jogo ambivalente entre razão e desrazão, entre cultura e barbárie.

Já em 1915, Torlstein Veblen ressaltava o desequilíbrio alemão: de um lado, intensa revolução industrial e, de outro, a manutenção da tradição feudal e do estado dinástico. À semelhança de Veblen, Winston Churchill declarara, já em 1911, que o governo alemão era uma "oligarquia militar e burocrática apoiada pela poderosa classe de *Junkers* proprietários de terras". Talcott Parsons, em 1942, e Laski, em 1943, retomam Veblen em relação à persistência do feudalismo, da burocracia e do gosto burguês pelos títulos de nobreza: a crise e a caducidade desses valores do passado, em Weimar, teria despertado o desejo de recuperá-los na ditadura nazista. Esse argumento termina desembocando, na década de 1950, na teoria da modernização de Parsons. Embora não seja do âmbito deste texto lidar com a teoria da modernização, vale ressaltar sua importância para os estudos funcionalistas que trataram do encontro entre grandes grupos populacionais diferentes, fruto dos deslocamentos de massa freqüentes ao longo de todo o século XX. Alguns desses deslocamentos ocorreram em função de novos mercados de trabalho – sobretudo da passagem acelerada do rural para o urbano –, e outros, em decorrência das guerras de libertação nacionais ou das guerras fomentadas sobre o pano de fundo da guerra fria[2].

Ralph Dahrendorf, em 1960, recupera Veblen para diagnosticar o caso de Weimar como o de uma modernização incompleta. A Alemanha vivenciara o capitalismo industrial, apesar de sua tradição feudal e de seu Estado dinástico. Houve um misto de revolução econômica e conservadorismo político; na verdade um caso de malsucedida modernização – econômica mas não política. Também Barington Moore, em 1966, com o conceito de "modernização conservadora", amplia a discussão da incompletude, descrevendo processos em que a modernização ocorre no âmbito econômico separadamente do âmbito político.

Nas recentes décadas de 1970 e 1980, o diagnóstico de Veblen recebe uma nova conotação, a da *continuidade estrutural*, por conta da sobrevivência das elites pré-capitalistas. Os industriais teriam apoiado Hitler por serem "feudalizados", pois o capitalismo não conseguira se normalizar enquanto sociedade liberal e democracia parlamentar. Kenneth Barkin, que trabalhou aspectos da Alemanha imperial, refere-se à anomalia do desenvolvimento alemão como o "mais importante poder industrial da Europa, liderado por uma oligarquia *Junker*, cuja base econômica estava em declínio e cuja visão do capitalismo industrial pertencia a uma era anterior". Faz, assim, alusão ao *ethos*

---

2. Cumpre ainda observar que a teoria da modernização foi desenvolvida por Eisenstadt para analisar a formação do Estado de Israel e da construção de sua estrutura social, formada por várias levas distintas de imigrantes, desde o último quarto do século XIX até a independência do Estado, em 1948.

feudal que atravessava instituições e elites alemãs, tais como o exército e sua disciplina e hierarquia rígidas (Barkin, 1978).

O ponto crucial da continuidade, a maioria dos autores concorda, foi a Revolução de 1848. A Alemanha modernizara-se sem passar pelas revoluções social e política; a oligarquia *Junker* mantivera-se poderosa no nível nacional, quase onipotente na Prússia rural. A burguesia, que poderia ter lutado pela liderança política, optou pelo compromisso histórico com a velha ordem, mostrando-se interessada apenas na dominação econômica. Martin Kitchen atribui a determinação e o sucesso da aristocracia alemã em não ceder o poder político, ao fato de a unificação alemã realizada por Bismarck, em 1871, ter sido armada *desde cima*. Isso trouxe como conseqüência, em primeiro lugar, a impossibilidade de uma democracia constitucional diante da realidade autoritária e arbitrária de Bismarck. De acordo com Max Weber,

> Bismarck deixou atrás de si uma nação sem nenhuma vontade política própria, acostumada à idéia de que o grande estadista ao leme tomaria as decisões políticas necessárias [...] acostumada à tolerância fatalista das decisões em nome do "governo monárquico" [e] um Parlamento completamente impotente foi o resultado negativo de seu tremendo prestígio (Weber, 1980: 14-15).

Em segundo lugar, a irresponsabilidade do exército que, a pretexto da agressão estrangeira, usava a guerra como agente unificador da nação e como fator de esvaziamento e frustração da crítica à ordem política, manipulando assim as massas contra a democracia. Finalmente, tudo isso acompanhado pelo desespero dos conservadores que, em 1933, terminaram nomeando Hitler chanceler, num último esforço, apoiados pelo que acreditavam ser um movimento de massas facilmente controlável e manipulável.

A crítica liberal à *continuidade estrutural,* na década de 1970, surge com os historiadores ingleses David Blackbourn e Geoff Eley, que apontam para a necessidade de repensar – e desfazer – o mito de uma revolução burguesa bem-sucedida, sem "confundir a democracia parlamentar liberal com as próprias condições de desenvolvimento do capitalismo". Para esses autores, revolução burguesa, enquanto evento dramático bem-sucedido, como na Inglaterra e na França, não houve em lugar algum. Na Alemanha, dizem eles, a transição para o capitalismo de fato ocorreu, seguida por mudanças de "superestrutura", apesar de manter certas formas feudais. Embora os *Junkers* fossem perpetuadores da servidão *de facto* dos trabalhadores rurais, em meados do século XIX tornaram-se fazendeiros capitalistas, emancipando os servos e instaurando o mercado livre de trabalho. Ademais, orientados pela ética calvinista – voltada para o lucro –, não hesitaram em se tornar empresários. Tratava-se muito mais de um segmento burguês do que da aristocracia feudal.

Richard Evans retoma a distinção entre modernização política e modernização econômica de Veblen citando alguns autores que reforçam o apoderamento por parte dos *Junkers* do novo sistema sem, no entanto, abraçar-lhe o regime. Michael Strümer constata que "as elites pré-industriais não teriam permitido a democratização da revolução industrial". Peter-Christian Witt afirma que "[a elite pré-industrial queria] manter o *status quo* político e social, [...] pelo menos na medida em que às massas [...] era negada participação nas decisões políticas ou qualquer emancipação social [...] e a burguesia liberal tomou as idéias liberais seriamente, sendo-lhe apenas permitido o papel de líder secundária". Por fim, Dieter Groh analisa que "[o Império estava] sob o compromisso de industrialização sem inovação política, dominado pelo estrato agrário" (*apud* Evans: 1985).

Eley e Blackbourn desenvolvem a idéia de revolução burguesa sem essa necessariamente implicar o "deslocamento do poder em favor da burguesia". Nesse sentido, a burguesia seria "classe dominante, não dirigente [e] sua verdadeira força está no sucesso do modo capitalista de produção [...] e não em uma forma determinada de Estado".

Devido à sua chegada tardia à cena social, a burguesia vinha impregnada de feudalismo. Profissionais e empresários aspiravam se tornar oficiais da reserva e rejeitando o liberalismo político. Adotaram o código feudal de honra, recorrendo ao duelo que, embora rejeitado pelos católicos e pelo Sul da Alemanha, foi um hábito que continuou a ser amplamente praticado na Prússia protestante, entre estudantes e oficiais da reserva, aristocratas e profissionais liberais, em pleno século XX. Também Norbert Elias, em *Os Alemães*, preocupado com o impacto descivilizador do nacional-socialismo, ressalta a apropriação dos modelos e práticas aristocráticos que, em outros países europeus, desde a ascensão da classe média, haviam perdido sentido. Dando destaque especial à prática do duelo, essa forma de "exigir satisfação" que difundiu-se também no meio burguês. Elias considerava-o uma síndrome cultural, reguladora da violência.

O parque público e a galeria de arte, por exemplo, competiam com o parque e a galeria aristocráticos; amantes de ópera interiorizaram o hábito burguês de bater palmas ao final do espetáculo, ao invés de a cada ária; as regras de indumentária foram se tornando mais relaxadas, e o uniforme burguês – cartola e casaca – foi adotado pela aristocracia. O transporte democratizou-se com a ferrovia, relegando a carruagem ao ostracismo. Essa amálgama trouxe homogeneidade cultural à sociedade alemã. A feudalização da burguesia confundia-se com o aburguesamento da aristocracia.

Elley e Blackbourn seguem a análise de Franz Neumann sobre o antigo *Reich*, e também o argumento de Marx na introdução de *Crítica à Filosofia do Direito de Hegel*, sobre a emergência quase simultânea da burguesia e proletariado alemães e a conseqüente timidez política da burguesia e sua fragilidade histórica, na interpretação do papel de Bismarck. Este satisfizera as demandas econômicas da burguesia unificando a Alemanha e introduzindo reformas legais, embora negando-lhe as aspirações políticas. As reformas, assim como a legislação de benefícios sociais, nas mãos de Bismarck, não passaram de pura demagogia. Como na monarquia dual, o Parlamento servia pouco mais que como uma plataforma de debates. A força, o poder executivo, que no governo constitucional apenas faz cumprir a lei, tornava-se fonte direta da legislação. Os decretos pareciam provir de algum supremo poder que não era preciso justificar. "[Bismarck] utilizou-se das leis anti-socialistas para fazer com que a polícia acabasse com eles [e, para] criar uma atitude positiva em relação ao Estado e gratidão política, [usou] a concessão de benefícios sociais" (Weber, 1980: 13).

Com a atitude de Bismarck os conflitos intrapartidários da direita cresceram, o que mais tarde representaria uma vantagem para os nazistas, que assim conseguiam apoios locais. A cisão girava sobretudo em torno, de um lado, dos interesses industriais – representados pelo DVP, o Partido Populista Alemão –, que reivindicavam o máximo de exportações, e, de outro, dos interesses agrários – representados pelo DNVP, Partido Nacionalista Alemão –, que exigiam políticas protecionistas para as importações e o retorno dos subsídios para a produção de alimentos (suspensos desde 1914, depois da guerra, por conta do Tratado de 1919, tiveram que continuar suspensos por mais cinco anos, até 1924).

Tratava-se, em última instância, da cisão entre "uma espécie de antiquado e conservador *Governementalismus* de um lado e, de outro, uma rígida 'oposição nacional'", diz Michael Stürmer, que trabalhou especialmente com os "anos dourados" de Weimar, 1924-1928, quando da "revivificação do parlamentarismo". Segundo ele, tal revivificação deveu-se, primeiro, à reforma monetária de 1923, que eliminou os grandes desgastes da inflação com a criação da moeda forte, o *Rentenmark*; segundo, à abertura dos Estados Unidos em considerar as reparações de guerra como questão financeira – e não, como os franceses, como questão política – e, finalmente, porque os antiparlamentaristas não estavam prontos a realizar um amplo golpe de Estado.

Essa cisão acompanhou a direita ao longo de todo o período weimariano, e foi depois explorada pelos nazistas, para obtenção de apoios. Mais tarde, o nazismo também ganharia força por sua inclusão na "Alemanha nacional", rompendo o isolamento de até então, tornando-se respeitável mesmo aos olhos da classe média alta, preconceituosa.

Em 1928, o NSDAP – Partido Nacional Socialista Alemão – já havia participado de atividades pontuais juntamente com a burguesia, interessada em isolar os socialistas e os comunistas. Depois houve a inclusão do NSDAP numa aliança com o Partido Nacionalista Alemão – DNVP –, com o *Stahlhelm – Capacetes de Aço* –, e com outros grupos dissidentes de direita para um referendo popular contra o Plano Young. Stachura aponta uma guinada da burguesia para a direita em 1928, com a oposição de Lambach a Hugenberg e Westarp, a formação da Juventude Conservadora, a fusão do Movimento da Juventude com os democratas, a mudança na liderança do DNVP e a substituição de Marx por Monsenhor Kaas, radical de direita do Z, Partido Zentrum Católico. A polarização e a inconsistência dos ministérios Brüning, Von Papen e Von Schleicher preparam terreno para o NSDAP como alternativa política. O empenho de Von Schleicher, Von Papen, ambos sem partido, dos industriais e dos grupos agrários em integrar Hitler no sistema semi-autoritário foi fundamental.

Com o reconhecimento por parte da alta burguesia, cresceu a visibilidade do nacional-socialismo. Os jornais de direita passaram a divulgar e noticiar as suas atividades; a imprensa SS, antes de circulação restrita, emparelhava-se à direita em todos os níveis, e a liderança nazista fazia de tudo para evitar que o partido fosse visto como apêndice do Partido Nacionalista. Todo esse apoio aumentou sua força na média burguesia e na direita, o que se revelou crucial. Apenas os católicos do Zentrum, nas eleições entre 1930-1932, não aderiram, mantendo-se imunes. A relutância de Hitler em participar da coalizão angariou muita simpatia. Mas o resultado da eleição de novembro de 1932 mostrou a desilusão entre os nazistas e sua instabilidade eleitoral.

Apesar de ainda hoje o colapso de Weimar ser visto como fruto do radicalismo de esquerda e de direita e da crise econômica mundial, sobretudo pelos liberais, não se pode esquecer o papel do conservadorismo e da direita.

O enfoque esquerda/direita funda-se no fato de que, de 1919 a 1923, e após a Grande Depressão de 1929, a Alemanha esteve em estados de "guerra civil latente". Embora, em 1919, 75% do eleitorado tenha votado nos partidos que em 1917 apoiaram a resolução de paz – socialdemocracia, democratas e o partido católico Zentrum –, em menos de um ano ocorria o *putsch* de Kapp, e, nesse mesmo ano, quando o primeiro Parlamento foi eleito, obteve apoio apenas de uma minoria. Era a "república sem republicanos" (Stürmer, 1971: 61).

Mesmo nos "anos dourados", os problemas perduraram: o desequilíbrio entre governo e oposição, o poder dos partidos governistas *vis-à-vis* o ministério e a falta de coesão política. Eram várias maiorias, sobretudo na era do governo Stresemann – 1923 –, do moderado e populista DVP, em que o sucesso do governo dependia em grande medida da aceitação, por parte dos moderados, do primado da política exterior sobre a política doméstica – *Primat der Aussenpolitik*. Uma maioria estava voltada para a política externa – apoiada pela socialdemocracia, pelos sindicatos, pelo DVP e pela indústria exportadora; outra voltava-se para a política social; e outras, ainda, estavam fundadas em interesses industriais ou agrários. Com a estabilidade econômica, esse quadro diluído e fragilizado complicou-se quando os dois partidos de direita, o DVP e o nacionalista DNVP, até então fora do executivo, decidiram negociar sua entrada no ministério, trazendo consigo forte apoio do *Reichswehr – o exército –*, seu parceiro nos sonhos por um regime autoritário; embora houvesse quem avaliasse, como Stresemann, que o partido nacionalista, uma vez no poder, entraria ele próprio em crise interna. Nesse meio tempo, a esquerda, representada pela socialdemocracia, está convencida de que seu lugar é na oposição.

Assim, observa Stürmer, entre 1924 e 1928, havia apenas dois tipos de ministério possíveis: ou de partidos moderados – devendo fazer acordos forçosamente com a direita e com a esquerda –, ou incluindo a direita. Para questões realmente importantes, como a política financeira depois do acordo de Dawes, em agosto de 1924, ou na regulamentação das horas de trabalho, em 1926, as administrações, moderadas na maior parte das vezes, procuravam o apoio da direita.

Não muito distante dessa visão, Mommsen, o mais importante adepto da teoria da ausência de revolução burguesa na Alemanha como fator determinante do colapso de Weimar, não vê a ascensão nazista como fruto da democracia de massas. Ela foi resultado da fragilidade partidária, incipiente desde o fim da Primeira Guerra, em que as *démarches* políticas eram a estratégia da classe dirigente contra a democratização então em curso. Durante o período, os partidos jamais conseguiram formar coalizões amplas e estáveis. Weber, referindo-se ainda ao legado de Bismarck, declarara que a Alemanha "tragicamente colhera o que semeara [ou seja], a impotência política do Parlamento e de líderes partidários" (Weber, 1980: 9). A falta de poder ministerial e parlamentar, acrescida à fragmentação dos partidos e à conseqüente proliferação de grupos de pressão que atravessavam os partidos, tratando diretamente com o governo, foi o que o levou a profetizar o declínio das instituições parlamentares e a cogitar sobre a necessidade de um líder carismático na democracia. Tratava-se do decisionismo de Weber que, segundo Scheuerman, foi radicalizado pelo decisionismo schmittiano.

Para Childers, que estudou as variantes eleitorais do período, as crises de 1923-1924 e 1929-1933 catalisaram a dinâmica eleitoral. A dissolução dos partidos da burguesia, com exceção do Zentrum católico, estendeu-se até março de 1933. O grande salto no aumento dos votos do Partido Nacional Socialista deveu-se ao apoio nas cidades – os documentos de Boxheim relatam os preparativos de um golpe. Ao mesmo tempo, o campo também se organizava, criando o *Agrarpolitischer Apparat* – a *Liga Agrícola* – de Walther Darré, que seria o futuro ministro da Agricultura de Hitler, para evitar a resistência passiva dos camponeses, que poderiam dificultar a distribuição de alimentos. O movimento nazista ia escrevendo o roteiro conforme surgiam as necessidades táticas: região por região era analisada, e respondia-se às análises com propaganda específica e pontual, sempre atualizada, com o dedo no pulso do eleitor. A mudança nas urnas começou em 1929, juntamente com a crise parlamentar.

Segundo Mommsen, também foi muito significativa a influência de escritores neoconservadores e nacionalistas como Spengler, Van den Bruck, von Salomon, Ernst Jünger, no clima intelectual contra o parlamentarismo. Antibolcheviques, todos eles tinham forte ligação com setores da direita, especialmente com a Liga Agrícola e a Associação da Indústria alemã; assim como com os *Freikorps*, ocupados em solapar o monopólio estatal da violência. Vários *Freikorps* nasciam como grupos de ex-combatentes. O *Capacetes de Aço*, de 1918, ou *Grupo Lobisomem*, de 1923, que tinha por objetivo o treinamento militar de seus membros, e que em 1930 contava com 100 mil homens. Treinavam grupos de jovens de treze a dezessete anos e de dezessete a vinte e um, iniciando-os nos jogos de guerra, a fim de compensar a fragilidade do exército. Tinham uniforme e regulamento militares, e eram financiados com fundos secretos do exército. Os *Freikorps* enchiam as ruas por ocasião de comemorações de antigas vitórias ou da inauguração de algum monumento histórico. Com profuso uso de símbolos, apareciam em desfiles, fanfarras e espetáculos. A Ordem Feminina da Cruz Gamada Vermelha e a Juventude Hitlerista, por exemplo, eram movimentos financiados diretamente por capitalistas alemães. Do lado operário, surgiu a Juventude Operária, réplica dos Capacetes de Aço, possuindo, inclusive, tropa de elite.

As passeatas nas grandes cidades, os desfiles "esportivos" das S.A., e anos mais tarde, o caráter patético e ao mesmo tempo solene das platéias dos discursos do *Führer* em praça pública, política e plasticamente poderosos, tornaram-se ícones da força e do perigo da comunicação de massas. As ruas de Berlim assim descritas remetem às imagens ambivalentes e contraditórias da descrição kantiana da entusiasta multidão que aplaudia a Revolução Francesa nas ruas de Paris, sem dela ter sido protagonista. Na visão benjaminiana, "nos grandes desfiles, nos comícios gigantescos, nos espetáculos esportivos e guerreiros, todos captados pelos aparelhos de filmagem e gravação, *a massa vê o seu próprio rosto*" (Benjamin, 1987a: 194). Há, ainda, as metáforas de massa construídas por Canetti; muitas delas em que a massa é representada por fenômenos fortes da natureza, como um recorte e uma listagem das diferentes *psychés* da massa: a chuva, a floresta, o fogo, o rio. Tendo por modelo as aparições dos *Freikorps* nas ruas de Berlim, a metáfora do rio fala da massa:

> O rio flui por margens estáticas que lhe dão direção; largura limitada, não pode crescer incessantemente, o que lhe dá caráter provisório. O fixo acolhe o fluido. O rio é a vaidade da massa exibindo-se como espetáculo: sem margem, não há rio. Sua direção parece inesgotável; possui uma pele que se exibe ao máximo: massa/espetáculo para a

massa, é uma situação ainda sob controle, anterior à erupção e à descarga; simboliza a ameaça mais que o real; é a massa lenta (Canetti, 1995: 82).

Durante o período inflacionário, o capital alinhara-se parcialmente ao lado dos sindicatos, trocando concessões por subsídios governamentais diretos e indiretos. A indústria explorou impostos diferenciais e a própria inflação, equilibrando assim as pesadas dívidas do pré-guerra. A conseqüência foi a forte queda da classe média, especialmente dos artesãos e camponeses de pequenas e médias propriedades, sobrecarregados pelo controle de preços e pelo racionamento de alimentos, o que contribuiu para o crescimento da oposição *Volkisch* e de direita, e para o enfraquecimento dos partidos republicanos. Depois de 1928, do conflito do ferro do Ruhr, a indústria pesada não hesitou em reativar o antiparlamentarismo do movimento neoconservador.

O Plano Dawes, que foi uma espécie de renegociação do Tratado de Versalhes muito ansiada pelos alemães, devido ao alto custo das reparações, foi retificado em 1924. Para a direita nacionalista e para os conservadores, o Plano soava como as falas traumáticas e humilhantes de 1919. A partir de sua ratificação, os industriais do Ruhr e a Associação da Indústria colocaram-se frontalmente em oposição aos sindicatos e à arbitragem estatal nas negociações coletivas – em vigor desde a desmobilização de 1918, a fim de proteger a estabilidade da nova moeda –, sobretudo na indústria pesada. Os patrões clamavam pelo retorno à jornada de trabalho de antes da guerra e à redução do salário e das políticas de bem-estar. Os sindicatos, abalados pela inflação e sob pressão dos comunistas, terminaram aceitando. O desejo da Alemanha de retomar a posição perdida no mercado mundial levou à racionalização e ao incremento da exportação, à custa do consumo doméstico. A tentativa de resolver a crise expandindo a indústria do aço e do carvão aumentou as tensões. Tendo que reduzir custos diante da concorrência internacional, depois da perda do aço da Lorena, a indústria do Ruhr liberalizou os salários, esvaziando os sindicatos.

Seguem-se alguns trechos bastante elucidativos do *"Texto do Relatório da Comissão Dawes"* (7, nº 5), publicado pela primeira vez no *World PeaceFoundation Pamphlets*, em 1924:

> A comissão ponderou em que medida o equilíbrio orçamentário e a estabilização da moeda podem ser restabelecidos definitivamente na Alemanha. [...] A solução [...] implica a restauração do crédito alemão tanto interna quanto externamente. [Se a situação atual se mantiver], os procedimentos da produção nacional da Alemanha não lhe permitirão satisfazer suas necessidades nacionais e garantir o pagamento de suas dívidas estrangeiras (Relatório Comissão Dawes, 1994: 64).
>
> A comissão propõe o estabelecimento de um novo banco [...] ou a reorganização do Reichsbank [...], a fim de criar na Alemanha uma moeda unificada e estável. [...] O novo banco terá um capital de 400 milhões de marcos de ouro, parte deles na Alemanha, parte deles no exterior; [...] ele deverá ser administrado por um presidente alemão e um corpo administrativo alemão [...] juntamente [...] com um outro diretório denominado

Diretório Geral, [...] constituído por sete alemães e sete estrangeiros [...]: um inglês, um francês, um italiano, um belga, um americano, um holandês e um suíço.
Um ajuste das obrigações anuais do Tratado é obviamente a única forma possível. A quantia que pode ser fixada para as reparações tende, portanto, a ser a diferença entre o máximo de renda e o mínimo de gasto das próprias necessidades alemãs; [...] reconhecemos plenamente [...] a justiça de [...] os pagamentos alemães aumentarem à medida em que aumente a sua capacidade futura, [também reconhecemos] justo e factível que os Aliados compartilhem de qualquer crescimento de prosperidade.
Para a estabilidade da moeda de um país [...] seus rendimentos do exterior devem ser equivalentes aos pagamentos que deve fazer no exterior, incluindo não só os pagamentos por bens que importa, como as somas pagas como reparações. [...] Empréstimos podem disfarçar a situação [...] mas não alterá-la. Se as reparações podem e devem provir por meio da inclusão de um item no orçamento, [...] elas somente podem ser pagas no exterior através do *superavit* econômico de suas atividades.

O ano de 1928 foi o da inflexão weimariana. A grande coalizão – por conta da negociação sobre as reparações e que resultou no Plano Young de 1929-1930 –, sob o socialdemocrata Hermann Müller, não passou de um interregno no realinhamento anti-republicano. A ruptura do bloco burguês teve como pano de fundo as reparações, embora parecesse um conflito denominacional, entre o Zentrum católico, os protestantes nacionalistas alemães e o DVP de Stresemann. Por conta dos adiamentos nas negociações das reparações, o mais fraco ministério de Weimar terminou sendo o que mais tempo durou.

Em 1930, um erro tático provocou a queda de Müller: a socialdemocracia (SPD) parecia estar usando o seguro desemprego como argumento para retornar à oposição. Na verdade, foi o DVP quem, com a morte de Stresemann, terminou saindo da coalizão. Devido ao protesto do partido, Müller desistiu dos cortes proporcionais dos salários do funcionalismo para cobrir o crescente déficit do seguro-desemprego. Mommsen considera que a coalizão teria sobrevivido por mais tempo caso os socialdemocratas tivessem se aliado a Brüning. A nomeação de um ministério de direita, com base no art. 48 da Constituição de Weimar, sob as condições do estado de exceção – fruto das negociações entre Von Schleicher, da direita e Brüning, do Zentrum – acabou por se tornar o empecilho da aliança entre o SPD e os católicos.

Brüning esperava adiar a mudança; sabia que sua nomeação como chanceler fora um acordo de cavalheiros, visando excluir os operários. Entretanto, precisava do apoio parlamentar do SPD na questão das reparações, que se arrastaria até as eleições presidenciais dos EUA, em 1932. Brüning, ao assumir, tinha o mesmo alinhamento que derrubara Müller: também ele optou pelo corte de salários do funcionalismo para cobrir o déficit e arriscou romper com o SPD, por conta de um novo imposto.

É infudado afirmar que no primeiro ministério de Brüning os democratas não usaram de sua limitada influência para evitar mais radicalização. Apesar do esforço dos democratas, Brüning impediu que o governo banisse a S.A. e erradicasse o terrorismo paramilitar do NSDAP. O banimento das S.A., declarado em junho de 1932, por Groener, ministro do Interior, veio demasiado tarde. Foi criticado por Von Schleicher por conflitar com o exército, desejoso de preservar o "saudável material humano" da S.A., combatentes do futuro rearmamento alemão. Brüning manteve contatos regulares e secretos com Hitler, a fim de atrair o nacional-socialismo em coalizões burguesas e, assim, enfraquecê-lo.

O estado de direito aperfeiçoava-se gradualmente com a burguesia alemã, que retomou as leis da monarquia constitucional e as reinterpretou, cuidando de garantir a liberdade econômica num Estado mais ou menos absoluto. A burguesia contentava-se com a proteção legal da liberdade econômica, resignando-se à exclusão do poder político. O poder judiciário politizava-se: os juízes transformavam-se em agentes disciplinares. Por conta dos *putschen* de 1920 – de Kapp – e de 1923 – de Hitler –, o partido nacional-socialista só foi legalizado em agosto de 1930, tanto na pessoa de Hitler, que prestou juramento de pureza, quanto das tropas de assalto S.A., que astuciosamente se faziam passar por formações esportivas, participando dos desfiles, festividades e celebrações populares.

O Estado transformava-se cada vez mais em Estado administrado, nacionalista e burocrático; a constituição do ministério complicava-se cada vez mais. Em maio de 1928, por exemplo, no último governo plenamente constitucional, as negociações entre socialdemocratas, centro católico, democratas e populistas para a formação do ministério de Müller estenderam-se por quatro longas semanas. O voto de censura foi usado apenas em duas ocasiões. Na impossibilidade de acordo, eram nomeados ministérios de técnicos e de *experts* – como o gabinete do sem-partido Cuno em 1923 –, acima dos partidos e da luta política. A adulteração da democracia parlamentar tornava-se um ideal reacionário, ocultando a política antidemocrática sob o manto técnico administrativo. A impossibilidade de controle parlamentar sobre a atuação do ministério foi o primeiro sintoma.

Na sociedade normatizada, um dos focos centrais é o poder judiciário. Ao longo dos anos de Weimar, num processo de indistinção cada vez maior entre os poderes, o judiciário foi se deslocando para o centro da contra-revolução, adquirindo poderes de executivo e legislativo. Os juízes instauraram a revisão das leis jurídicas com o intuito, argumenta o jurista socialdemocrata Franz Neumann, de sabotar as reformas sociais. Os tribunais penais da república faziam parte essencial do campo antidemocrático. No procedimento penal, por exemplo, o juiz é quem presidia o processo e não as partes envolvidas (Neumann, 1943: 38). O juiz prussiano era mal pago e o acesso à nomeação estava aberto apenas à classe média abastada. Sua formação estendia-se por alguns anos, trazendo ressentimento contra o operário sindicalizado, bem-pago e de há muito no mercado. Os juízes representavam a aliança entre a coroa, o exército, a burocracia, os latifundiários e a burguesia. O poder do judiciário, em detrimento do Parlamento – do legislativo –, teve muito peso na fragilização do sistema democrático.

No contexto de um Leviatã puramente simbólico, o Tratado de Versalhes torna-se *mise-en-scène* bufa. O *Reichswehr*, exército, protegido pelos tribunais, instigou a formação de forças paramilitares, o chamado "*Reichswehr* negro", que incluía associações de ex-combatentes, clubes de tiro e caça, academias de ginástica e de culto ao corpo. Os crimes políticos, considerados como a própria encarnação mitológica do Eterno Retorno, somados a técnicas aperfeiçoadas de propaganda – segundo o modelo americano –, transformaram o movimento nazista, juntamente com o exército, a polícia e o judiciário, em guardião da nação contra a ameaça comunista. Sua tática era o terror.

A título de ilustração da politização do judiciário, pode-se comparar o cômputo, de um lado, da queda da república soviética na Baviera, em 1919: foram 407 condenações a prisão em fortaleza; 1 737 a prisão simples; 65 prisões com trabalhos forçados. Foram condenados todos os partidários da república soviética que tiveram qualquer relação com o intento. De outro lado, após o *putsch* de Kapp de março de 1921, do total de 705 acusações por alta traição, 412 foram incluídas na lei de anistia de agosto de 1920, apesar de esta excluir sua aplicação aos líderes do *putsch*; 108 abandonadas por morte ou outras causas; 174 não mantêm a acusação; onze não são concluídas. Ninguém foi condenado. Das onze causas pendentes, uma acabou em sentença: tratava-se do ex-chefe da polícia de Berlim, Von Jagow, condenado a cinco anos de prisão, sem pena acessória. Quando teve sua aposentadoria retirada, o Supremo Tribunal do Reich ordenou seu restabelecimento imediato. Kapp morreu antes mesmo de ser julgado e os outros líderes não foram detidos. Ludendorff não foi condenado, sob a alegação de se encontrar no local por acaso.

Os mentores do abortado *putsch* de Munique em 1923, Hitler, Pohner, Kriebel e Weber foram condenados a cinco anos de prisão. O artigo 9º da Lei de Defesa da República ordenava de forma clara e inequívoca a deportação de qualquer estrangeiro convicto por alta traição, mas o Tribunal do Povo de Munique excetuou Hitler, alegando que ele próprio se considerava alemão. Rohm, Frick, Bruckner, Pernet e Wagner, também participantes do *putsch*, foram condenados a um ano e três meses. Ludendorff, novamente presente, foi de novo liberado. Nas palavras de Neumann, o *putsch* de 1923, foi "a página mais negra da vida de Weimar".

Esse processo atingiu seu paroxismo depois da ascensão de Hitler, em 1933. Kirchheimer, que trabalhou o direito criminal da Alemanha nazista, fala da passagem da fase *autoritária* para a fase *racista* de um poder jurídico que se transformou em instância burocrática dócil às exigências ideológicas do Estado, fundindo direito e moral. Tanto a propriedade privada quanto a liberdade de contrato foram hipotecadas pelo poder do aparelho político. A doutrina nazista superou a separação do público e do privado, eliminando o privado (Kirshheimer, *apud* Neumann, 1943: 187).

Hurbert Schorn, que trabalha com os julgamentos contra judeus no período weimariano, justifica os juízes como "vítimas do positivismo", distanciados de toda visão moral, que aplicam o direito mecanicamente, ou por temerem perder a carreira e a vida, ou por se considerarem "melhores" e mais éticos do que substitutos nazistas. Na verdade, a exacerbada centralidade do judiciário e sua forte politização, ao longo dos catorze anos da República e, não poucas vezes, ao sobrepor-se o judiciário ao poder legislativo – seja pela revisão de leis, seja pelo julgamento diferenciado para as mesmas transgressões, num verdadeiro monopólio da impunidade – tornaram-se fatores que contribuíram amplamente para o que Weber profetizara como a grande ameaça à modernidade – a desformalização da lei.

Sobre a discussão em torno das aporias da lei formal na democracia moderna, William Scheuerman constrói uma interlocução profundamente enraizada em Weber. De um lado, os juristas frankfurtianos Neumann e Kirschheimer – ambos alunos de Schmitt e seguidores de suas críticas à democracia de massas – advogam em favor da lei formal, da garantia de um mínimo de segurança social e direitos e, de outro, o próprio Schmitt – que radicaliza o decisionismo de Weber – defende um governo de *voluntas* em que, como diz Scheuerman, "os poderes atribuídos ao presidente implicam uma *revolução constitucional*, substituindo a República por uma forma pós-democrática de *cesarismo*" (Scheuerman: 81). No entanto, subordinar o juiz à lei – como é o caso da lei formal e seu caráter universalista –, ou seja, subordinar o Judiciário ao Legislativo, implicaria que toda mudança social deve se dar via Legislativo. Ao atribuir portanto ao Parlamento a condição de principal agente de mudança, cria-se um paradoxo, posto que o governo é, por definição, conservador; assim, evita-se ou ao menos adia-se, a mudança social. Dessa forma, a subordinação do juiz à lei serviria apenas para mascarar a rejeição das classes dirigentes às reformas, por meio, por exemplo, da morosidade da engrenagem parlamentar.

A título de curiosidade vale lembrar que, depois do fracasso do golpe de Munique, Hitler chegou à conclusão de que a única forma de ascender ao poder era a via legal. No entanto, Curzio Malaparte, o escritor italiano, em 1932, a poucos meses da ascensão de Hitler ao poder, previu que este jamais o conseguiria, justamente por conta do oportunismo parlamentar.

Assim, no caso do decreto, para o administrador a lei é, por definição, impotente, pois está separada da aplicabilidade. De acordo com o juspositivismo, o decreto só tem validade quando aplicado. No governo burocrático, com a desformalização da lei, os decretos aparecem como a própria encarnação do poder: não há princípios gerais nem universais por trás dos decretos, apenas circunstâncias em constante mudança. Numa atmosfera cuidadosamente construída, de arbitrariedade e segredo, mascara-se o oportunismo, pois, por conta da inexistência do diálogo nos decretos, perde-se também o acesso àquilo que os orienta.

Nos primeiros meses do regime nacional-socialista, os camisas-negras e camisas-pardas acumularam cargos, ao que a base do partido reagiu, queixando-se de traição à revolução e chegando a clamar por uma segunda revolução. Hitler resolveu a questão por meios totalitários, baixando um decreto em maio de 1933 que determinava que os membros do partido deveriam deixá-lo durante seu tempo de serviço nas forças armadas ou na polícia, por estarem submetidos a outro poder disciplinar, que não o partido. Em novembro de 1933, Rudolf Hess, lugar-tenente de Hitler, declarou que os chefes do partido não podiam promulgar decretos. Uma circular do dr. Frick advertia os funcionários federais de alto escalão a não permitirem interferências do partido no setor burocrático. O partido não devia se imiscuir no mundo dos negócios nem na administração.

Os anos de 1933-1934, denominados "período de estabilização", incluem o programa de emendas, "pedra angular da nova constituição" e "constituição preliminar do Reich". Foram o marco que assinala o fim do sistema weimariano e o início do nacional-socialismo, dando ao ministério poder legislativo ilimitado, enquanto o *Reichstag*, parlamento, composto por funcionários do partido, passa a ter função puramente decorativa. Em março de 1933, em atmosfera de terror, o plano foi aprovado por 441 votos contra 94, com maioria de dois terços dos presentes, conforme o art. 76 da Constituição de Weimar. Haviam sido detidos vários deputados socialdemocratas e todos os 81 deputados comunistas. Os socialdemocratas presentes votaram contra a medida, enquanto os centristas votaram a favor. Já a sessão parlamentar de setembro de 1939, a da declaração de guerra, contou com apenas cem deputados; os demais eram funcionários do partido. Fora, então, totalmente abolida a separação entre legislativo e administrativo, e as minorias haviam perdido seu poder de oposição. Os que antes haviam reivindicado poder ao presidente, tratavam agora de rebaixar-lhe a posição, como ilustra a fala de um jurista que pleiteou a inconstitucionalidade do poder: "devido ao fracasso do Parlamento, o centro de gravidade passou para o presidente [...] tendo chegado ao poder o nacional-socialismo, o presidente pode se liberar do que o atava à política cotidiana e voltar à posição *constitucional* de representante do povo e protetor da nação" (*apud* Neumann, 1943: 77).

Assim, ao menos em parte devido à continuidade estrutural, crescera o discurso antidemocrático e antiparlamentar. Também entre os militares – e vale lembrar que Hitler era especificamente um produto do exército, já em 1918 e 1919, como orador e propagandista – essa tendência fortalecera-se, em parte por ciúmes do controle do orçamento em mãos do *Reichstag* e, em parte, pela radical oposição aos socialistas, os "criminosos de novembro" que haviam assinado o Tratado de Versalhes. Entretanto, *nenhum partido, ninguém, aventurara-se a assumir a responsabilidade e recusar a sua assinatura*. Como um fantasma a arrastar velhas correntes na casa mal-assombrada, numa revivificação do drama barroco em que a maldição se perpetua para além da morte, todo o período weimariano aparece como o jogo de uma caducidade que por um lado não se aceita como tal – fragilizada, ultrapassada, vencida, enfim – e, por outro, que almeja sua imortalização política e cultural, prenunciando a *produção de valores eternos* – produção repetitiva e administrada – que mais tarde seria defendida pelo Terceiro Reich.

DEMOCRACIA DE MASSAS: SOBERANIA POPULAR COM POVO DES-PODERADO, MANIPULADO

> *Nossa hostilidade à Revolução (Francesa) não se refere à farsa cruenta, à imoralidade com que ela se desenvolveu, mas à sua moralidade de rebanho, às "verdades" com que sempre operou e continua, à sua imagem contagiosa de "justiça e liberdade", enredadas todas as almas medíocres à subversão da autoridade das classes superiores.*
>
> NIETZSCHE, apud BOBBIO, 1980: 93

A democracia alemã nasceu da violência das massas. Por um lado, 2 milhões de alemães morreram em vão na Guerra de 1914-1918, segundo a visão do conservadorismo alemão e sustentada em *Mein Kampf – as massas invisíveis*. Por outro, a Revolução de 1919, segundo a perspectiva da socialdemocracia – *eclosões espontâneas* – culminou, em Berlim, com a fundação de "um Reich unido", percebido como o início real da democracia.

As "massas invisíveis" fazem referência a Canetti, que assim metaforizou o argumento que Hitler usa em *Mein Kampf*, clamando que se dote de significado a morte de dois milhões de alemães na Primeira Guerra, vingando-a. Também as eclosões espontâneas referem-se a Canetti, que fala sobretudo da paradigmática metáfora do fogo, cujas características principais confundem-se com as das massas: contagioso e insaciável, súbito e visível. Destrutivo, pode ser domado e pode se extinguir. Tende a propagar-se e a provocar incêndios. A meta é criar fogo próprio, apoderar-se de sua força e crescer. O fogo do inferno e o fogo purificador dos hereges que ardem publicamente (Canetti, 1995: 83).

Entretanto, essa unidade massiva rapidamente se revelaria temporária. A Alemanha, que na Primeira Guerra Mundial lutara em território inimigo e confiara na invencibilidade do exército, com a derrota voltara-se contra a retaguarda doméstica, acusando-a de ter desertado da causa pátria, de ter dado uma "punhalada pelas costas" e de ser responsável pela conseqüente humilhação do Tratado de Versalhes, pelo remanejamento territorial, pela enorme dívida interna – o custeio da guerra – e pela dívida externa, por conta das reparações de guerra. A expressão "punhalada pelas costas" é pela primeira vez empregada pelo general Hindenburg. Difundiu-se como a marca da derrocada e foi abundantemente explorada em *Mein Kampf*, como já se disse, como argumento para não permitir que a grande massa de bravos soldados alemães mortos na Primeira Guerra Mundial tivesse sido em vão. O nacional-socialismo retomaria a estratégia, na construção do *inimigo interno*, invectivando contra a socialdemocracia, redirecionando os ressentimentos nacionalistas contra a República e, desde o início. Negando a derrota de 1918, por conta da "punhalada pelas costas", diluindo a associação derrota – Tratado de Versalhes, a revolução, unida aos Aliados, beneficiários da derrota, é que representaria a derrota nacionalista.

A tradição antiparlamentarista de direita – ironicamente da mesma forma que a dos socialistas –, diferenciava democracia liberal de democracia de massas, criticando a política parlamentar como "sombra da realidade, criada e manipulada por interesses partidários, da imprensa e dos grupos econômicos" (Shumpeter, 1922). Assim, quando a política, enquanto articulada sobretudo no legislativo, terminou se revelando como espetáculo, é porque as instituições parlamentares deixaram de ser importantes. O importante, portanto, ocorria fora delas; o debate não era uma discussão livre, mas a arena de confronto dos interesses partidários. Uma evidência da centralidade desta discussão foi o alerta dado em 1928 por um dos grandes defensores da democracia parlamentar na época, Theodor Heuss, sobre as ameaças de corporativismo e de fascismo que rondavam a democracia, por esta *atomizar* o indivíduo, ao considerá-lo soberano no voto. Mas esse *homo politicus*, argumentava Heuss, não passava de ficção, pois os partidos, baseados na propaganda, na persuasão e sedução, são essencialmente instáveis; o *expert* representa interesses específicos e, assim, as decisões terminam sendo tomadas por "minorias que persuadem, negociam e votam". "A ética", acusava ele, "talvez seja preocupação dos jornalistas, mas certamente não o é dos atores políticos" (Heuss, 1994: 55).

Nesta mesma linha da contradição entre um *homo politicus* atomizado e a soberania do povo, Bobbio refere-se à democracia contemporânea. A democracia *de direitos* é aquela em que o reconhecimento do indivíduo *enquanto sujeito de direitos*, na verdade, é uma transliteração ou um deslocamento da competência do indivíduo *enquanto sujeito econômico*. Há, portanto, uma relação no mínimo promíscua entre mecanismos de poder e normatização do judiciário, e os de dominação e exclusão do mercado: "o reconhecimento dos direitos do homem amplia-se da esfera econômica para a do poder. [...] É nesse Estado que se dá a passagem final da perspectiva do príncipe para a dos cidadãos. [...] O Estado de direito é o Estado dos cidadãos" (Bobbio, 1980: 61). Essa atualização – a democracia inseparável dos direitos – só seria possível com a inversão da relação entre poder e liberdade, dando precedência à liberdade. Assim, a democracia passaria a falar em *soberania de cidadãos-indivíduos* e não em soberania do povo, da qual, diz Bobbio, todas as ditaduras modernas se serviram sobejamente. Na democracia, quem toma as decisões coletivas são indivíduos singulares: uma cabeça, um voto. A maioria, fundamental na decisão democrática, resulta da soma das individualidades e não da homogeneização, padronização, normalização, o que aponta para a condenação da democracia a uma contradição eterna. A fala de De Maistre, por exemplo, ilustra bem as conseqüências da normalização defendida pelos conservadores: "[Nela] os indivíduos desaparecem como sombras; só a comunidade é fixa e estável [...] submeter o governo à discussão individual significa destruí-lo" (*apud* Bobbio, 1980: 102).

Numa espécie de pré-história das massas, ao longo do século XIX, nas pegadas do desenvolvimento do capitalismo e da ética tecnológica em torno do aumento da produção e do incremento da força de trabalho, acelerava-se a mobilidade geográfica; as dimensões identitárias do público e do privado multiplicavam-se e se confundiam; enquanto se transmutavam e atropelavam os diversos tipos urbanos de ser. Pela mímese compulsiva, instauradora do "eterno círculo de manipulação e dominação", Theodor Adorno denunciava a estereotipação até daquilo que "ainda não foi pensado". Em termos jurídicos, remetia à definição mesma de exceção, indicando a padronização das necessidades imposta à massa de produtores e consumidores "em busca de trabalho e diversão", como manifestação totalitária da produção cultural, em que mesmo o íntimo aparecia reificado. Nas vertiginosas séries fragmentadas, nada havia a classificar que não tivesse sido previsto: "a indústria cultural reproduz as pessoas tais como as modelou a indústria em seu todo" (Adorno, 1985: 118).

Pesaroso com a adesão crescente das massas às organizações nazistas na Alemanha e na Áustria dos anos de 1930, Elias Canetti enfocou a massa numa dimensão híbrida. Redutora da ansiedade provocada pela maior ameaça da modernidade, o contato físico e, ao mesmo tempo, forma específica de dominação, a massa surgia enquanto metáfora da unidade, unicidade e indivisibilidade do corpo. A massa era metáfora da *uniformização, normalização, padronização, homogeneização*; simplificada e unida, a disciplina, o exército, o para-exército.

Em Canetti, a massa emerge como instrumento e expressão civilizadores, formas contidas e organizadas de pulsões atávicas. A partir do temor ao contato, quando um corpo se aperta ao outro, como se fora um corpo só, é que se está mais seguro. Na massa ideal, todos são iguais e, ao mesmo tempo, todos ultrapassam as fronteiras de sua própria pessoa. É o que Canetti denomina *inversão do temor do contato*, de uma maneira que lembra a noção de *estratégia* do poder em Foucault.

Num mundo de identidades construídas pela quadricularização dos espaços, a densidade da massa, ao aumentar, aparece como "contato sem medo" e como agente que perpetua e satisfaz a pulsão por pertencimento. Entre os mecanismos e símbolos dessa *espacialização administrada*, sem dúvida a farda se destaca, ao mesmo tempo aumentando a visibilidade de quem a usa e diminuindo-lhe a "tocabilidade", ao impor fronteiras rigorosas. Sobre alguns significados da farda, o escritor e filósofo Hermann Broch tem uma belíssima passagem, em sua famosa trilogia *Os Sonâmbulos*: "A farda [...] como um estojo duro no qual o mundo e a pessoa se entrechocam claramente entre si e se distinguem; a verdadeira função da farda é mostrar e estatuir a ordem no mundo e suprimir a delinqüência e fluidez da vida, da mesma maneira que esconde a moleza e fragilidade do corpo humano" (Broch, 1952).

É como ilustração desse universo espacialmente administrado e seu rumo que Adorno lembra o Movimento de Juventude – movimento de protesto que se iniciou em 1900 e perdurou até 1930, que preconizava a volta à "vida natural", às tradições populares, cantos, danças e práticas esportivas – para mostrar a ausência de conteúdo nos rituais coletivos, como prenúncio de fortes abalos históricos. A ânsia de crescer da massa, que agora substitui os conteúdos identitários, na verdade representa "os incontáveis indivíduos que sucumbem subitamente à sua própria quantidade e mobilidade abstratas, aos deslocamentos em magotes como se fosse uma droga extasiante", remetendo à vontade imperialista, com seus deslocamentos e suas migrações, deixando para trás territórios desolados (Adorno, 1992: 123).

Hannah Arendt, interlocutora de Adorno, na sua desconstrução do totalitarismo, aponta justamente para essa ausência de conteúdo identitário como fator e argumento centrais para a transformação da *nação em raça*, como elo definitivo significativo e identitário entre os indivíduos. Trata-se da razão técnica, instrumental, elevando seus mecanismos – de repetição, compulsão, sublimação, homogeneização e automatização – à categoria de conceito, de significado, de valor, enfim.

No contexto weimariano, a questão da democracia de massas aparece colocada por Max Weber com indícios quase proféticos do que viria a se configurar como uma espécie de *trágico contemporâneo*, e que haveria de influenciar, de um lado, autores da esquerda como Kirschheimer e Neumann e, de outro, defensores do decisionismo e do autoritarismo como Schmitt. Weber, ao mesmo tempo em que mostra a necessidade da liderança carismática – nem que seja apenas em virtude da própria irracionalidade da massa –, também adverte do perigo que representaria um líder cujo poder repousasse na demagogia, na *fé das massas* e no plebiscito.

No nazismo, o *ethos* carismático desloca-se do movimento político para o governo, formando a combinação singular de um marco legal-racional – exigido em circunstâncias normais pelo capital organizado –, o Estado, e uma religião-política, prenhe de salvação messiânica e de promessas de erradicação total do mal, do inimigo político, nacional, racial. Quanto maior a insegurança e a ansiedade, maior a expectativa em relação ao grande líder que, embora carismático, só acumula poder se as elites tradicionais contribuírem para a sua construção. No caso alemão, excepcionalmente, cresce a autonomia de Hitler em relação às elites tradicionais pois estas, ao invés de retomar o controle, adotaram políticas de alto risco, deixando-o no cargo de *Führer*.

Essa mescla de desencantamento e encantamento do mundo na figura da autoridade carismática é de fundamental importância para entender o alto grau de democracia necessário para garantir o espaço, *avant la lettre* – seria mesmo *avant la lettre*, ou não estaria a pós-revolucionária Weimar já impregnada pela máquina burocrática desde os tempos de Bismarck? –, contido na própria Constituição, de um executivo forte, uma autoridade acima e além dos partidos e do Parlamento, prevendo a eventualidade de um processo de burocratização tal do poder que este se tornasse incontrolável, e se estendesse até os partidos e o Parlamento.

Oposta à autoridade tradicional dos governantes hereditários e à burocracia impessoal da autoridade legal, a autoridade carismática refere-se à dominação fundada no heroísmo, no chamado, na vocação, no *Berüff*. A comunidade carismática – a massa organizada e administrada – mantém-se coesa pela fé no líder e em sua missão, legitimando um governo instável, que depende do sucesso das expectativas – ou seja, da produção e fabricação do sucesso – e, em última instância, de sua rotinização num sistema que se reproduz indefinidamente e que, portanto, nega a própria essência carismática, singular e, numa paráfrase a Weber, transforma-se em *carisma administrado*, controlado, manipulado.

O messianismo político da direita radical uniu-se a Hitler, com uma organização de cerca de 850 mil membros de partido e de uma força paramilitar de 450 mil, no início de 1933. A aliança entre as elites dominantes e o nacional-socialismo foi um pacto não escrito, formando um *power cartel* fundado no ataque à esquerda, na restauração da ordem e dos lucros e no programa de rearmamento maciço. A premissa de governo, do exercício pessoal do poder, tinha afinidade com uma leitura avessa dos valores liberais democráticos, do *executivo como guardião da constituição, por meio da exceção*.

Apesar do carisma provir de uma dimensão religiosa – irracional –, não se pode dizer que se oponha a qualquer justificativa racional da soberania do Estado. A pretensão carismática dos governantes modernos destina-se a engendrar impotência e desamparo, infantilizando, moldando projetos, sonhos de consumo, substituindo igualdade por homogeneidade, pela ordem hierárquica em que o chefe e seus assessores repartem entre si glória, vantagens e privilégios, não sendo mais depostos ou assassinados caso não cumpram as promessas – ou não realizem os milagres. O carisma torna-se absoluto e pede obediência, não pela utilidade de suas funções, mas por suas qualidades sobre-humanas.

Um dos desenvolvimentos da idéia de carisma gira em torno da autonomia do executivo. Nesse caso específico, gira em torno da personalidade, genialidade, singularidade de Hitler, de forma a ver nele a *persona* central do caráter nazista. O carisma tornou-se o "governo exercido por um gênio", preferido pelos militares, como "a melhor organização política para a Alemanha, desde que haja um novo Bismarck" (Weber, 1994: 10). Nessa linha, Martin Broszat desenvolve o *totalitarianismo,* priorizando o crescimento do "absolutismo do *Führer*" e da extensão das esferas do poder, diretamente vinculados à função social de Hitler enquanto agente integrador das forças de oposição.

Outra variante do carisma enfoca, sobretudo, a dimensão econômica e a luta de classes, configurando duas ramificações políticas: o *bonapartismo*, que reconhece o papel do *outsider* político na luta de classes – desenvolvido por Otto Bauer, Trótski e Thalheimer, e, mais tarde por Poulantzas –, e o *cesarismo* – sobretudo o trabalho de Gramsci –, ambos inspirados no *18 Brumário* de Marx. No 18 Brumário, Marx analisa a dominação de Bonaparte por meio de seu partido secreto, a Sociedade de Dezembro 10, composta pelo *lumpemproletariado* de Paris, os *déclassés* da burguesia – jogadores, literatos –, *déclassés* da nobreza, *déclassés* do campesinato. É a boemia de Marx, o refugo de todas as classes de Arendt, matéria-prima pela qual o "poder executivo se independiza"; são os desenraizados de todas as classes, expelidos do processo de produção.

O esquema bonapartista, *grosso modo*, encaixa-se na realidade alemã do proto-nazismo: burguesia e pequeno campesinato subordinados por diferentes razões a um executivo independente, aliado ao temor da burguesia de uma classe trabalhadora forte, embora ainda incapaz de tomar o poder, e a pré-requisitos como crise, derrota do proletariado e a conseqüente fragmentação da burguesia. Engels também fala do descompasso entre a manutenção do poder social e econômico da burguesia e da destruição de seu poder político, sob Luís

Bonaparte e o golpe de 1857, subordinando a política aos interesses do capital e especulando sobre o "princípio de nacionalidade".

O *bonapartismo*, sem dúvida, também se aplicava à Alemanha da década de 1930, em que a autonomia relativa do capital, por conta de sua aliança temporária, tornava-o singular enquanto capitalismo de Estado, devido às mudanças do aparato ideológico do Estado e sua relação com o aparato repressor. Hitler e o capital estavam atados às regras do capitalismo. Nessa mesma direção ruma Poulantzas, que vê o Estado fascista como mediador do restabelecimento da hegemonia dos grupos dominantes ameaçados, como veículo da ofensiva burguesa. Com Hitler, entretanto, a autonomia do Estado cresceu, embora não conseguisse se independizar totalmente do capital, tendo rapidamente reorganizado o domínio do capital monopolista. Nesse sentido, o fascismo alemão não atuava como mero agente do capital, o que o afasta do bonapartismo e da ditadura militar.

A elite, cuja fragilidade manifestava-se na tentativa de estabelecer um novo marco autoritário e na inabilidade de mobilizar as massas, recorreu à aliança com Hitler, agente de integração, mobilização e legitimação, que seduzia a massa com promessas de recuperação econômica, com seus sucessos diplomáticos e com a renovação do exército. Para resolver a crise do Estado, o *cesarismo*, por sua vez, clama pela grande personalidade, pelo líder carismático, que assuma a tarefa de trazer o equilíbrio de forças entre a direita e a esquerda, o que leva à catástrofe.

Enquanto a abordagem weberiana enfoca a massa por meio do desenvolvimento do capitalismo e, sobretudo pelo conseqüente desenvolvimento da burocracia, a Teoria Crítica lida com o nacional-socialismo e sua estreita relação com a democracia de massas e com a racionalidade instrumental. Enquanto os redatores da Constituição de Weimar, Hugo Preuss, Friedrich Naumann e Max Weber – aqui representando a abordagem weberiana –, talvez justamente para lhe garantirem plenitude democrática e neutralizarem o crescente poder do aparato burocrático, lado a lado com o vertiginoso desenvolvimento do capitalismo, tiveram o cuidado de inserir o art. 48, que trata do Estado de exceção, pondo a ênfase na administrabilidade do Estado.

Já Adorno, que juntamente com Horkheimer se preocupou em desenvolver o alcance e as conseqüências da razão instrumental, enfoca o homem-massa, que aparece como uma produção criada e controlada, esvaziada de humanismo e sujeita ao *ethos* tecnológico, que "confere a tudo um ar de semelhança".

Enquanto movimento de massas, o nazismo evitava opções políticas prematuras. Não tinha objetivos programáticos, apenas uma propaganda flexível e metas incompatíveis entre si. As campanhas entre 1930 e 1932, assim como os discursos de Hitler, antes de 1933, não enfatizavam o anti-semitismo; os anti-semitas limitavam-se ao ressentimento anticapitalista durante a Grande Depressão.

Como a reivindicação maior dos partidos era também a dos movimentos nacionalistas de Weimar, de representarem "apenas o objetivo nacional", focando a nação extra-Estado, o nacional-socialismo, assim como os demais grupos novos que surgiam, apelavam para as massas, insistindo em não serem um partido, mas sim um "movimento": "quando a Guerra Mundial terminou em derrota [...] havia alemães por toda a parte que diziam estar fora de todos os partidos e falavam em se 'libertar dos partidos', que buscavam uma perspectiva 'acima dos partidos' [...] em total falta de respeito ao Parlamento" (Moeller van den Bruck, *Das Dritte Reich*, 1923, *apud* Arendt, 1989: 284).

A ideologia totalitária diferencia-se por fundar-se no terror, por não apresentar uma teoria da sociedade, carecendo de um plano consistente para seu funcionamento. Tem algumas aspirações e se ajusta a objetivos sempre mutáveis. O sucesso eleitoral do nacional-socialismo em 1929 se deveu justamente à falta de programa definido: para Mommsen, por exemplo, apesar da pouca diferença ideológica em relação à direita, apenas de estilo, propaganda e comunicação, o nacional-socialismo apresentava-se como alternativa, evitando envolver-se no fragmentado sistema partidário.

Peter Stachura, Jeremy Noakes e Jezry Holzer, estudiosos do período, apontam mudança na estratégia de propaganda com a derrota nacional-socialista nas eleições de 1928. Até então, procuravam apoio principalmente dos trabalhadores. Entretanto, foram registrados ganhos inesperados na área rural, na qual o partido era quase inexistente. Isso provavelmente se deveu à eliminação, em 1927, do item 17 do programa do partido – relacionado ao confisco de terras –, e ao programa agrário específico de 1930. O nacional-socialismo, sempre flexível – melhor dizendo, sempre oportunista –, tinha por justificação as mudanças táticas, diz Stachura, ou a decisão dos líderes locais, ou desenvolvimentos pontuais. Um exemplo destes últimos foram as negociações sobre a reparação, que levaram Hitler a intensificar os elementos nacionalistas.

Os movimentos totalitários só são possíveis quando as massas se organizam, ou *são organizadas*, politicamente. O totalitarismo fascista, cuja origem pode ser vista nos movimentos de unificação étnica, surgiu em países que jamais tiveram um governo constitucional – em que o Estado governava por meio de decretos –, transformando o Estado de direito – *Rechtsstaat* – em Estado policial, concentrando o poder num partido único: "As ditaduras totalitárias nascem, quase sem exceção, nas democracias, sendo sempre contra elas".

Vários autores da época publicaram obras, no estilo diagnóstico, sobre as causas da crise espiritual, ideológica da República, entre eles Karl Jaspers, Norbert Elias, Ernst Bloch, e também Karl Mannheim, para quem o fenômeno das massas é central na Alemanha dos anos 1920. Desiludido com o *laissez-faire*, duvidando do comunismo como panacéia de todos os males e sobretudo preocupado com o fascismo que, "embora pareça mais eficiente, é a eficiência do mal", defendia a "democracia militante" e propunha a passagem para uma economia planificada, para um "planejamento baseado na coordenação" e não na centralização, na medida em que a opção tornava-se clara entre ditadura e democracia.

Com a massa e a facilidade de centralização devida ao enorme desenvolvimento da técnica, "as bombas ameaçam muito mais as pessoas do que os fuzis". A comunicação e o transporte ajudavam no controle centralizado e na formação e manipulação da opinião pública pela mídia. Embora a técnica fosse neutra, dependendo do uso que dela se fizesse, a nova técnica social, de massas, tinha forte tendência a um governo minoritário. Nas palavras de Benjamin, "profundamente impregnada por sua própria perversidade, a técnica modelou o rosto apocalíptico da natureza e reduziu-a ao silêncio, embora pudesse ter sido a força capaz de dar-lhe uma voz" (Benjamin, 1987a: 70).

Na verdade, a construção das massas, desde a Primeira Guerra Mundial, por conta do grande avanço técnico e das técnicas de massa, uniu indissoluvelmente dois fenômenos. O vínculo entre eles pode ser apresentado de forma quase que inevitável: a crescente proletarização dos homens contemporâneos e a crescente massificação, dois lados do mesmo processo. "O fascismo tenta organizar as massas proletárias recém-surgidas, *sem alterar as relações de produção e propriedade* que tais massas tendem a abolir [ou seja, o fascismo funda-se no fato de] permitir às massas a expressão de sua natureza, mas certamente não a dos seus direitos". A esse processo Benjamin denomina *estetização da vida política*. E, assim, está feito o vínculo entre a massa e a guerra, pois "todos os esforços para estetizar a política convergem para um ponto. Esse ponto é a guerra [que] permite dar um objetivo aos grandes movimentos de massa, preservando as relações de produção [e de dominação] existentes" (Benjamin, 1987a: 194-195).

PERDA DO MONOPÓLIO ESTATAL DA FORÇA/ VIOLÊNCIA – GEWALT

Num desenvolvimento do modelo hobbesiano e na esteira da definição do Estado moderno de Weber, como

ordem administrativa e legal sujeita a mudança mediante legislação [...] reivindica autoridade [...] sobre todas as ações de sua área de jurisdição [...] organização compulsória com uma base territorial [em que] o uso da força é visto como legítimo apenas na medida em que é permitido pelo Estado ou prescrito por ele (Weber, 1968: 56).

Norbert Elias discute o monopólio estatal da violência como fator integrador do Estado e de pacificação interna. Visto que a criação de espaços pacíficos de certa durabilidade está ligada à organização social e política do Estado, este tem especialistas autorizados a fazer uso da força/violência em emergências/exceções – com o intuito de impedir que outros cidadãos também a utilizem. Todo esse aparato, mantido, renovado e financiado pelo Estado, torna o monopólio da violência indissoluvelmente ligado ao monopólio da taxação: sem impostos, não há agentes da violência – exército e polícia –, e sem estes, não há impostos. É crucial o equilíbrio entre essas duas funções do monopólio estatal – violência e impostos –, posto que tanto a pacificação do Estado quanto o *constraint* são parte do processo repressivo-civilizador.

Na medida em que se trata, na base, do modelo hobbesiano da soberania, não há monopólio da força no nível internacional, pois este invalidaria a soberania nacional. O que há, internacionalmente, é uma relação pacífica, por meio da ameaça e do medo recíprocos (Elias, 1991). Dentro do Estado, a violência perpetrada por agentes não autorizados é punida, enquanto os que a perpetram legitimados são muito valorizados, por pertencerem aos fatores redutores da ameaça física do Outro, critério decisivo de civilização.

Uma colocação diametralmente oposta a essa de Elias é de que, numa passagem de seu texto *Para uma Crítica da Violência*, Benjamin fala da admiração pelo "grande bandido", por aquele que perpetra a violência por conta da ameaça à ordem e ao direito que ele representa. Na verdade, tratam-se de duas atrações distintas que se poderiam polarizar, a atração mórbida pelo mal, de Arendt, como *pulsão de morte*, atração do estado de morbidez – do terror; e a outra, a atração pelo grande bandido como *pulsão de vida,* do estado de *enthousiasmo*[3] – da violência. Assim, enquanto Benjamin avalia positivamente a violência quando esta aparece no contexto revolucionário da possibilidade de derrocada da ordem, no testemunho presencial de violência do grande bandido, Elias, por conta da pacificação e manutenção da ordem adequada ao processo civilizador, aparece como conservador.

Um dos melhores exemplos é a crítica de Zigmunt Bauman por conta do otimismo iluminista e progressista do processo civilizador: a "civilização", diz Bauman, não deve ser uma *obviedade*, nem uma "celebração cotidiana", embora tenha sido a expressão da auto-imagem do Ocidente, da superioridade da classe alta e, depois, das nações ocidentais sobre as outras. Sem dúvida, em *Os Alemães*, o processo civilizador também aparece otimista e unilinear, por meio do reconhecimento da possibilidade de "processos descivilizadores".

Enfocando a devastação causada pela Guerra dos Trinta Anos e a tardia unificação alemã pela série de guerras sob liderança da Prússia, cujos valores militaristas e autoritários a classe média adotou em lugar

---

3. A forma *enthousiasmo* é aqui usada para resaltar seu sentido de "com *Theos*", "com Deus".

dos valores humanistas, Elias constrói o *habitus* alemão, caracterizado por uma brutalidade crescente. O Segundo Império – 1871-1918 –, uma *Satisfaktionsfähige Gesellschaft*, baseava-se no código de honra. O Império alemão durante longo tempo fora um Estado fraco, de baixa auto-estima e forte (res)sentimento de humilhação; situação que se inverteu com a unificação de 1871, no contexto de uma guerra vitoriosa: guerra e violência como eficientes instrumentos políticos.

Por conta do peso das forças reacionárias, sobretudo do que Weber denominou *o legado de Bismarck*,

a geração de literatos políticos [...] a partir de 1878 [...] admirava não a grandeza do intelecto sofisticado e imponente de Bismarck, mas exclusivamente a mescla de violência e astúcia, a brutalidade aparente ou real de sua atividade política [...] esta atitude dominante vem moldando não apenas a mitologia histórica de políticos conservadores, mas também a dos literatos genuinamente entusiásticos (Weber, 1980: 7).

Depois da guerra de 1914-1918, com a desmobilização, antes mesmo da assinatura dos tratados de paz, o espírito da guerra penetrara a política doméstica, de forma que, desde o nascimento da República, em 1919, foi em torno da *vontade de guerra* que se aprumaram as polaridades. A direita, ansiando por voltar a uma Alemanha poderosa, recorreu, nos anos seguintes, a muita violência, embora não estivesse disposta a se responsabilizar pela fragilidade de Weimar, cunhando-a como "herança da derrota" e, propositadamente ou não, evitando ter algum representante seu na assinatura do Tratado de Versalhes.

Por força trata-se também do que se poderia denominar *vontade de paz*, cujo âmbito estende-se sobretudo a lutas partidárias ou ideológicas que marcaram e cindiram profundamente as relações da esquerda, num amplo leque que envolvia socialdemocratas – reformistas e revolucionários –, socialistas e comunistas; aqui tratada de forma mais breve do que se gostaria.

Em 1923, diante da má vontade alemã em pagar as reparações, a região do Ruhr foi ocupada por tropas franco-belgas. Os industriais alemães resistiram, negando ceder carvão à França; os EUA ordenam a retirada das tropas francesas da Renânia, o que provocou um efeito de vitória sobre os Aliados. Em virtude da coabitação forçada e resignada entre franceses e alemães, seguiram-se atentados: um jovem sabotador do Partido Nacional-Socialista foi morto e heroicizado; houve manifestações racistas contra os africanos – "a vergonha negra" – que participam da força francesa de ocupação. O plebiscito do Saarland, realizado num contexto de muita ameaça e violência, resultou na sua anexação à Alemanha. Cresceu a propaganda rancorosa contra a França, que, herdeira do expansionismo de Napoleão, voltou a ser o alvo da vingança alemã contra a humilhação, aumentando "a embriaguez da imagem da própria grandeza [...] precursora da embriaguez desmedida que antecedeu a Segunda Guerra" (Elias, 1995: 39).

Elias desenha uma espécie de itinerário histórico da violência alemã, começando pela figura do oficial do exército do Kaiser, passando para membro dos *Freikorps* e, em seguida, para membro de uma associação secreta terrorista e, finalmente, filiando-se ao Partido Nacional-Socialista.

Apesar das pesadas perdas na guerra de 1914-1918, a campanha no Báltico simbolizou, depois da derrota, o sonho da restauração da velha ordem. Numa ilustração do *habitus* de crueldade e brutalidade crescentes, agudo na época da assinatura do Tratado de Versalhes, Elias cita o escritor Salomon, bem como o elogio à guerra de seus romances:

> O Tenente Kay entrou [...] disse: a Alemanha assinou o tratado de paz! Os laços invisíveis que os juntavam à casa distante tornaram-se visíveis. Realmente não passavam de gado na vasta terra dos russos. O tratado de paz selara seu destino. De repente sentimos o frio do abandono inominável. Cremos que nosso país jamais nos demitiria, que nos unia a uma corrente indestrutível, que alimentava nossos desejos secretos e justificava nossos atos. Tudo aqui agora estava acabado. A assinatura nos havia libertado (*apud* Elias, 1996: 193).

O tratado foi assinado, e Hindenburg, herói das armas, tentou deslocar o ódio à assinatura e à derrota aos representantes da República. Talvez se o Kaiser, ou o general Ludendorff ou mesmo Hindenburg o tivessem assinado, o tratado teria sido mais bem aceito.

O descontentamento com a assinatura do Tratado perdurou. Mesmo depois de finda a guerra, alguns *Freikorps* continuaram lutando no Báltico. Berlim ordenou-lhes a retirada, mas muitos abriram mão de sua lealdade ao governo. Obrigados a recuar pelas armas, observa Elias, viviam um novo trauma, dessa vez por terem sido derrotados por primeira vez no leste:

> incendiamos todas as casas, destruímos todas as pontes [...] e quebramos os cabos telegráficos. Jogamos os cadáveres nos poços e lançamos granadas de mão. Matávamos tudo que aparecia, queimávamos tudo que fosse incinerável [...] não tínhamos mais sentimentos humanos nos corações [...] a terra rugia sob nossa destruição [...] Uma imensa coluna de fumaça marcava o nosso trajeto; [...] ali nossas esperanças eram queimadas, nossos anseios; ali ardiam as leis e os valores do mundo civilizado (Salomon, *apud* Elias, 1996: 195).

Alguns continuavam participando de organizações secretas depois do retorno. As esperanças renasciam com a possibilidade de derrubar o regime de Weimar e impor uma ditadura. Depois do fracasso de Kapp, em 1920 – que juntamente com o golpe de Hitler, de 1923, foi a mais importante tentativa de derrubar a República pelas armas, bem como foi fundamental para a decisão de Hitler de ascender ao poder só pela via legal – a saída era o terror.

Como mostram Neumann e Elias, a nobreza estava enfraquecida, com exceção dos cargos que ocupava nas forças armadas. Sua perda de privilégios foi um ganho para a alta classe média, até então uma "elite de segunda categoria". Quanto à classe operária, caso se mantivesse unida, talvez conseguisse a supremacia do marco constitucional. Mas, devido à Revolução Russa, ela estava cindida: pró e contra o uso da violência, respectivamente pró-nacionalista ou russófila.

Wolfgang Kapp, o militar do golpe de 1920, aristocrata prussiano, pangermânico, ligado aos conservadores e ao *Volkisch*, estabeleceu seu regime em Berlim. Paul Bedereck, seu assessor de imprensa, era oriundo da Associação Alemã de Estudantes, fundada por Stocker e por Naumann, e seu "futuro" ministro da Agricultura, Georg Wilhelm Schiele, pertencera ao grupo *Artamanen*. Membros da brigada Ehrhardt, ambos defendiam o uso da força e queriam iniciar uma série de *pogroms* contra os judeus. Kapp não permitiu. Seu fracassado golpe serviu para mostrar a impossibilidade de um *coup d'état* elitista num Estado em que a classe operária era politicamente atuante. A via legal, a participação no Parlamento, portanto, delineava-se como o único caminho ao poder. De acordo com o movimento de Kapp, o *putsch* falhou devido à sua pouca orientação *Volkisch*, de forma que a partir de então passou-se a difundir mais a doutrina anti-semita, a fim de apresentar um conteúdo homogeinizador, aumentando a influência dos setores conservadores.

Os socialdemocratas Ebert, Scheidemann e Noske, todos eles da ala majoritária, e figuras centrais na instalação da República em 1919, estavam secretamente acordados numa aliança entre a socialdemocracia e o alto comando do exército, evidenciando a dependência do governo no exército e a fragilidade do regime. Os dois lados, um sob o socialdemocrata Ebert e o outro, sob o General Groener, fizeram uma espécie de aliança depois de 1918. O que os unia era a ameaça de um violento golpe de Estado, fosse da classe média aliada a certos círculos militares, fosse dos comunistas.

A estrutura estatal era ambígua: no Parlamento, de um lado, as lutas de interesses, não violentas e, de outro, auxiliadas pela crise econômica, as associações de defesa e as sociedades secretas violentas, em clima conspiratório e de terror. A violência aparecia como processo de duplo vínculo: a dos comunistas era revidada pela dos fascistas e vice-versa, em constante detrimento do monopólio estatal da força, refletindo o grau de instabilidade do poder central e da economia.

A República de Weimar estava dilacerada, empobrecida e exausta. Para sua reconstrução, tentava-se fundir passado e presente: a administração civil aliada à democracia parlamentar e a um coletivismo pluralista gerava antagonismos sociais e trazia a destruição gradual das instituições parlamentares, a suspensão também gradual das liberdades políticas, o acelerado desenvolvimento de uma burocracia dominante e o renascimento do exército. Na pobre porém muito industrializada Alemanha, argumentavam os liberais, o pluralismo só seria viável se a reconstrução viesse promovida por ajuda externa, com a ampliação de mercados por via pacífica até o país chegar à sua plena capacidade produtiva. Weimar esperava obter concessões unindo-se ao ocidente, mas fracassou. Foi essa a razão, afirma Neumann, que fez com que o nacional-socialismo aderisse ao expansionismo (Neumann, 1943). Para os liberais, foram os empréstimos compulsórios de guerra – o custeio interno da guerra – que deram início à avalanche de descontentamento do povo e do subseqüente colapso econômico: os alemães financiaram a guerra por conta da avaliação errônea de que aquela seria uma guerra relâmpago.

Entre racionamento e mercado negro; empréstimos compulsórios de guerra, corrupção e roubo; desnutrição e doenças – tuberculose, tifo, cólera –, abrindo espaço aos charlatães e milagreiros, mobilizou-se o descontentamento, espoucaram as manifestações de revolta. A morte do ministro judeu Walter Rathenau detonou a inflação; organizou-se o seguro-desemprego; os preços eram remarcados incessantemente; eram necessárias equipes em rodízio para dar conta de imprimir o dinheiro; em 1922, o cheque tornou-se hábito. No cotidiano, roubos e pilhagens, insegurança, incerteza e paranóia tornavam-se a norma. Multiplicaram-se as seitas e os profetas; misticismo, astrologia, ocultismo e espiritismo se difundiam. Havia xenofobia também do Estado, como era evidenciado pela política dos dois preços, com pesados encargos para os estrangeiros. Com o mercado de trabalho minguado, a sindicalização estava baixa e esvaziada. Os camponeses invadiam as cidades em busca de trabalho; as aldeias modernizavam-se – estradas, eletricidade, métodos agrícolas. Em plena inflação, os agricultores investiam em equipamentos modernos.

Berlim explodia: blocos residenciais, concentrações operárias, ar sufocante, falta de água potável; no bairro judeu, o iídiche, o solidéu; levas de imigrantes russos chegaram entre 1919 e 1922: aventureiros, políticos antidemocratas e anti-semitas. Sublime e grotesca Berlim, quartel-general do paradoxo da burguesia que hesitava entre o moralismo e a dissolução, lado a lado com a miséria. A Berlim dos contrapontos, tratada, retratada e narrada como *clima e estado d'alma* trágicos, ambivalentes, hesitantes, desamparados. O clima dessa Berlim weimariana, nascedouro do nazismo segundo Ingmar Bergman, foi extraordinariamente bem captado no filme por ele dirigido, *O Ovo da Serpente*, que recebeu esse nome porque os ovos das serpentes são transparentes, podendo-se ver através deles o "monstro" que irá nascer, tal qual o nazismo, gerado das entranhas da primeira república democrática alemã.

Com a crise dos anos de 1930, o capital estrangeiro retirou-se da Alemanha: aumentaram as filas do seguro-desemprego, que em 1932 atingia 45% da população; entre 1930-1932, o salário caiu de 20 a 30%. Aumentaram os impostos, registraram-se muito suicídios. Desde 1930, com Brüning, a repressão contra o operário aumentava, bem como o número de falências. Em 1932, o Partido Nazista tornava-se o partido mais forte contra piquetes sindicais e manifestações contra judeus. Era o terror. Nas eleições de 1932, os comunistas foram declarados ilegais e a socialdemocracia apoiou a renovação de Hindenburg, com o partido democrata. O DVP – apoiado pelos industriais e pela burguesia – em 1928 fundiu-se com o Partido Nazista. Havia, inclusive, uma União Nacional dos Judeus Alemães, uma Liga de Amigos Combatentes Judeus de autodefesa e proteção de sinagogas. Os judeus do Leste estavam ligados aos movimentos socialistas; os do Oeste, mais ligados a Herzl e ao sionismo. Era nas ruas e não no Parlamento que se dava a luta política.

Apesar da derrota na Primeira Guerra, sob o patronato do monopólio – o grande capital que tinha como seus mais poderosos representantes Hugenberg, Krupp, Stinnes, este último, declaradamente o maior opositor à política exterior de Rathenau –, *a guerra continuou*. Passou, então, para o contexto constitucional, republicano e democrático; proliferaram produções culturais patrióticas e, entre as poucas vozes que se ergueram contra o nacionalismo, a dos judeus não era a mais estridente.

Para Otto Braun – ministro socialdemocrata da Prússia até o golpe de Von Papen e Hindenburg em 1932 –, o moto "Versalhes e Moscou" do pós-guerra de 1918, no sentido da rejeição ao ocidente, por conta do Tratado, e ao oriente pela ameaça bolchevique, é que foram as verdadeiras sementes do nacionalismo anti-republicano – e não o monopólio. A carga que a assinatura do Tratado representava para a nação alemã fica mais clara quando se considera que, embora todos os partidos quisessem a revisão e alteração do Tratado, nenhum deles estava disposto a assumir a responsabilidade de rejeitá-lo. Inclusive, uma das conclusões a que esta reflexiva leva é de que, no limite, a direita – conservadores e nacionalistas – entregou o poder aos liberais e aos socialdemocratas em 1920, a fim de evitar que recaísse sobre ela a pecha de traidores da Alemanha por assinar o Tratado.

Foi apenas em 1929, com a aliança entre Hitler e Hugenberg, que se deu a batalha final entre a oposição nacionalista e a República. Os conservadores esperavam que o nazismo servisse de apoio populista ao regime autoritário de Hindenburg, e acreditavam que Hitler seria neutralizado, de forma que havia uma forte correlação entre as velhas classes médias em declínio e os votos pró-nazistas. Em seu diário, Göbbels observa que, se o partido não chegasse ao poder rapidamente, morreria. A ascensão teria resultado, portanto, da fraqueza inerente às elites social e política dominantes e da sua incapacidade de resistir à pressão do nacional-socialismo.

Assim, o partido que absorveu os grupos anti-semitas e *volkisch*, era insignificante até 1928. O revés dos nazistas nas eleições, apenas

2,6% dos votos, tendo perdido 0,4% (cerca de 100 mil votos) desde a eleição de 1924, levou o governo, em 1928, a suspender o banimento aos discursos de Hitler. O partido perdera apoio nas cidades, só em parte reposto por novos eleitores rurais. Sua filiação de 27 mil membros em 1925, subiu para 108 mil em 1928. Em 1932, eram cerca de 329 mil. Em termos numéricos, não era um patido estável. Na mesma época, a socialdemocracia contava com 1,8 milhão de filiados. Em 1933, o nacional-socialismo não excedia os 849 mil. Dois terços dos membros deixaram-no entre 1930 e 1934. O setor rural, por exemplo, que contribuíra para o sucesso de 1930, não o apoiou da mesma forma em 1932. Na Alemanha, os líderes abstinham-se da fidelidade partidária ao assumir um cargo público. Contra esse ranço prussiano, os nazistas priorizavam o partido. Goebbels exigia que todo membro do partido que entrasse para o serviço público continuasse no partido e ainda cooperasse de perto com sua administração.

A descentralização do poder na Alemanha data desde as fases iniciais do processo de formação do Estado alemão, nas lutas do século XVII. O Império Germânico legitimou-se então como reencarnação do Império Romano, tornando-se arena onde outros exércitos lutavam pela supremacia. A insegurança aumentou, e grande parte do povo empobreceu. Na Guerra dos 30 Anos, quando Alemanha e Áustria se fundiram, a Alemanha perdeu um terço da população.

A semente da ideologia racial alemã foi plantada nas Guerras Napoleônicas. O entusiasmo do século XVIII pela diversidade, baseada na universalidade do homem e da razão, fora abalado ao se entrar em contato com as tribos de ultramar. Nem mesmo a escravidão, de base racial, engendrara uma ideologia racista. A hereditariedade, usada como arma ideológica para o domínio de uma raça ou uma de classe sobre outra, é que serviu de base ao pacifismo, ao cosmopolitismo e ao imperialismo. A minimização do anti-semitismo e do racismo enquanto fatores independentes de análise termina não dando conta de um fenômeno de exclusão absoluta como o Holocausto, porque a função política interna do anti-semitismo, que vê o judeu como "bode expiatório", é a de impedir o extermínio dos judeus para não jogar o bebê com a água do banho e eliminar, justamente, aquele que serve de agente integrador e produtor de sentido *par excellence* e a condição *sine qua non* desse modelo de dominação. Essa lógica, entretanto, seria desmentida pelos fatos. Assim, os dirigentes nazistas teriam inventado o anti-semitismo a fim de deslocar a atenção das dificuldades da pequena burguesia; a arianização dos empreendimentos trazia lucros sobretudo aos monopólios. Racismo e anti-semitismo, antes de mais nada, derivariam da luta de classes, donde a queda do sistema necessariamente deveria vir *de dentro*, por uma práxis política consciente; nem as brechas do sistema nem a derrota militar implicariam o fim automático do regime.

LIBERALISMO ECONÔMICO: LIVRE CONCORRÊNCIA/ CARTELIZAÇÃO; LIVRE MERCADO/ INTERVENCIONISMO; CAPITAL INDUSTRIAL/ CAPITAL FINANCEIRO

A Teoria Crítica, originada quase concomitantemente à instauração da República de Weimar, aborda uma multiplicidade de aspectos: jurídico, político, econômico e psicossocial. Seus integrantes distribuem-se ao longo de um *continuum* político – desde a socialdemocracia reformista, passando pelo socialismo, até uma militância estreitamente ligada ao esforço revolucionário soviético –, o que se reflete na sua produção teórica e que, não poucas vezes, resultou em recortes analíticos divergentes e mesmo antagônicos. Apesar de postular a importância da dimensão econômica, reconhece que esta sofreu transformações e que, na verdade, muitos de seus debates sobre a natureza do fascismo giraram em torno dessas mudanças, de suas limitações e de suas conseqüências, desembocando em duas grandes vias de análise: o *capitalismo de monopólios*, de Neumann, e o *capitalismo de Estado*, de Pollock.

O capitalismo de Estado, enquanto tendência dominante – da qual, inclusive, o sistema russo não passaria de uma variação –, propunha como "saída" para as seqüelas da inflação anterior, de 1918 e da posterior à Grande Depressão, um keynesianismo *avant la lettre*: a estabilização da economia e a promoção do pleno emprego, propondo uma política de planejamento – o planismo –, pela "promoção sistemática da inovação tecnológica e do desenvolvimento progressivo do setor ligado à defesa nacional". Tratava-se de um substitutivo do capitalismo de monopólios que, por sua vez, substituíra o *laissez-faire* da livre concorrência. Nesse novo capitalismo, o Estado, e não o mercado, é quem controla preços e salários, racionaliza a economia e orienta investimentos – de infra-estrutura, assim como da produção de bens de equipamento –, com a limitação relativa da produção de bens de consumo. E esse modelo, alertou Pollock, já se encontrava de forma quase acabada no sistema nazista, cuja solidez não se devia subestimar.

Na depressão da década de 1930, a intervenção – o keynesianismo – por meio de políticas anticíclicas, sobretudo contra o desemprego, atingiu uma dimensão universal. Até então as políticas e reformas intervencionistas eram pontuais, mais ao sabor dos acontecimentos. Depois da Grande Depressão, o intervencionismo teoriza-se.

O nazismo, nesse sentido – *autoritarismo capitalista de Estado* –, configura-se como alternativa ao modo socialdemocrata: o pleno emprego contorna a pauperização do proletário; a intervenção nos preços e na prioridade das necessidades resolve a distribuição, e a superacumulação é evitada pela contínua expansão do setor de armamentos, impedindo a falência do sistema. Não se pode esquecer, no entanto, que para Pollock, em última instância, as contradições inerentes ao capitalismo, como a luta de classes por exemplo, só encontram solução no socialismo, com a eliminação da propriedade privada. O investimento, ao deixar de ser prerrogativa do grande capital, destrói a essência mesma do regime de propriedade privada. Trata-se, assim, de uma "nova ordem", em que a troca é substituída pelo "intervencionismo" e, na terminologia de Weil Neuling, economista nacional-socialista, pelo "dirigismo": trata-se de uma imagem forte do primado da política sobre a economia, do Estado sobre o mercado.

O capitalismo tradicional, segundo Pollock, desde a Primeira Guerra Mundial iniciou seu processo de transformação de capitalismo privado para capitalismo de Estado. A crescente concentração da produção e distribuição de capital destruiu o mercado da livre troca. O capitalista, ao perder o domínio da administração – agora na mão de *managers* –, ficou reduzido à condição de *rentier*, com lucros cada vez menores, o que deu primazia ao aparato político e administrativo e, sobretudo, como comenta Benhabib, trouxe transformações no contexto psíquico.

Trate-se do *capitalismo de Estado* – na crítica de Adorno e Horkheimer à situação alemã – ou trate-se do *capitalismo monopolista* – segundo o modelo teórico de Neumann e Marcuse –, ambos os sistemas estão intimamente atados ao Estado fascista, à família e à personalidade autoritária. Tal qual a democracia de massas mostrava seu trágico desmantelamento, também assistia-se à atomização da família burguesa e à cisão do indivíduo entre uma personalidade submissa e um superego absolutamente automatizado, como pretende o extenso trabalho de Adorno, Frenkel-Brunswik, Levinson e Sanford, *A Personalidade Autoritária*.

No sistema nazista, com a subordinação dos interesses individuais às necessidades gerais, a relação entre patrões e empregados, entre produtores e consumidores – mediada pelo mercado –, transforma-se na relação entre dirigentes e dirigidos. E, complete-se, desaparecendo o mercado, a sujeição torna-se mais aberta e brutal, pois, "enquanto motivação, o lucro foi substituído pela busca do poder" (Jay, 1977: 181).

Franz Neumann, marxista moderado da ala esquerda da socialdemocracia – que chegou à teoria política depois de uma carreira de jurista –, menos dialético e mais formalista, via no capitalismo de Estado de Pollock uma contradição *in adiecto*: o Estado, ao se tornar proprietário único dos meios de produção, destrói o próprio "mecanismo que põe em movimento todo o ciclo da atividade econômica". Com a cartelização, argumenta o autor, lucram os antigos proprietários privados e os grandes grupos capitalistas – inclusive, poucas são as grandes novas indústrias: as grandes fusões monopolistas são de empresas já grandes antes de 1918 – e não dos novos administradores, os *managers*. Ademais, a maioria das indústrias não foi nacionalizada. A própria criação de um setor econômico controlado diretamente pelo partido evidencia a vitalidade do sistema. Mesmo um Estado monopartidário, diz Neumann, precisa aliar poder econômico a poder político, ocupando espaço também no setor produtivo. Na verdade, observa, ambos convivem enquanto perdurar a expansão imperialista e a aliança entre grande capital, exército e burguesia estatal ou burocracia. É, inclusive, por conta da perpetuação do capital de monopólios que o nacional-socialismo é um "não-Estado, um caos, o reino da desordem e da anarquia".

Não acreditando, como Pollock, na invulnerabilidade do sistema, Neumann considerava a cartelização e a crescente racionalização do capital um fator de fragilização que, com as mudanças cíclicas, torna a economia mais vulnerável às manifestações das massas. Assim, a intervenção do Estado é "para reforçar a posição dos monopólios e facilitar a incorporação de todas as atividades econômicas nos grandes grupos industriais". A economia nazista, define Neumann, é ao mesmo tempo uma economia de monopólios e uma economia dirigida, na qual "os industriais e o partido têm as mesmas metas". Trata-se de "uma economia capitalista privada, sujeita ao Estado totalitário". A esse híbrido, Neumann sugere denominar "capitalismo monopolista totalitário" (Neumann, 1943: 193). Assim, à busca de poder de Pollock, Neumann rebate com o *lucro* e introduz a hibridez: é para *conservar* o lucro que o monopólio precisa do totalitarismo.

Max Horkheimer, entretanto, para quem dialética e desenvolvimento não são noções idênticas, acrescenta uma nova dimensão ao primado político da análise do nazismo, o *ethos tecnológico*, aquele que se utiliza permanente e ininterruptamente do terror e da coerção. Cada vez mais interessado na racionalização tecnológica enquanto força institucional e na racionalidade instrumental enquanto imperativo cultural, Horkheimer vê nos mecanismos psicossociológicos a garantia de submissão às fontes de violência. O nazismo, exemplo mais extremo da tendência de dominação irracional no Ocidente, coloca a opção ético-ideológica entre recair na barbárie ou começar a história. Nele, a dominação não está mascarada pelas relações de mercado, posto que a infra-estrutura econômica não é mais o *locus* determinante da totalidade social. Passo analítico importante, o de Horkheimer, rompe as dualidades da era liberal – indivíduo e sociedade, público e privado, economia e política –, cuja intermediação contivera a tendência de dominação total de um capitalismo plenamente desenvolvido.

No sentido de reforçar a importância dessa dimensão "ética" – ideológico-cultural –, é interessante o trabalho de Kirschheimer sobre o direito penal na Alemanha nazista, que, a partir de 1933, apresenta uma progressão – acompanhando a passagem de uma fase autoritária para uma fase racista –, em que o judiciário se transformou paulatinamente numa instância burocrática dócil e dependente das exigências ideológicas do Estado, a ponto de fundir as esferas do direito e da moral que, na jurisprudência liberal, são separadas: tanto a propriedade privada quanto a liberdade de contrato do direito liberal são "hipotecadas pelo aparelho político". A doutrina nazista superou a separação do público e do privado, eliminando o privado. As grandes indústrias de antes da guerra de 1914-1918 expandiram-se em trustes e cartéis, graças aos empréstimos do exterior, sobretudo dinheiro americano que, a partir de 1924, promoveu crescente centralização e concentração de capital, cobrindo a economia com um manto autoritário. Também na visão de um dos mais notórios representantes da *revolução conservadora*, Oswald Spengler, o resultado da Revolução de 1919 fora o crescimento exacerbado da concentração e centralização de capital a ponto de desembocar na constituição, em 1919, de "uma empresa limitada" e não de um Estado constitucional, transformando a Alemanha em "colônia de reparação", espécie de uma "Índia européia".

Para Gurland, também ligado à Escola de Frankfurt, um dos mais empedernidos defensores do primado econômico – ao lado de Neumann e Marcuse –, a dinâmica expansionista e imperialista do nazismo era importante para evitar os conflitos que persistiam no interior do sistema, por tratar-se de mecanismos essenciais do capitalismo – a procura do lucro, os conflitos de classe –, embora mascarados pelo aparato ditatorial. O governo, contrariamente à análise de Pollock, defendia Gurland, é pura expressão da hostilidade aos monopólios, embora não questione *de facto* os privilégios e os interesses dos capitais mais solidamente estabelecidos: "a expansão garante a satisfação do desejo de lucro e, por sua vez, esse desejo garante a expansão" (Jay, 1977: 190). Mas a questão central de Neumann em *Behemot* – obra que pode ser vista como contraponto anômico do *Leviatã* de Hobbes –, sobre as causas do apoio operário ao nacional-socialismo, perdura em aberto, indecifrada. Parafraseando Weber sobre a era Bismarck, à qual sob tantos aspectos o período weimariano parece remeter, "precisamente a parte *politicamente relevante* da população operária foi deixada de lado [...] a parte mais influente da literatura popular de Bismarck tem sido escrita para [...] o burguês de espírito vulgar e estreito, que prefere a forma apolítica de adoração de herói tornada tão comum entre nós" (Weber, 1980: 14).

Na verdade, ao longo de todo o período weimariano, o trabalho organizado não foi hostil à trustificação, por considerá-la etapa inevitável do capitalismo e, assim, o trabalhador apenas reivindicava mais proteção contra os efeitos de tão grande concentração dos meios de produção, pois "o capitalismo organizado substitui a livre concorrência pela produção planificada. A tarefa [...] consiste em conseguir ajuda estatal para converter a economia organizada e dirigida pelos capitalistas em economia dirigida pelo Estado democrático" (Hilferding, 1927). Portanto, parte da explicação do que ocorreu em Weimar passa pelas cisões presentes ao longo da trajetória dos movimentos, dos sindicatos e dos partidos dos trabalhadores, sobretudo no partido social democrata – o SPD – e no partido comunista – o KPD – alemães.

Fundiram-se as grandes siderúrgicas e as indústrias químicas: em 1930, o capital da *Farbenindustris* chega a 1,1 bilhão de marcos e seus empregados, a 100 mil – embora sem capacidade plena de produção. O hiato entre produção e capacidade produtiva exigia subsídios do governo, tanto na forma de subvenções diretas como de empréstimos a juros baixos. Em 1923, a pressão da opinião pública levou Stresemann a decretar guerra ao monopólio. Também cai o poder sindical, pois a intervenção estatal dá ao conflito entre patrão e empregado a coloração das greves contra o Estado. Aumenta o número de trabalhadores não qualificados e semiqualificados, bem como o número de mulheres; os burocratas, organizados em sindicatos não socialistas, enfraquecem o movimento sindical.

No final do século XIX, o socialismo considera a revolução proletária inevitável. Nos debates internacionais, os anarquistas rejeitam a ação parlamentar como meio de luta, e são expulsos da Internacional. Depois de 1900, separam-se movimento socialista e movimento sindical. A Internacional Operária entra em nova fase: a crise revisionista. É o declínio do messianismo revolucionário. Com a morte de Engels, em 1895, Bernstein propôs repensar o marxismo, insistindo no poder de adaptação do capitalismo: a chave do socialismo estaria na relação pacífica entre nações e classes; o capitalismo deveria evoluir progressiva e pacificamente em direção ao socialismo, evitando reivindicar o poder exclusivo para o proletariado. A socialdemocracia deve tentar alianças, compromissos, reformas, a partir "de dentro". Ser oposição deixava de ser uma condição existencial da esquerda.

Opondo-se a Bernstein, Kautsky via a aquietação como conjuntural e previa que o imperialismo, a longo prazo, acirraria o antagonismo de classes. Kautsky e os teóricos do centro ortodoxo do SPD consideraram a cooperação entre capitalismo e socialismo da proposta de Bernstein, como um sintoma da crise do socialismo. Na fala reformista de Kautsky: "No estado democrático moderno, a conquista do poder pelo proletariado não pode vir de um golpe de sorte, mas do longo e penoso trabalho de organização no terreno político e econômico [...] da conquista gradual das municipalidades e das assembléias legislativas". Mas, diferentemente de Bernstein, para Kautsky a participação no governo era um expediente "forçado, transitório e excepcional [pois] a luta de classes veta aliança com qualquer facção do capitalismo, admitindo, em circunstâncias excepcionais, as coalizões" (Kriegel, 1983: 47).

Além da questão reforma ou revolução, a velha questão da relação entre partido e sindicatos reapareceu. No século XIX, tratava-se de introduzir o socialismo no movimento operário; agora, tratava-se das relações entre as duas instituições: autonomia dos sindicatos ou direção política dos partidos?

A luta pela paz, o que aqui se denomina *a vontade de paz*, era consensual na socialdemocracia, apesar das divisões de interpretações. Não se pretende aqui tratar desse aspecto para além das disputas partidárias da esquerda – mesmo porque essa *vontade de paz* aparece de forma intermitente, não alcançando relevância nem magnitude suficientes para a constituição de um *movimento pela paz*. No entanto, vale uma pequena digressão para citar duas das poucas vozes que claramente se manifestaram *o tempo todo* contra a guerra: trata-se de uma troca de correspondência entre Albert Einstein e Sigmund Freud, publicadas como *Warum Krieg? – Por que a guerra?* –, em Paris, em 1933, pelo Instituto Internacional de Cooperação Intelectual da Liga das Nações. Einstein perguntou a Freud se

> haveria alguma maneira de liberar a humanidade da ameaça de guerra [pois] com o avanço da ciência moderna, esta tornou-se uma questão de vida e morte para a civilização [as pessoas têm] desejos de ódio e destruição [...] É possível controlar a evolução mental de forma que as pessoas resistam à psicose de ódio e destruição? Absolutamente não estou pensando apenas nas assim chamadas massas incultas. A experiência prova de que é justamente a chamada *intelligentsia* que mais ardentemente pode levar a essas sugestões coletivas desastrosas, na medida em que o intelectual não tem contato direto com a vida na sua crueza, mas sim na sua forma sintética – sobre a página impressa (Einstein, 1932: 26-27).

Freud respondeu:

> Mesmo dentro de um mesmo grupo, o exercício da violência não pode ser evitado quando se trata de interesses conflitantes [posto que] os instintos humanos são de dois tipos: os que conservam e unem, aos quais denominamos "eróticos" [...] e os que destroem e matam [...] O instinto de autopreservação é certamente de natureza erótica, mas, para atingir a meta, esse instinto exige ação agressiva [...] O estímulo desses impulsos destrutivos é naturalmente facilitado pelo apelo ao idealismo (Freud, 1933: 29).

A guerra, para ele, era inevitável.

Em 1907, pela primeira vez, cristalizavam-se duas dialéticas: Bebel diferenciava entre guerra ofensiva e guerra defensiva, enquanto Adler afirmava que o socialismo internacional devia impedir a guerra, em vez de freá-la depois de deflagrada. Os franceses Vaillant e Jaurès manifestaram-se a favor da ação pacífica operária: "O proletariado quer ser ator de seu próprio drama. A ação parlamentar não é suficiente. É preciso ação operária". Franceses e alemães acordavam em torno do princípio "guerra à guerra" (Kriegel: 52). O debate girava, então, em torno do desarmamento. Em 1912, o sucesso trouxe otimismo à Internacional: o perigo da guerra fora afastado. Quando a crise de julho de 1914 estourou, o movimento socialista foi surpreendido.

A proporção de proletários na socialdemocracia alemã oscilava entre 77,4% e 94%. Em 1912, a Internacional Operária registrou

3 372 384 de adesões; influenciando 7 315 000 cooperativos, 10 838 000 sindicalizados, 11 a 12 milhões de eleitores (1913) e leitores de duzentos grandes jornais diários. O reformismo ganhava terreno e esse crescimento provocava reações virulentas. Era o reformismo dos partidos socialistas que se tornaram partidos nacionais, e que foram contaminados pela democracia representativa. Lutando por reformas imediatas, terminaram integrando-se ao sistema. Oportunismo, erro tático? Contra o revisionismo, uma corrente tentava fundar a prática revolucionária: de um lado, Rosa de Luxemburgo, de outro, Lenin. Lenin defendia um partido de vanguarda disciplinado, com revolucionários profissionais, enquanto Luxemburgo ressaltava a espontaneidade operária, como condição e como positividade. Lenin insistia na aliança entre o proletariado e o campesinato sob a hegemonia do primeiro, transformando a revolução democrática burguesa em revolução proletária. Para Luxemburgo, a única força revolucionária era o proletariado industrial. Ela opôs-se ao PS polonês, declarando que a criação de pequenos Estados nacionais era regressiva, e que a reivindicação nacional era um obstáculo à união internacional do proletariado revolucionário. Lenin defendia a tese contrária: o movimento de independência nacional podia contribuir para a vitória da revolução mundial.

Até 1914, ambas as tendências coexistiram: a do internacionalismo proletário para a manutenção da paz entre as nações e a da ruptura em escala nacional. Contra Lenin, também estava a confederação do Bloco de Agosto, tendo Trótski como porta-voz. Na Alemanha, em 1915, um grupo de oposição internacionalista cristalizou-se: Karl Liebknecht, Rosa Luxemburgo, Clara Zetkin e Paul Mehring.

Em setembro de 1915, houve a primeira manifestação internacional contra a guerra: instava para que se replicasse à guerra imperialista com uma revolução mundial, embora ela pudesse começar num só país, transformando a guerra imperialista em guerra civil.

O centro de gravidade da Internacional deslocava-se à direita, longe da Europa oriental e central, onde pairava a vontade de revolução. Em 1919, na Internacional Sindical de Amsterdã, participaram 91 delegados, representando 17 740 000 trabalhadores sindicalmente organizados em catorze países. O primeiro tema a ser discutido foi a reivindicação do reparto dos bens de produção, num vasto programa de reformas. O segundo foram sobre as responsabilidades dos partidos socialistas na guerra e sua atitude em relação ao bolchevismo.

A Segunda Internacional e Meia, dominada pela corrente "direitista" (britânica) e pela "esquerda" (os socialistas austríacos, os independentes alemães e os *longuettistas* franceses), reuniu-se em dezembro de 1920 e de 1921 e fundou a Comunidade de Trabalho dos Partidos Socialistas, ironicamente chamada de Internacional 2½, colocando-se na linha do radicalismo marxista de antes da guerra.

A Terceira Internacional, em 1922, fez uma análise catastrofista da crise geral do capitalismo; a iminência da revolução mundial revelara-se um estrondoso fracasso. Os comunistas faziam concessões sem contrapartida. O Komintern visava os operários sob influência reformista. A Terceira Internacional toma uma atitude crítica, mas temperada, em relação à revolução mundial que tem a Rússia por modelo. Sua crítica é tripla. Ela se coloca contra o regime soviético, que considera como ditadura terrorista que se prolonga além do necessário; contra a socialdemocracia e a perseguição dos socialistas na Rússia, e contra a teoria leninista da "inevitabilidade das guerras imperialistas". Trótski rompe com a Internacional Comunista: de um lado, a facção trotskista, do proletariado mundial; de outro, a facção stalinista, da burocracia do partido e do Estado soviético. Em novembro de 1927, é o revés da oposição: Zinoviev rende-se, Ioffé suicida-se e Trótski vai para o exílio. Em janeiro de 1929, ele é expulso da Rússia.

Também o enrijecimento da ortodoxia comunista e socialdemocrata nos anos 1920 funcionou como fator de desideologização; o movimento pelo planismo, que se seguiu à crise de 1929, enfocava sobretudo a tarefa política do plano nacional de emprego. O socialdemocrata Rudolf Hilferding condescendera com a política decisionista e deflacionária de Brüning (1931-1932) e divergira de Woytinsky, principal autor do plano sindical alemão.

A esquerda européia desconsiderava a depressão cíclica, que se origina no "subconsumo crônico das massas", e via nos processos monetários a solução, o que deixava a socialdemocracia alemã paralisada. O socialismo planista desenvolveu-se juntamente com o revisionismo: a teoria kautskiana e hilferdinguiana da transição do capitalismo liberal ao capitalismo organizado, e deste ao socialismo, foi a diretriz do socialismo weimariano, antes e depois da crise de 1929.

Setores sindicais, pressionados pela crise – 50% de desempregados e 22% de subempregados em 1932 –, amadureceram uma proposta conjuntural alternativa ao deflacionismo de Brüning: a criação de empregos financiada pela criação suplementar de crédito. Os líderes sindicais, Lederer, em 1925, e K. Massar, em 1927, apoiaram o aumento de salários e da demanda interna, aliando distribuição justa e racionalidade econômica. Antideflacionista, a recuperação deveria acontecer pelo pólo do consumo. Era o Estado que, com o aumento do gasto público e do crédito, deveria produzir demanda adicional; era a política do *deficit spending* – gastar mais do que a receita – e seus efeitos multiplicadores sobre os investimentos privados e a atividade econômica em geral, realizada pelo Estado e não pelos bancos, com uma inflação modesta e controlada.

Retomando a discussão sobre o primado do político ou do econômico, o planismo, com base no *deficit spending*, abre uma nova dimensão para reflexão, também presente no debate weimariano e que se estende ao longo de toda a década de 1930, dando conta de um descontentamento e uma mobilização novos, em torno da crise e do alcance da política intervencionista e das implicações de novas relações entre capital e poder.

Hilferding ocupou o alto cargo de ministro das Finanças na República de Weimar, em 1923, no governo Stresemann, e de 1928 a 1929, no governo Müller. Embora impossibilitado de realizar as reformas a que se propusera, segundo ele, devido às reparações de guerra, um importante aspecto da discussão em torno do político ou do econômico é o tratamento dado por ele à crise econômica e ao imperialismo, em sua obra sobre o capital financeiro, destacando o papel dos bancos e da cartelização.

Personagem importante no cenário-acontecimento de Weimar, enquanto negociava um empréstimo com banqueiros americanos, o presidente do Reichsbank, Hjalmar Schacht, publicou forte crítica à sua política, exigindo medidas urgentes. Hilferding então renunciou. Foi membro do Parlamento de 1924 a 1933, quando fugiu para Paris. Em 1941 o governo Pétain entregou-o às SS. Levado a Paris, suicidou-se ou, mais provavelmente, foi assassinado depois de torturado pela Gestapo. Seu *Capital Financeiro*, escrito em 1910, parecia estar no núcleo mesmo da história cultural e política do período. Tinha introdução de Bottomore, foi resenhado por Otto Bauer, comentado por Karl Kautsky e por Bukharin, e utilizado por Lenin no que se referia à questão do imperialismo, do monopólio, do capital financeiro, da exportação de capital, da formação de cartéis internacionais e da divisão territorial do mundo.

Na atual fase do capitalismo – afirmava Hilferding – são dois os aspectos novos importantes: primeiro, a liberação do capitalista industrial da função de empresário, que passam a ser duas funções separadas, exercidas por pessoas e interesses diferentes; e, segundo, a emergência de lucro financeiro da venda de ações, superior ao rendimento dessas mesmas ações, recurso para futuros investimentos. Entretanto, argumentava, enquanto pré-condições do socialismo, tanto o protecionismo quanto o expansionismo financeiros são políticas econômicas que vão em detrimento da classe operária. Com essas políticas econômicas cresce o poder patronal e sobem o custo de vida e os impostos, debilitando a democracia e glorificando a guerra entre os diferentes Estados capitalistas, que é um ângulo a mais do sistema da livre concorrência de mercado. Em momento algum Hilferding viu a guerra imperialista como oportunidade para a derrocada do capitalismo. Ao contrário, sempre se manifestou contra a idéia de que o expansionismo e a guerra seriam a chance da classe operária chegar ao socialismo.

Entre os revisionistas, centristas e radicais de esquerda da social-democracia de 1914, Hilferding pertence ao centro. Apoiava a greve geral, embora apenas como última *ratio*, seja como defesa contra a violência burguesa perpetrada contra o trabalhador, seja como estágio final na luta pelo socialismo, defendendo a política eleitoral e a ação parlamentar.

As grandes teorias contribuíram para o entendimento do fenômeno nazista, a ele conotando uma *racionalidade explicativa* cada vez mais ampla, inclusive quanto às *dimensões irracionais* inauguradas na Segunda Guerra. Análises anteriores a 1942, quando ainda eram desconhecidas as dimensões "irracionais" – a "solução final", por exemplo –, têm por recorte mais presente a discussão que se estendeu ao longo de toda a década de 1930 e que dá conta de um descontentamento e uma mobilização novos, em torno da crise e do alcance da política intervencionista e as implicações de novas relações entre capital e poder.

Para Bottomore, a importância de Hilferding está no seu compromisso com o socialismo democrático e na sua convicção de que a via da violência traria a destruição de Weimar. Isso fez, entretanto, com que ele errasse por excesso de confiança quando da queda do nacional-socialismo nas eleições de 1932 e da renúncia de Von Papen.

Os nacional-socialistas haviam perdido 34 cadeiras nas eleições de novembro de 1932. Os socialdemocratas comemoravam, e Hilferding, em janeiro de 1933, quatro dias antes da nomeação de Hitler como chanceler, publicou o texto *Entre Duas Decisões*, argumentando que o partido nacional-socialista era ilegal. Recusou-se a colaborar com Schleicher ou a formar uma frente com os comunistas. O objetivo maior dos socialistas, disse, é a luta contra o comunismo. Quanto à possibilidade de Hitler firmar-se como ditador, Hilferding declarou que "querer os frutos da revolução sem tê-la feito só poderia vir da cabeça de um político alemão" (Neumann, 1943: 50). Em 4 de janeiro de 1933, um banqueiro de Colônia, Kurt von Schroeder, promoveu um encontro entre Von Papen e Hitler, o que deu início ao processo que culminou na nomeação de Hitler como chanceler.

É possível interpretar o "capitalismo organizado" de Hilferding como um erro de avaliação resultante da estabilização temporária do capitalismo nos anos 1924-1929, e atribuir a isso os fracassos políticos da socialdemocracia dos anos seguintes. Entretanto, para alguns autores, como Bottomore por exemplo, mesmo na crise de 1930 a instabilidade não foi tão grande a ponto de justificar um movimento revolucionário significativo. A conseqüência foi o aumento da intervenção estatal que, como o New Deal de Roosevelt, ajudou a salvar o capitalismo, criando condições para a retomada do crescimento depois de 1945 e para o desenvolvimento do Estado de bem-estar e das economias mistas.

Talvez, aproximando-nos da análise de Elias e do *habitus* alemão, possa-se dizer que o erro esteja na avaliação do desalento alemão, reforçado ainda mais pelo clima internacional desfavorável. O autoritarianismo e o nacionalismo do Reich não tinham sido alterados pelos eventos de 1918: a ala direita do Partido Socialdemocrata não tentou acabar com o poder dos latifundiários e dos militares. Talvez a total ausência de tradição democrática é o que realmente tenha possibilitado o fascismo. Com diz Bottomore, uma espécie de semente totalitária já vinha embutida nos momentos importantes da vida do Estado:

> O problema do pós-guerra está na mudança da relação entre Estado e sociedade [...] a subordinação de todo processo historicamente significativo [leia-se economia] à vontade do Estado equivale à supressão das áreas da vida social previamente livres da influência do Estado e reguladas por leis autônomas (Bottomore, *apud* Hilferding, 1981).

Na avaliação de Neumann, a dificuldade de renovação não pode ser atribuída apenas a Hilferding, ou à fragilidade da proposta sindicalista – elaborada por Woytinsky –, mas ao confronto que o sucesso do plano de pleno emprego teria desencadeado. Seria impossível pela estratégia tradicional da socialdemocracia, também por conta de sua burocratização e, mais ainda, devido à sua política reformista e vacilante, e que sem dúvida está manifesta no fato do sindicato socialista ter-se reduzido de 420 mil em 1922 a 172 mil filiados em 1930, ou o fato de que a associação de funcionários públicos, oficialmente neutra, era na realidade nacionalista.

Os socialistas tinham uma presença ambígua, pois eram atacados pela direita, dos nacionalistas, dos nacional-socialistas e dos liberais reacionários, e pela esquerda, dos comunistas. Na verdade, e essa talvez seja a mais veemente e iluminadora crítica de Neumann à socialdemocracia de Weimar, em grande parte o funcionamento da República dependia mais da tolerância para com as forças antidemocráticas e da falsa prosperidade dos empréstimos externos norte-americanos do que de atos. Essa fala coloca Neumann diretamente em interlocução com Benjamin, no que se refere à fragilidade dos parlamentares socialdemocratas, e com Schmitt, em termos de como a passividade interfere na governabilidade. O Partido Democrata terminou extinguindo-se; o católico Zentrum deu uma forte guinada à direita, enquanto os socialdemocratas e os comunistas lutavam entre si.

Em janeiro de 1932, eram 6 milhões os desempregados registrados; o desemprego invisível atingia mais 2 milhões de trabalhadores, enquanto crescia o número de desempregados que nunca tinham conseguido participar do mercado de trabalho, portanto sem qualquer defesa e proteção de direitos. O salário-desemprego tornava-se cada vez menor. Houve quebra de bancos e de indústrias; o governo interveio comprando ações a preços acima do mercado. Era um *cul-de-sac*: ou a revolução com os comunistas ou a semiditadura com a direita, a fim de evitar Hitler.

A socialdemocracia, que poderia se aliar aos comunistas, preferiu cooperar com as semiditaduras de Brüning, Von Papen e Schleicher, tentando eliminar o perigo maior, Hitler. Em setembro de 1930, a socialdemocracia e os sindicatos apoiaram o governo Brüning. O partido também apoiou a reeleição de Hindenburg em abril de 1932. Ele dera o golpe em junho, substituindo o governo eleito de Otto Braun pelo de Von Papen. Em reação, a socialdemocracia limitou-se a apelar ao tribunal constitucional. A socialdemocracia estava desmoralizada.

Desde a instalação do fascismo, a influência dos fatores econômicos diminuiu: o governo sobrepôs-se aos monopólios, e o partido, ao tentar criar uma alternativa econômica, aumentou ainda mais a burocratização, fazendo o equilíbrio político depender do *Führer* e de sua *claque*. O dinheiro deixou de ser expressão do poder social, enquanto os conflitos entre os grupos dirigentes, por conta do caráter expansionista do nazismo, perderam muito de sua virulência com o reparto dos saques e do espólio entre os rivais da coalizão dominante: "É nessa interdependência entre a autoridade incontestável do grupo dirigente e do programa de expansão que se encontra o fenômeno característico do compromisso da ordem fascista" (Jay, 1977: 189).

LIBERALISMO POLÍTICO: GOVERNO DA LEI E GOVERNO DOS HOMENS

Para descrever o nascimento do Leviatã, o Estado hobbesiano, talvez se possa usar a metáfora do nascimento do próprio Hobbes: "Minha mãe pariu gêmeos: eu e o medo". O Leviatã nasce no contexto do desejo de poder e da potencialidade de matar o outro; como a fraqueza é compensada pela astúcia, *todos os homens são iguais na insegurança*, ameaçados pela guerra de todos contra todos, *raison d'être* do Estado. O desenvolvimento de Leo Strauss a partir do duplo nascimento hobbesiano traz uma nova dobra da perspectiva iluminista e humanista, em que nascer gêmeo do medo é ser portador da esperança. O medo é o que faz o homem se afastar da guerra natural, enquanto a esperança o faz buscar o Estado para garantir sua sobrevida e conforto. Assim, para a construção da paz é necessária a oposição medo *versus* esperança. O servo submete-se por medo, o cidadão pela esperança. No contrato, a esperança une; na conquista, o medo subjuga. Na tensão entre o medo e a esperança, estão respectivamente representados o regime monárquico e o democrático (Strauss: 66). Trata-se de um Estado que não se apoia numa lei constitutiva – seja ela divina, natural, ou por contrato social –, mas nos interesses individuais, de forma que interesse privado e interesse público são a mesma coisa, o que faz com que o homem hobbesiano não deva lealdade ao Estado em caso de derrota – ou de prisão –, ou seja, há contingências em que, apesar de Estado constituído, à moda de uma exceção, *toda traição é perdoada*.

Esse "hobbesianismo" é exatamente a linha que Hitler seguiu em *Mein Kampf*, em que pregou, caso a Alemanha perdesse a guerra, que todos os alemães, sem exceção, deveriam cometer suicídio, pois não mereceriam continuar vivendo por serem os mais fracos. Vale lembrar que no final da Guerra de 1939-1945, essa foi a palavra de ordem geral: além de destruir todos os rastros, os soldados alemães deveriam cometer suicídio coletivo.

Assim, os de fora da comunidade – os escravos, por exemplo –, *os excluídos*, não têm obrigação para com o Estado, o que sem dúvida ajuda a criação do *hostis* (inimigo) interno – *a outra raça* – que, como dito anteriormente, de forma permanente se reproduz dentro e a partir do tecido social; é o racismo como desdobramento da não-solidariedade entre os homens, da participação e pertencimento apenas pontuais, que não alteram o caráter solitário e privado do indivíduo. No limite estão a instabilidade e o colapso: "quando numa guerra os inimigos obtêm a vitória final [...] o Estado é dissolvido, e todo homem tem a liberdade de se proteger".

Em contrapartida à identidade entre a necessidade individual e a necessidade do Estado, Hobbes traça o perfil do homem em função do Leviatã, a começar pela pulsão de poder do indivíduo – *pleonexia*, como a denominou Friedrich Meinecke, importante sociólogo alemão da virada do século XIX para o XX –, e deslocando-o para o plano político. Embora a segurança seja dada pela lei, o Estado repousa sobre a delegação da força do indivíduo ao Estado e não do direito: é o monopólio de matar em troca da garantia contra o risco de ser morto. Por emanar do poder absolutizado, aos olhos do indivíduo representa uma necessidade absoluta. Ao delegar força ao Estado, o indivíduo também delega as responsabilidades sociais: o mendigo e o criminoso, excluídos da competição, estão fora, sem direitos e, ao mesmo tempo, isentos de deveres para com o Estado, num eterno estado de exceção. No limite, pode-se dizer, a lei aparece como produtora de irracionalidade.

A fim de se manter, o poder tem que ampliar e reproduzir constantemente a sua autoridade mediante a acumulação de poder. Precisa de apoio externo – ou da exceção, que funciona como apoio interno – para evitar o caos dos interesses privados dos quais emergiu, incorporando a acumulação do poder à teoria do estado natural, da "guerra perpétua de todos contra todos". É a permanente possibilidade de guerra que garante a permanência e a durabilidade do poder. Não se pode garantir o poder alcançado em determinado momento sem adquirir mais poder e, nesse sentido, a massa, acrítica e manipulável, surge como metáfora de poder, baseada no modelo da guerra.

Trata-se da insaciabilidade que atravessa o poder, a massa, a inflação, o imperialismo e a guerra perpétua, a ilimitada evolução da burguesia que, embora desejosa de liberdade e autonomia, está disposta a sacrificá-la a leis supostamente supra-humanas, numa verdadeira ruptura da noção iluminista de progresso e emancipação. "O que chamamos de progresso é o vento que impele o anjo da história irresistivelmente para o futuro, ao qual ele vira as costas enquanto o monte de ruínas diante de si ergue-se até os céus" (Benjamin, 1987a: 173).

O otimismo do progresso foi abalado: os limites do globo, a finitude dos corpos, as crises cíclicas do capital, a derrota na guerra ou a traição "em casa", a mortalidade, enfim, aparecem todos como obstáculos, justificando o homicídio em massa para aliviar a sensação de sufocamento como redutor de ansiedade. É a sede de poder saciando-se apenas com a destruição, substituindo talvez o mito do progresso do Iluminismo pelo mito da destruição do imperialismo, o mito da ruína.

Hannah Arendt constrói a identidade entre a posse radical e a destruição segundo a lógica do capitalismo em expansão, de uma forma que remete com bastante clareza ao *Anjo da História* de Walter Benjamin que, vertiginosamente impelido pelo progresso, assiste ao nascimento do novo *já em ruínas*. O Leviatã, para Arendt, é a expressão mesma do "cálculo de conseqüências" da nova classe, para a qual a propriedade é produtora de mais propriedade. Entretanto, diz ela apontando para o paradoxo da propriedade, ela está sujeita – condenada até – a ser usada e consumida, e tende, portanto, a diminuir constantemente. Nesse sentido, a forma radical de posse é a destruição do possuído, pois só se possui para sempre aquilo que se destrói.

Assim, a morte, a finitude, são a razão pela qual a propriedade não pode se tornar um princípio político verdadeiramente válido. Um sistema social baseado na propriedade só poderia levar à destruição final da propriedade. A finitude é, pois, o grande desafio. Para transcender, superar e exceder os limites da vida, para transgredir a finitude, o liberalismo, ao trazer a livre concorrência e seu equilíbrio automático, a busca do lucro e a acumulação da riqueza parece conter em seu bojo o tempo eterno e infinito necessário à acumulação, ao consumo e à produção contínuos, aí então sim, transformando a transcendência e o excesso em virtudes políticas.

A guerra perpétua, cuja norma é a vantagem perpétua, vai devorando as estruturas mais frágeis, sempre em busca da guerra definitiva, embora esta, a última guerra, não traga afinal a paz. A máquina da acumulação insaciável de poder, propriedade e lucro exige matéria-prima sem fim. Assim, Arendt refere-se à insaciabilidade de poder do imperialismo: "se não puder anexar os planetas, passará a devorar-se a si mesma" (Arendt, 1989: 177).

Nas pegadas de Hobbes e Maquiavel, Meinecke desenvolve a noção de *raison d'État* – razão de Estado –, tendo em vista a necessidade nacional no contexto de uma lei férrea de causa e efeito que considere o Estado como organismo vivo. São a autopreservação e o crescimento do Estado que orientam o governante, por vezes infringindo decretos morais e mesmo a lei posta. O bem-estar do Estado e de sua população é o objetivo último; o poder, sua manutenção e expansão são meios indispensáveis para a vida do Estado, mesmo que à custa da lei moral e positiva.

Portanto, como em Hobbes, o desejo de poder – *pleonexia* – aparece como próprio da condição humana, aparece como interessante contraponto do processo civilizador: sem ele, não há Estado. Sem a pleonexia de "homens com nervos de aço", o Estado não atinge o poder necessário para sobreviver. Nervos de aço porque, não raro, o governante é obrigado, por razão de Estado, a violar a lei e a ética, o que é moralmente justificado por conta da precedência do bem-estar do Estado.

A conduta orientada pela razão de Estado flutua continuamente entre sombra e luz, entre pulsão e razão, entre *kratos* e *ethos*. O Estado, diferentemente de outras organizações, não depende, no limite, da absoluta validade das metas; ao contrário, afirma Meinecke, é próprio da razão de Estado confrontar e mesmo muitas vezes opor-se à ética e às leis. É sem dúvida o caso da guerra que, aparentemente indispensável, representa também a ruptura dos padrões culturais e o retorno ao estado de natureza.

É interessante a semelhança entre a noção política *razão de Estado* – que contém os ingredientes do *Estado de exceção* – e a noção judaico-cristã "não matarás", que apesar de seu estatuto de lei fundamental, em nome de uma espécie de *Estado de exceção* – em estado de defesa própria ou na emergência da salvação de uma alma –, pode ser suspensa.

O poder deve seguir regras a fim de se preservar e crescer; e o governante deve exercer o controle das paixões – com exceção da paixão pelo governo –, assim como deve garantir o bem comum. Ódio e vingança, dizia Bismarck, são maus conselheiros em política. Quando as metas do poder cerceiam os caprichos pessoais, quando os dois corpos do poder – o soberano e o humano – aparecem cindidos, nasce a razão de Estado. Na medida em que a característica essencial do poder é que para se conservar ele deve ser exercido, o governante, no limite, é servo de seu próprio poder; em outras palavras, o governante é servo da governabilidade.

O Estado, enquanto guardião da lei, depende da validade da ética e da lei, e mesmo assim não se submete a elas. Ele possui o monopólio exclusivo dos meios físicos e espirituais da força, da violência. Mas, quem tem o poder está continuamente sujeito à tentação do abuso, como uma maldição pairando sobre o poder.

No rastro da reflexão de Meinecke pode-se dizer que, enquanto a autoridade não tinha o monopólio exclusivo da força em algum momento pré-contrato, em alguma espécie de Estado de natureza, o combate a essa força dava-se por meios imorais e injustos. A possibilidade da suspensão da lei – a possibilidade da exceção – aparece como forma de contornar e controlar o abuso de poder e, paradoxalmente, abre um espaço para o abuso de poder *legalizado*. Está instituída a ambivalência. Na medida em que toda revolução renova a tentação do abuso, a exceção representa a diferença, possibilitando legalizar o enorme poder que o Estado, em tais casos, requer.

Como a maioria dos autores aqui vistos, também Meinecke observa a grande discrepância – espécie de paradoxo da força – que surge quando se trata de relações interestados, com seus interesses mutuamente conflitantes. É quando a *razão de Estado* mostra sua duplicidade interna, sua ambivalência, quando teme as forças que ela mesma libera.

O poder em ato – quando a *razão de Estado* é exercida propriamente – é a maneira de implementar, pela força, as necessidades vitais do Estado não garantidas pela lei. Mas estas, uma vez liberadas dos grilhões da lei, ameaçam tornar-se um fim em si mesma. É o excesso de poder político, o irracional que se racionaliza.

O Estado é, assim, um híbrido que abarca o mundo ético e o mundo natural. O egoísmo nacional, a pulsão de poder e autopreservação, o interesse do Estado são gerais: lembram o egoísmo do poeta Fernando Pessoa, no sentido do deslocamento do par egoísmo e interesse pessoal para o par egoísmo e interesse de uma nação.

Entre inimigos, nos momentos de tensão extrema, há ligações secretas e conspiratórias que influenciam e alteram o jogo de forças. Nessas ligações, entretanto, o egoísmo dos membros individuais é sempre maior que o do grupo, e forte o suficiente para garantir certos interesse básicos como o desejo por paz e estabilidade nas relações de poder – o equilíbrio de poder entre amizade e inimizade, que também são interesses do grupo.

Ainda seguindo Hobbes, Meinecke e a maioria dos autores de tradição conservadora – entre os quais Schmitt pode ser considerado o mais articulado –, uma interpretação muito importante foi a de que o colapso que se seguiu à derrota de 1918 era uma *razão de Estado*.

No entanto, sob a perspectiva do direito positivo, a *lei fundamental* de Hans Kelsen articula a ordem jurídica como um todo e remete, por conta da validade, à primeira constituição histórica, de forma que cada lei se refere a um documento anterior, sucessivamente, até chegar ao documento original, não validado. Embora a República tenha sido fruto da Revolução de 1919, sua constituição não é a primeira, mas remete à do Segundo Reich, a Constituição imperial de 1824, o que ao menos em parte explica o conservadorismo do judiciário de Weimar.

O descompasso entre a originalidade da República e sua Constituição, incrustada no *ancien régime*, é mais um indicador dos resíduos tradicionais transportados para a República, pondo em perigo a própria essência do Estado, posto que no "Estado moderno [...] o poder não é exercido por discursos parlamentares nem por proclamações monárquicas, mas pela rotina administrativa" (Weber, 1980: 16). A rotina só pode se construir se houver uma lei fundamental que lhe garanta constante e renovada validação.

Na medida em que a primeira constituição – a constituição fundante – provém de ruptura na ordem jurídica, ela serve de contra-argumento à explicação do colapso de Weimar como conseqüência dos insuficientes anos de prática do conteúdo revolucionário e democrático da República – apenas doze anos – diante do período imperial interiorizado e defendido pelos conservadores.

Na moderna democracia de massas, diferentemente da democracia direta, elege-se o Parlamento, comitê do povo. A *ratio* do Parlamento repousaria sobre a dinâmica dialógica no confronto de opiniões, numa política cuja essência é a discussão pública. Entretanto, apesar de se apresentar como essencialmente democrático, o argumento da crítica ao parlamentarismo – desenvolvido sobretudo no *decisionismo monista* de Schmitt – é que, como são os representantes que tomam as decisões ao invés do povo, então um único representante também pode decidir, o que abre caminho para um cesarismo antiparlamentar.

Para Weber o cesarismo afigurava-se perigoso, por conta da demagogia. Por isso, era contra eleições diretas, pois "depender da confirmação das massas e não do Parlamento é estar a caminho do cesarismo", na contramão do princípio parlamentar. Um ano depois mudaria de opinião, defendendo um *Reichspräsident* com autoridade para interrogar o povo em caso de impasse, via referendo. Mas parte do temor perdurou: o poder presidencial deveria ser equilibrado e moderado pelo Parlamento, usado apenas "em crises temporariamente insolúveis, seja pelo veto suspensivo, seja pela nomeação de ministros burocratas". O parlamentarismo, representação do direito que se opõe à força, garante o governo da lei, sendo que, nesse caso, a transparência da política coloca as autoridades sob controle dos cidadãos e a liberdade de imprensa desvela a verdade dos "poderes" aos cidadãos.

Numa analogia, pode-se dizer que, na verdade, está em discussão o argumento de que a livre concorrência resulta em harmonia social e na maximização dos lucros, numa relação muito específica com a verdade, função da competição entre opiniões, da concepção romântica do parlamento da conversação sem fim. Pois é apenas quando a centralidade da discussão é reconhecida que as exigências do racionalismo liberal se dão acima da confusa atmosfera dos *slogans*, das táticas políticas e das considerações pragmáticas. Liberalismo e democracia parecem idênticos quanto à divisão dos poderes, mas no liberalismo mostram constraste entre legislativo e executivo; a rejeição da plenitude do poder do Estado é na verdade a antítese do conceito democrático de identidade.

A opinião pública opõe-se ao Estado secreto, cuja origem está, por sua vez, na *razão de Estado*, a *ratio status* de Maquiavel, transformando Estado e política em técnicas de asserção, manutenção e expansão do poder. O uso maquiaveliano do poder é combatido pelo *ethos* moral e legal a fim de neutralizar a concentração do poder, posto que aquele uso aparece como técnica necessária para o comércio e a preservação dos segredos econômicos, dependendo da propriedade privada e da livre concorrência.

A política de gabinete, conduzida por poucos e a portas fechadas, agora aparece como o mal. A abertura da vida política, a "transparência", torna-se valor absoluto para combater a burocracia especializada e a técnica da política secreta. A eliminação da política secreta e da diplomacia soa como a cura milagrosa para qualquer doença política e para a corrupção; e a opinião pública apresenta-se como se fora uma força de controle completamente eficiente. A metáfora do equilíbrio é, como se vê, parte importante do repertório da modernidade.

A soberania repousa no reconhecimento de que sempre será necessário fazer exceções à regra geral em circunstâncias concretas. Coloca-se como crucial se a lei é princípio geral racional ou medida, decreto concreto, ordem. *Autoritas non veritas facit legem*: "a autoridade, não a verdade, faz a lei". Legislar é deliberar; executar é agir. O racionalismo iluminista enfatiza o legislativo em detrimento do executivo. A fala é mais valorizada que a ação. A abertura e a discussão são próprias do legislativo, enquanto a decisão e a proteção de segredos de Estado o são do executivo.

No capítulo XIX do *Leviatã*, Hobbes discute o absurdo que é a Assembléia soberana considerar os deputados como os representantes absolutos do povo. Quando a Assembléia soberana precisa de conselhos, os mais versados dão sua opinião em longos discursos que podem excitar os homens à ação, mas não governá-los.

O Estado medeia governo e povo. Acredita-se que a força possa ser superada pela discussão e que a vitória do direito sobre a força esteja garantida. O progresso se dá por meio "de instituições representativas, reguladas pela discussão, isto é, pela razão". Entretanto, grandes decisões não resultam do equilíbrio de opiniões; a representação popular abole a divisão do poder pois é impossível não trabalhar com comitês cada vez menores, que se distanciam de seus propósitos tornando-se mero parlamentarismo de fachada. Decidir a portas fechadas sobre o que os representantes dos grandes grupos capitalistas concordam em pequenas comissões é mais importante para o destino de milhões de pessoas.

A abertura do debate nasceu da luta contra as políticas absolutas e secretas dos príncipes. O debate, anteriormente inofensivo, na democracia de massas torna-se perigoso, pois que, nela, abertura e discussão tornam-se formalidade vazia. Hobbes, *avant la lettre*, desmascara a democracia enquanto demagogia, enquanto "aristocracia de oradores". A democracia é o regime da eloqüência, na qual tudo é opinião e a linguagem é o canto da sereia. A eficiência do rei está no sigilo, enquanto na democracia a eficiência está na transparência e na visibilidade do sistema.

Para Hobbes é o poder que regula oferta e demanda, com vantagem para quem o detém. Motivado pelo interesse, o desejo de poder torna-se paixão essencial, como diz Meinecke, abrindo caminho a uma dicotomização em que a vontade e a paixão pelo lucro aparecem como racionais, e a vontade de poder como irracional. A aquisição de riqueza, concebida como progresso sem fim, só é garantida pelo poder, por conta dos limites territoriais. Esboça a tirania da estrutura política, embora a sociedade exija a renúncia às forças naturais e torne o indivíduo um sujeito manso e dócil, submisso a qualquer governo. É a junção entre o poder e o lucro; é o funcionalismo que fala de partes internas e externas; é o que permite trabalhar a noção de "mentalidade".

Embora o contrato consensual implique na possibilidade da democracia, trata-se de democracia efêmera a de Hobbes, posto que dura o instante da origem do Estado, e também porque sua governabilidade repousa sobre a unidade e a continuidade do poder, constantemente ameaçadas. Enquanto o direito divino funda a monarquia, o contrato reconhece a igualdade inicial dos homens: cronologia mais lógica que histórica. O compromisso teórico entre o rei, senhor da política, e a burguesia, senhora da economia, inclui a guerra: é a violência trazendo equilíbrio. A diferença entre o estado de guerra e o Leviatã é o núcleo da filosofia hobbesiana: o estado de guerra é "condição natural da humanidade", saneada pelo pacto, na base do tudo ou nada, da vida ou da morte, da paz ou da guerra.

O sistema alemão transformou o Parlamento em campo de batalha entre interesses, tendo por função influenciar o governo, embora com pouca eficácia. A reputação dos Parlamentos decaíra: era uma instituição cara e desnecessária. Eram tempos em que qualquer grupo surgido fora do Parlamento tinha chances de se tornar popular; pareciam mais competentes, sinceros e realmente interessados na coisa pública. Após décadas de governo multipartidário ineficiente e confuso, a tomada do poder por um só partido podia parecer um alívio.

A ascensão dos nazistas ao poder foi vista como ditadura unipartidária; o partido, inclusive, insistia em se declarar como um movimento. Ao tomar o poder, não alterou a estrutura, apenas nomeou membros do partido para todos os cargos governamentais. Somente ao se identificar com o Estado – o que sempre evitara –, foi que deixou de ser "movimento" e de lutar contra a estrutura estatal.

Embora os movimentos totalitários, assim como os de unificação, visassem a destruição do Estado, os nazistas obtiveram o apoio da classe alta e do mundo dos negócios, que julgavam tratar-se de um grupo parapartidário. Acreditavam apoiar um ditador construído por eles próprios, em seu proveito.

2. Arquitetura da Exclusão Absoluta
Três Formas de Particularismo Universalista

> *O mal [...] infiltrara-se aos poucos, em silêncio, em doses aparentemente inócuas [...] como uma corrente subterrânea que cresce e se agiganta antes de emergir, repentina e impetuosamente*
>
> BAUMAN, 1989: 83

Neste capítulo pretende-se mostrar a estetização da vida política na recém-instalada democracia de *massas* de Weimar no sentido hobsbawmiano de sociedade. Esta traz como importante novidade a participação da população civil nas guerras, envolvendo a relação entre a organização e a mobilização da sociedade para a guerra e a cultura técnica, amparadas por uma arte e literatura populares fundadas em parâmetros simplistas, visuais e imediatos.

Num paroxismo de modernidade experienciado como inautenticidade, indiferença e apatia, num mundo em que nada é aversivo – verdadeira estetização da guerra, da morte, da violência e do terror –, ofereciam-se às massas "objetos ou cenas de substituição" da autonomia. Longe de constituírem uma exacerbação do político – de que muitas vezes o período weimariano foi acusado –, eram estratégias de dominação que arrancam o homem do presente e o presente do homem, retiram da vida a sua *agoridade* e "devoram o espaço da experiência", numa espécie de arquitetura da indiferença como estratégia para uma arquitetura da exclusão absoluta.

Num progresso às avessas, a legitimação do racismo de Estado e a inauguração do homicídio em escala industrial expuseram o último reduto aurático do *ethos* moderno de autonomia e paz perpétua: a violência. Havia que devolver a "voz política ao que soa como ruído de carpideiras".

Tratar-se-á aqui de uma construção feita quase que de colagens desse tecido substitutivo, formando o que foi apropriadamente denominado por Sternhell "a revolta intelectual contra a democracia liberal", espécie de mentalidade cultural ou, para usar uma expressão cunhada por Richard Wagner, uma "metapolítica" profundamente imbricada nas discussões político-jurídicas do período.

Seus fundamentos – o romantismo político, o racismo "científico", um vago socialismo econômico e a coletividade *Volkisch* – podiam ser localizados já no início do século XIX, na pré-história de Weimar. Revelavam-se nas práticas discursivas e "revolucionárias" da Universidade de Berlim, com o Father Jahn e as fraternidades estudantis, em torno dos sonhos de unificação nacional, passando depois pelo regime de Bismarck – "um exército que possui um país" –, retomando correntes adormecidas – o movimento romântico – e novas correntes – o darwinismo e o evolucionismo, que introduziram a vida na história –, desenvolvendo o pensamento racista a partir do imperialismo. Finalmente, desembocavam na "mentalidade de escritório" de um aparato burocrático a serviço do Estado administrado, lado a lado com o pesadelo da "banalização do mal", da industrialização dos campos de morte e da exclusão absoluta, parte indissolúvel da difusa ideologia nazista.

A contrapartida dessa Alemanha de Bismarck, embora fundada em seu modelo, veio de dentro das entranhas da República de Weimar, da qual nascia o monstro *Behemot*: uma nação sem exército, totalmente militarizada.

Assim, na medida em que as reflexões do capítulo anterior sobre o racismo administrado foram desenvolvidas sobretudo em torno do oxímoro continuidade e descontinuidade, este, que trata da arquitetura da exclusão absoluta, gira em torno do oxímoro particularismo e universalismo. Seus elementos mais notáveis são: o imperialismo como produtor do nacionalismo; o nacionalismo como produtor do tribalismo-pangermanismo e o romantismo como produtor do *Volkisch*.

O IMPERIALISMO COMO PRODUTOR
DE NACIONALISMO

Foram mais de três décadas de imperialismo – 1884-1919 –, de "expansão pela expansão", na qual os objetivos nacionais – localizados e limitados por conta da crise cíclica de um mercado doméstico saturado pela superprodução de capital e pelo excesso de poupança – viraram-se para a expansão e a exportação de capital supérfluo, aliadas à exportação daquilo que Arendt denominou *ralé* – o refugo de todas as classes –, e à exportação da representação estatal. Assim, os objetivos nacionais foram substituídos pela "busca ilimitada de poder, sem alvo territorialmente delimitado e sem direção previsível" (Arendt, 1989: 148).

Nesse processo, foi importante a emancipação política da burguesia que, proeminente economicamente, até então não aspirara ao domínio político. Quando o estado-nação não mais se prestou ao crescimento do capitalismo, a burguesia começou a luta pelo poder mediante a conquista além-mar, visando ao crescimento da produção industrial e do comércio, objetivo permanente do imperialismo. Uma conquista que não almejava a destruição do conquistado mas uma dominação que, dialeticamente, terminava por despertar no conquistado a consciência nacional e o desejo por soberania e autodeterminação.

Clemenceau, por exemplo, na conferência de paz de 1918, falou no "direito ilimitado" de mobilização de tropas oriundas das colônias para a defesa do território francês, caso a França fosse atacada pela Alemanha. Reafirmava, então, a função do conquistado como *carne para canhão* e que efetivamente foi o caso das tropas africanas na defesa da região do Ruhr.

Por meio do investimento em continentes distantes o mercado era reinventado, ameaçando transformar a economia de produção em especulação financeira, com a ajuda dos instrumentos nacionais da violência e fortalecendo uma burguesia autóctone. Nos anos de 1870, cresceram os escândalos financeiros, bem como "a jogatina" do mercado de ações. Retomando a polêmica teoria do imperialismo de Hilferding, há, sobretudo, uma cooperação entre Estado e capital, mediante a expansão resultante da exportação de capital para áreas em que o trabalho barato ajuda a manter um alto nível de lucro. Essa expansão, por conta da envergadura da organização econômica e política requerida para a sua fixação, exige a intervenção do Estado, o que levou ao expansionismo e à intensificação dos conflitos entre os grandes Estados capitalistas. Assim, o próprio nacionalismo, defendendo a independência nacional, a autonomia cultural e a autodeterminação, terminou se transformando em ideologia do imperialismo. Nessa mesma direção, Bukhárin diagnosticou que "o capital financeiro só pode ser fruto da política imperialista", levando inevitavelmente à guerra e ao "capitalismo de Estado", em que o intervencionismo termina regulando e militarizando a economia. Enquanto isso, os empresários adquirem grande peso político em relação às tarifas protetoras, aos preços monopolistas e à exportação forçada – o *dumping* –, à política econômica agressiva e à guerra.

Nas colônias, onde o Parlamento era pouco mais que uma plataforma de debates, governando por meio da burocracia e do funcionalismo público do país de origem, a força, que no governo constitucional apenas faz cumprir a lei, tornava-se fonte direta da legislação. Operando por decretos e não pela elaboração de leis, como diz Arendt, recusando "o sistema administrativo e político de seu país para governar populações atrasadas" e, portanto, separando as instituições nacionais da administração colonial, ao revestir os decretos pelo anonimato e pela impessoalidade, estes pareciam emanar de um poder supremo, acima e além de qualquer necessidade de justificação.

Segundo a teoria positiva do Estado de Kelsen, para o administrador a lei posta é impotente porque está, por definição, separada de sua aplicabilidade, enquanto que o decreto só vale se aplicado. No governo burocrático, o decreto encarna o poder, numa ignorância cuidadosamente organizada pelo que governa, criando uma atmosfera de arbitrariedade e segredo e mascarando o oportunismo, pois, com a perda do diálogo, perde-se também o acesso à informação que o orienta.

O exército e a polícia, representando a nação no além-mar, administram a violência, instaurando-a como parte da estrutura política: desrespeitam as leis e se apropriam das riquezas, numa "acumulação ilimitada de poder [que] leva à acumulação ilimitada de capital". A violência administrativa, bem como a violência jurídica, atuam em benefício da força e não da lei e também preservam a organização política autóctone, assim como mantêm "ruínas carentes de vida palpitante". A força, tornada a quintessência do plano político, rejeita o monopólio estatal da violência, parte integral do Estado de direito.

A burguesia nas colônias, portanto, pela primeira vez expandia-se para a dimensão política, de forma que as práticas e os mecanismos da esfera privada penetraram os negócios públicos, enquanto os Parlamentos se tornavam cúmplices do imperialismo, seja pela cooptação, seja pelo oportunismo ou pelo suborno. O Estado-nação criara o único grupo diretamente interessado em apoiá-lo: o serviço público com funcionários permanentes, desvinculados dos interesses de classe e indiferentes às mudanças de governo. Mas a corrupção da administração, a serviço do capital e não do Estado, terminou por tornar-se inevitável.

Neumann traz como ilustração a definição de legalidade de um juiz do Reino Unido nas colônias, o juiz Farwell: "Em países habitados por mais autóctones que brancos, leis como *habeas corpus*, embora [...] baluartes da liberdade no Reino Unido, podem se transformar em sentença de morte aos brancos se aplicadas nas colônias". É a transposição dos conflitos de interesses para a esfera jurídica, e sua conseqüente politização (Neumann, 1965: 45).

O crescente interesse por povos diferentes, que Helder, no século XVIII denominara de novas espécies da humanidade, era o orgulho da Revolução de 1789 que "acreditava na variedade das raças, mas na unidade da espécie humana". O entusiasmo pela diversidade baseado na universalidade do homem e da razão – "la Raison est de tous les climats", dizia La Bruyère – foi abalado pelo imperialismo, que efetivamente entrou em contato com as gentes das novas terras. Por meio da, não poucas vezes, brutal demarcação entre autóctones e colonizadores, os governos adotaram o imperialismo nacionalista, apesar da contradição teórica entre ambos que, na prática, era resolvida pelo racismo e, mais tarde, pelo que Foucault denominou "fascismo de Estado".

Na Alemanha, por conta da integração nacional tardia e ardentemente ansiada, desde a derrota imposta por Napoleão no século XVIII, o romantismo político, em função da dominação estrangeira, despertara a consciência de uma origem comum, desenvolvendo o racismo. Esse anelo pela integração, ao final da Primeira Guerra, foi retomado e tornado obsessão, e manifestava-se, diz Elias, na urgência por entrar no mercado competitivo internacional, sobretudo em relação às colônias e à construção de uma marinha forte. A unificação de 1871, conseguida pelas armas, dera à nobreza a liderança, enquanto a classe média, que nela tivera um papel político secundário, viu-se excluída dos postos de comando. A vitória nacional implicara, internamente, a derrota social da classe média, que terminou por abrir mão da luta pela hegemonia.

O império, de há muito com um *habitus* de baixa auto-estima por conta da longa espera pela unificação, levara a questão do destino nacional às raias do messiânico. Quando da unificação em 1871, o *habitus* invertia-se: tornou-se arrogante e repressivo, era o *habitus* de uma raça mestra – *Herrenvolk*. Entretanto, quando Bismarck proclamou o rei da Prússia imperador, sua *Realpolitik* – sobretudo a industrialização e a urbanização –, em detrimento da tradição, foi uma desilusão: não trouxe a autoconsciência nem a autodeterminação desejadas.

Na Alemanha e na Áustria a aliança entre ralé e capital no imperialismo além-mar, somada à decepção da unificação que manteve os *Länder* separados – que na verdade trouxe uma modernização e industrialização aceleradas, mas não a reconstrução das fundações de uma nação –, recebeu a transliteração de movimento de unificação étnica, o *pangermanismo*. Seu objetivo, diz Arendt, era imperializar não só o capital e os homens supérfluos mas toda a nação, articulando política doméstica e exterior. Visava à conquista e à pilhagem de territórios vizinhos e, surpreendentemente, contando para isso com o apoio da alta sociedade: era o imperialismo continental.

Por sua posição de bloco do meio europeu – *Mittleurope* –, a Alemanha virou-se, primeiro, para abocanhar os vizinhos orientais. O nazismo tomaria mais tarde, de empréstimo, os *slogans* da ideologia pangermânica, a começar pela reivindicação de colônias no continente, de forma geograficamente contínua. Assim, com o sonho da unificação, nacionalismo e racismo confundiam-se: a origem comum passava por parentesco de sangue, laços familiares, unidade tribal, origem sem misturas, e aparecia nas obras de liberais nacionalistas como de Ernst Arndt e Father Jahn. No anseio de transformar o povo alemão em nação e na ausência de reminiscências comuns – um mito de origem e um destino –, nascia a exortação nacionalista, substituta da unidade política nacional: toda raça torna-se a expressão por excelência do particularismo universalista, como um todo separado e completo.

A origem comum caracteriza a terminologia racial e defende a nacionalidade genuína. O sentimento nacional, como reação à ocupação estrangeira, ergue um muro em torno do povo, substituindo as fronteiras geográficas, não muito claramente definidas, pelas metáforas do "dentro" e do "fora". Como já foi dito aqui, vários autores da época, destacadamente em Schmitt e sobretudo em Hans Freyer, a questão das fronteiras do pertencimento é central.

No contexto do *habitus* da baixa auto-estima, a Primeira Guerra Mundial foi um golpe terrível. O Plano Schlieffen, projeto para uma ofensiva rápida e decisiva dos alemães contra os franceses, numa invasão surpresa via Bélgica, teve que ser alterado: depois de pesadas perdas do lado alemão, o confronto continuou arrastando-se na longa e acinzentada guerra de trincheiras.

Quando os EUA entraram na guerra, em 1917, as chances alemãs ruíram. Exausta, a Alemanha foi derrotada. O fim do velho regime e a caotização do país depois da guerra aumentaram as chances políticas e sociais dos trabalhadores organizados. Mas a ascensão de grupos antes marginalizados era insuportável à "boa sociedade": tanto para a nobreza e para os membros da fraternidades nacionalistas de classe média – os *Burschenschaften* –, quanto para os que voltavam dos campos de batalha e para os oficiais da reserva, aquelas foram mudanças traumáticas.

Entretanto, diz Elias, as revoluções e as guerras deram visibilidade a transformações nas relações de poder, que já estavam ocorrendo silenciosamente sob a superfície do Estado imperial desde a rápida industrialização promovida por Bismarck. Entre soldados e trabalhadores a lealdade estava em baixa, o que em parte justifica o crescimento do nacionalismo, sobretudo do pangermanismo, de oposição. A estrutura política da *satisfaktionsfähige Gesellschaft* diluia-se.

O aumento de poder dos grupos dantes marginalizados, dos *outsiders*, provocou a resistência dos meios conservadores, assim como trouxe uma nostalgia pouco realista pela restauração da velha ordem. O velho estrato dominante via-se no mesmo nível que os anteriormente desprezados, o que implicava um *habitus* de auto-rejeição e de rejeição à Alemanha, pois eles, os "nacionais", eram os legítimos representantes da nação; os *outsiders*, os não pertencentes, eram os trabalhadores e os judeus.

Elias cita carta de janeiro de 1920 de um tenente recrutado pelos *Freikorps*, relatando ao seu capitão: "... e acima de tudo, ser liberado deste chiqueiro, sobretudo da carga judia que pesa sobre o povo ... justo eles, querem participar pessoalmente da libertação!".

Os *Freikorps* eram os principais agentes de violência extra-estatal. Sua propaganda servia de treinamento para o almejado futuro golpe contra a odiada República. No *putsch* de Kapp, em 1920, efetivamente, a brigada Ehrhardt, constituída na sua maioria por jovens de classe média, estava diretamente envolvida. Eis o que dizia um memorando da Baviera, anterior ao *putsch* de Kapp, cujo título era "Mobilização das Forças Armadas do Reich e do Corpo Estudantil": "O corpo de estudantes será organizado em seus próprios *squads,* que serão usados como a mais importante fonte de reservas".

Mas a violência, sobretudo a eliminação de oponentes políticos, era usada por ambos os lados, entre a esquerda e entre os conservadores. Quando a brigada Ehrhardt se retirou de Berlim, parte das tropas subitamente começou a atirar nas massas. Cerca de doze homens morreram e muitos foram feridos. Os oficiais do general Schöneberg receberam ordens de recuar a fim de não provocar a população. O povo, excitado, atirou pedras e garrafas nos oficiais. Cenas semelhantes ocorreram nos levantes operários na região do Ruhr, dando expressão a um violento processo de duplo vínculo. A Revolução Russa teve papel importante como modelo do que deveria ser seguido, bem como alerta para o que deveria ser evitado. A força operária, sob certos aspectos, estava em desvantagem na mobilização da violência. O Partido Comunista tentou transformar a espontaneidade dos trabalhadores em ação militar organizada. O grupo terrorista *Consul*, por exemplo, braço da mesma brigada Ehrhardt, tinha como objetivo o assassinato sistemático de políticos "indesejáveis". Foram seus membros que assassinaram Erzberger em 1920, e ficaram impunes. Muitas outras personalidades políticas foram assassinadas. Entre eles, comunistas importantes, como Rosa de Luxemburgo e Liebknecht, e liberais, como Rathenau.

Assim como o *habitus*, o *double-bind*, o duplo vínculo, é um conceito com o qual Elias trabalha o inconsciente do país como se trabalhasse o inconsciente do indivíduo. Diferentemente de *habitus*, entretanto, recebe uma conotação mais profunda, talvez indicando um certa ambivalência, uma espécie de "esquizofrenia" da República, que se apresenta na relação entre os oficiais de classe média e os estudantes, de um lado, e os operários, de outro, e que se caracterizava pelo uso da força.

Embora os oficiais alemães continuassem ativos mesmo depois da abdicação do Kaiser e mantivessem intacto seu *esprit de corps*, os Aliados, temendo a adesão alemã em massa ao comunismo russo, permitiram que a Alemanha mantivesse um exército de 100 mil homens apenas – ao invés dos 400 mil de antes. Os Aliados muitas vezes "fechavam os olhos" a indícios da construção de um exército paralelo, não oficial, contando, inclusive, com apoio e ajuda financeira do próprio *Reichswehr*. Muitos dos que voltavam da guerra relativamente jovens queriam prosseguir na carreira militar, pois era a profissão que conheciam bem e que lhes era gratificante. Para dar vazão a essa demanda, as associações voluntárias dos *Freikorps* eram a solução. Essa era uma relação de perigoso *double-bind*.

Unindo brutalidade, disciplina e superioridade de armamentos, os *Freikorps*, na maior parte das vezes, levavam a melhor nos enfrentamentos com os trabalhadores. Para sua legitimação usavam o argumento da ameaça bolchevista, o qual os Aliados provavelmente aceitavam, posto que se mostraram passivos diante do rearmamento alemão. Além do apoio silencioso dos Aliados, os *Freikorps* tinham muitos simpatizantes na classe média e na nobreza alemãs. Responsáveis pelo terror extra-estatal, mantinham-se féis à tradição dos oficiais de elite, da *satisfaktionfähige Gesellschaft*. Foi só mais tarde que Hitler rompeu as fronteiras da elite com grandes movimentos populares: pertencer à "raça alemã" abria as portas à massa.

O aumento de auto-estima, como lembrado no capítulo anterior, resultante da unificação alemã realizada por Bismarck, trouxe mudanças em alguns setores da classe média, sobretudo no funcionalismo público e no universo acadêmico. Estes adotaram valores aristocráticos acentuados por um forte cunho bélico, uma espécie de *ethos* do guerreiro, que passou a orientar as relações internacionais. Ao mesmo tempo, o código aristocrático aburguesou-se. Valores militares que antes simbolizavam coragem, obediência, honra, disciplina, responsabilidade e lealdade, tornaram-se puro elogio à violência e à guerra, que passaram a ser vistas como instrumentos políticos eficientes, revestidos de uma aura romântica. Elias observa que Nietzsche, que participou da guerra de 1870 como enfermeiro, foi quem deu forma filosófica à ideologia da classe média, com o conceito a *vontade de poder*.

A produção literária de ode à guerra estava muito difundida. Seu mais emblemático autor é sem dúvida Ernst Jünger, com o qual, inclusive, Benjamin dialoga em *Teorias do Fascismo Alemão* e na resenha da coletânea *Krieg und Krieger – Guerra e Guerreiros –,* organizada por Jünger. Essa literatura fala dos duelos de estudantes, do código de honra, das fraternidades universitárias, do orgulho em servir na frente de batalha, do *status* especial dos oficiais de reserva e da incorporação da alta classe média na aristocracia e na corte. Em 1912, Walter Bloem, na novela leve *Volk wider Volk – Povo contra Povo –,* descreve com superlativos e com muita brutalidade a guerra vitoriosa de 1870-1871, com plena aceitação do código de guerra, no qual o inimigo não mais precisa ser tratado como humano: ele é "uma besta selvagem e maliciosa". Colocava-se assim o paradoxo que há na união entre o bélico da nobreza e a tradição pacífica e pouco militar da burguesia.

O NACIONALISMO COMO PRODUTOR DO TRIBALISMO (PANGERMANISMO)

O imperialismo continental começa em casa.

Ernst Hasse, da Liga Pangermânica, da *Alldeutsche*, propôs que os poloneses, os tchecos, os judeus e os italianos fossem tratados da mesma forma com que o imperialismo ultramar tratava os nativos não europeus. Compartilhando com o imperialismo de ultramar o desprezo pela finitude do estado-nação, o imperialismo continental desenvolveu a "ampliada consciência tribal", o *Volkisch*, que pretendia unir todos os povos de origem étnica semelhante, embora diferenciasse os *Staatsfremde* – de origem germânica, vivendo sob a autoridade de outro Estado – e os *Volksfremde* – de origem não germânica, vivendo na Alemanha. Tratava-se do pangermanismo, movimento fundado na Áustria em 1874 por Von Schoenerer, com o apoio dos estudantes universitários e que, assim como o pan-eslavismo, era um *movimento* de unificação étnica. O pangermanismo, mais articulado que o pan-eslavismo, priorizava o interesse nacional em detrimento do estatal, argumentando que "a política mundial transcendia a estrutura do Estado".

Movimento, aqui, no sentido de ressaltar sua hostilidade em relação ao Estado. Como diz Arendt, os movimentos pela unificação étnica, tanto o pangermanismo quanto o pan-eslavismo, surgem "apesar" dos governos. Esse aspecto antiestatal, mais tarde, seria a característica central do movimento nazista, pois este se apresentaria, primeiro como alternativa ao governo, segundo como alternativa à frágil ordem parlamentar e partidária, perdida em "debates infinitos", e finalmente como mobilização espontânea e direta das massas.

Seus líderes não eram reacionários nem contra-revolucionários; a maioria pertencera a partidos liberais e progressistas. Desde o início utilizava uma linguagem simplória e vulgar, destinada a atrair setores amplos da população, e foi o primeiro movimento a usar o anti-semitismo na política externa. A Liga Pangermânica, desde o início, teve uma postura anti-semita, embora até 1919 não excluísse os judeus pois, como Schoenerer desejava destruir o Império acima de qualquer coisa, excluir uma nacionalidade num Estado fundado na multiplicidade poderia pôr em perigo o próprio movimento.

O imperialismo continental não envolvia a exportação de capital; seus membros não eram comerciantes nem aventureiros, mas profissionais liberais, professores e servidores públicos. Movimento hostil às estruturas políticas existentes, o imperialismo continental usava retóricas revolucionárias, prenunciando os grupos totalitários. Contava com o apoio da classe alta e do mundo dos negócios, que julgavam se tratar de um grupo parapartidário.

Hitler capitalizou o ódio ao sistema partidário. Após a Primeira Guerra, os pangermanistas, especialmente o general Ludendorff, investiram na ideologia, mas falharam por se apegarem a um culto estatal desatualizado e não totalitário. Não entendiam que o interesse das massas pelos chamados "poderes supra-estatais" – jesuítas, judeus e maçons – provinha não do apreço à nação ou ao Estado, mas, ao contrário, do desejo de se tornarem uma força supra-estatal (Arendt, 1989:

298). Os nazistas, por sua vez, subordinaram o exército às formações totalitárias de elite; exército e Estado eram funções subordinadas ao movimento.

Diferentemente de outros movimentos, o pangermanismo, talvez devido à relativa estabilidade de antes da Primeira Guerra, desconhecia o ódio ao Estado. Na Áustria, o ódio ao Estado era expressão de patriotismo das nacionalidades oprimidas, e os partidos tinham orientação nacional e não de classes. O pangermanismo, sonhando com uma "Europa germanizada", inspirou os programas do nazismo. Investido de santidade e transcendência, invocava o Sacro Império Romano-Germânico, estimulando a superstição. Memórias históricas enriquecidas apelavam para o emocional, dando lugar ao *Volkisch* que, diferente em conteúdo – mas não em violência – do nacionalismo do Ocidente, viria a se tornar um amplo continente cultural no qual se sobrepõem e se fundem modas culturais e mitos fundantes. O pangermanismo, por exemplo, antes da Primeira Guerra, foi o mais importante programa *Volkisch*. Organizado em 1890 como grupo patriótico, tornou-se o patrono do imperialismo alemão, reivindicando a unificação racial e cultural e dedicando-se a questões agrícolas, da terra. Por influência do poderoso capitalista Hugenberg, ex-diretor da Krupp, fez-se a ligação entre o capital industrial e o pangermanismo. Os conservadores e os altos oficiais do exército eram gratos ao pangermanismo pelo apoio ideológico e financeiro para a expansão pré-guerra. Uma das grandes contribuições do pangermanismo para o sucesso do nazismo foi como divulgador da ideologia germânica, sobretudo junto ao Movimento da Juventude.

Era grande a diversidade das correntes *Volkisch* que mais tarde se fundiriam com o nazismo, e que pertenciam à *Alldeutsche*. Alguns pangermânicos notáveis foram Gustav Stremann, que divulgou e popularizou Gobineau; o historiador Karl Lamprecht Weber; o político Stresemann, que teria papel de destaque na República de Weimar; o darwinista social Ernst Hackel e o escritor romântico Friedrich Ratzel, um dos teóricos do *Lebensraum* – o espaço vital.

O *Volkisch* era um nacionalismo introjetado: identificava a nacionalidade com a essência, com a alma, *Blut* e *Heimat* – sangue e pátria. Como o chauvinismo, ligado ao nacionalismo integral francês de Mauras e Barrès do século XIX, fazia a glorificação romântica do passado e o culto mórbido aos mortos. Concentrava-se na alma, ao mesmo tempo encarnação e reflexo das qualidades nacionais. O povo, singular, incomparável e incompatível com os outros povos, sempre rodeado de inimigos, rejeitava a noção de uma humanidade comum.

Entretanto, o *Volkisch*, força motora do imperialismo continental, diferia do nacionalismo do estado-nação, em que a reivindicação por representação popular e por soberania nacional era fruto da junção entre nacionalidade e Estado, separados até 1919 na Alemanha. De instrumento da lei, o Estado torna-se instrumento da nação, posto que o estado-nação resolve a tensão entre estar, por um lado, sujeito às leis que emanam dos direitos do homem e, por outro, ter a soberania como herança inalienável, independentemente de qualquer lei universal, por meio da proteção dos direitos humanos como direitos nacionais.

Na interpretação *Volkisch*, o Estado perde sua aparência legal e racional, pois é visto pelos românticos como representação de uma alma nacional, que se encontra além e acima da lei. A soberania nacional, assim, adquire uma aura mística de arbitrariedade, separada da lei; o nacionalismo transforma o Estado em ancila da nação. Num exemplo de particularismo universalista no sentido que lhe atribui Eisenstadt, o nacionalismo torna-se o elo entre Estado centralizado e sociedade atomizada, de forma que os nativos desprezam os naturalizados – aqueles cujos direitos são outorgados pela lei e não pelo nascimento, pelo Estado e não pela nação –, sem diferenciar, como no pangermanismo, *Staatsfremde* de *Volksfremde* – alienígenas do Estado de alienígenas da nação. O Estado controla o nacionalismo.

Importante deslocamento político e cultural do *Volkisch* foi a biologização, que legitimaria a forma moderna da barbárie. A exclusão absoluta e totalitária de partes da população que têm um marco comum com seus excludentes, mas são definidos como o absolutamente "outro" e excluídos de qualquer categoria humana comum. A metáfora do desenraizamento é moto da consciência dos sem-lar-fixo, que se sentem "em casa" onde quer que vivam outros membros da "tribo". "Somos diferentes", dizia o pangermânico Schoenerer, "por não gravitarmos em torno de Viena, mas de onde quer que vivam outros alemães". Esse mesmo enraizamento retorna no *Volkisch*, como se verá adiante, agora como reação ao desenvolvimento urbano e da industrialização e o conseqüente êxodo rural e a mobilidade dos operários.

Por meio da origem comum instilam-se metáforas religiosas do nacionalismo. Hitler, aluno de Schoenerer, na Segunda Guerra declarava: "Deus Todo-Poderoso construiu nossa nação. Ao defendermos sua existência, estaremos defendendo o Seu trabalho" (*apud* Arendt, 1989: 265). Há, portanto, uma certa transcendência no moderno movimento totalitário: prega a origem divina ou cósmica do *Volk*; o pertencimento é que conota ao indivíduo a sua centelha divina. Uma espécie de teologia – num neologismo que peca pelo abuso, pode-se talvez falar em *infra-estrutura teológica determinante* – que torna a nacionalidade uma qualidade permanente e absoluta, tanto quanto pode ser absoluta a exclusão – e vê o contraste absoluto entre um povo de origem divina e todos os outros, de forma que as diferenças intrapovo desapareçam, homogenizam-se.

A doutrina do progresso, por um lado, perverte a igualdade: os homens são iguais por natureza e diferem pela história e pelas circunstâncias; podem ser igualados não por direitos, mas pelas circunstâncias. O nacionalismo e a "missão nacional" pervertem, por sua vez, o conceito de humanidade como família das nações, hierarquizando-a. O tribalismo *Volkisch* renovou a confiança mútua dos membros, aplacando a angústia do isolamento da sociedade atomizada, sem a proteção do próprio número e da imposição de uma coerência uniforme, apontando uma função a mais da massa na modernidade. Além de aplacar o medo ao toque, aplaca o medo à incoerência – irracionalidade – por meio da uniformização e homogeneização, levando a um dos paradoxos da sociedade de massas – a irracionalidade sendo superada pela produção de irracionalidade. Saber e poder aliam-se: o medo ao toque é superado pelo poder da massa, enquanto a falta de significado é superada pela "coerência" introjetada, espaço da alma, espaço interior. Na abertura de *Massa e Poder*, Elias Canetti explicita a maior ameaça da modernidade: "Não há nada que o homem mais tema do que o contato com o desconhecido [...] que ser capaz de conhecê-lo ou, ao menos, classificá-lo [...] todas as distâncias que os homens criaram em torno de si foram ditadas por esse temor do contato" (Canetti, 1995: 13).

Como contraponto, na diáspora o judeu manteve sua identidade ao longo do tempo; portanto, não haveria necessidade de território para constituir a nacionalidade, estaria declarada a superioridade do povo sobre o Estado. Também as nacionalidades tribais viam-se como centro do orgulho nacional; eram a encarnação não da Alemanha, mas do germanismo. Essa visão seria reproduzida mais tarde pelo nazismo, e uma de suas ilustrações está na declaração de Eichmann, por ocasião de seu julgamento em Jerusalém, em 1960, quando declarou nada ter contra sionistas-nacionalistas, justamente por serem nacionalistas, mas contra os judeus. O nacionalismo tribal judaico – o *Volkisch* judaico – era visto como fruto de sua anomalia em relação aos Estados modernos: etnia flutuante, lembrava os desarraigados das grandes cidades, fora do âmbito social e político do estado-nação. Seria uma espécie de "*Volkisch* concorrente", bem-sucedido, por conta da pretensão de ser povo eleito, embora nada tivesse em comum com as teorias tribais da origem divina do povo. Explicava o anti-semitismo como forma de inveja, posto que a antiga pretensão judaica barrava o caminho messiânico a qualquer outro coletivo.

Os *Protocolos dos Sábios do Sião*, forjados em 1900 pela polícia secreta russa em Paris, ficaram esquecidos até 1919; depois, sua circulação só secundou a de *Mein Kampf*. Daquela obra Hitler usou o princípio hierárquico para organizar todos os povos. Daí o ressentimento contra um povo que obteve a garantia de ser o vencedor definitivo da história do mundo, reforçado pelo fato de o cristianismo, religião de origem judaica, ter conquistado o ocidente.

Zygmunt Bauman, considerando a cultura enquanto práxis, toma o conceito de viscoso – *slimy* – de Jean Paul Sartre e usado pela antropóloga Mary Douglas para diferenciar entre *kosher* e *treif* – puro e impuro da tradição judaica –, que causa ambivalência e angústia, que nunca se sabe de que lado está, para construir a metáfora de pertencimento daquele que não é claramente nem "de dentro" nem "de fora" implicando, inclusive, terríveis conseqüências em caso da transgressão dos limites. O argumento que funda a noção de "viscosidade" está no fato de que nunca se pode prever com segurança de que lado estará o judeu em caso de guerra: se do lado do país onde vive, ou se do lado inimigo. Isso porque nunca se sabe, na circunstância de uma guerra, como o judeu vai se identificar e se autodeterminar. Por ser esta uma categoria carregada de irracionalidade, tal como a "categoria residual" de Vilfredo Pareto – categoria que inclui todos os elementos que não tenham entrado em nenhuma das outras categorias da classificação –, luta-se contra o medo ao "viscoso", inimigo arquetípico da clareza e segurança dos limites e das identidades. Daí a sua "irracionalidade".

A sugestão de Bauman é de que o judeu foi historicamente construído como a viscosidade do mundo ocidental, de forma que o anti-semitismo é uma questão de fronteiras, o que remete à "questão judaica", que foi resolvida com a criação do Estado judeu em 1948. O judeu, enquanto "viscoso", seja na dimensão religiosa, seja na dimensão das classes, seria mais vulnerável ao impacto das novas tensões e contradições trazidas pela modernidade.

Arendt, numa passagem extraordinariamente lúcida de seu *Origens do Totalitarismo*, constrói uma espécie de contrapartida ao "nacionalismo tribal". Com o fim dos Estados multinacionais – Rússia e Áustria –, surgiram grupos que haviam perdido seus direitos, até então inalienáveis: eram os apátridas e as minorias, que não dispunham de governo que os representasse e que eram obrigados a viver sob as leis de exceção dos Tratados das Minorias – jamais reconhecidas como leis – ou sob a absoluta ausência de lei. Nesse sentido, a desnacionalização, a revogação da nacionalidade de indivíduos, transforma-se em arma totalitária, assim como a impossibilidade constitucional de o estado-nação proteger os direitos humanos transforma os desnacionalizados em indesejados – *indésirables*. Ainda nessa mesma direção, mais tarde, em 1938, o *Schwartze Korps*, jornal das SS, declararia os judeus refugo da terra, transformados em mendigos sem identidade, nacionalidade, dinheiro ou passaporte.

No regime nazista, o início da perseguição aos judeus alemães tinha por finalidade espalhar o anti-semitismo entre "os povos que simpatizavam com os judeus". Uma circular do Ministério das Relações Exteriores, de 1938, dizia: "A Alemanha tem interesse em manter a dispersão dos judeus [...] o influxo de judeus a todas as partes desperta a oposição da população nativa e, assim, constitui-se na melhor propaganda para a política judaica alemã" (*apud* Arendt, 1989: 302).

Os tratados de paz criavam arbitrariamente Estados, aglutinando vários povos num só e, com a mesma arbitrariedade, estabeleciam minorias com regulamentos especiais, impostas de fora. "Povos sem Estado", numa expressão cunhada por Otto Bauer em 1907, as minorias nacionais criavam vácuos de poder. Mais de 100 milhões de europeus, sem autodeterminação nacional, reivindicavam reconhecimento e participação nos assuntos públicos. Nesse embate entre nacionalidades minoritárias e majoritárias, era importante a consciência histórica da emancipação nacional da língua, pois um povo com literatura e história próprias tinha direito à soberania nacional. Com a criação desses Estados, cerca de 30% das 100 milhões de pessoas foram oficialmente reconhecidas como exceções protegidas pelo Tratado de Minorias, que cuidavam das nacionalidades muito numerosas em pelo menos dois Estados, deixando à margem do direito as outras que, sem governo próprio, concentravam-se em um só país – por vezes chegando a somar 50% da população total.

Desde 1789, estavam conjugados os direitos individuais e a soberania nacional. As grandes nações queriam homogeneizar as suas minorias, mas o maior obstáculo era a fragilidade numérica e cultural dos povos estatais, pois as minorias russa e judaica da Polônia, por exemplo, não consideravam a cultura polonesa superior à sua. Ademais, o caráter inter-regional das nacionalidades colocava os interesses nacionais acima dos próprios governos, ameaçando, portanto, a segurança de seus países, o que lembra a "viscosidade" de Bauman, requintado mecanismo de exclusão.

A minoria como instituição permanente de excluídos da proteção legal era nova, ao menos em escala. Apenas os "nacionais" eram cidadãos plenos; a primazia da nação sobre o direito era o prenúncio da afirmação de Hitler: "direito é aquilo que é bom para o povo alemão". Rompido o vínculo nacional obrigatório, inicia-se a desintegração, justamente quando o direito à autodeterminação era reconhecido.

As minorias eram "povos sem Estado", apenas *de jure*. Os direitos fundamentais – residência, vida e trabalho – permaneciam intactos; eram os direitos secundários, como a preservação do idioma e da cultura, que estavam ameaçados. Pior era a condição do "apátrida", recente fenômeno de massas dos sem-Estado, que trazia um problema que os tratados não previram: os deslocamentos maciços e a "indeportabilidade", por falta de um país que os quisesse acolher. Antes da Segunda Guerra Mundial, em alguns países, sobretudo nos EUA, a naturalização podia ser revogada caso o naturalizado cortasse a ligação com o país de adoção: os desnaturalizados tornavam-se apátridas. Durante a guerra, os principais Estados europeus reformaram suas leis cancelando a naturalização.

No contexto hobbesiano da guerra de todos contra todos da política internacional, o darwinismo – marcando a entrada da vida na história – abre espaço para uma ideologia do puro instinto de conservação, em que todas as raças estão naturalmente predestinadas a lutarem entre si, até a sua extinção. Assim, a transformação da nação em raça, enquanto conteúdo, torna-se substitutiva do elo entre os indivíduos.

O *Essai sur l'inégalité des races humaines*, de 1853, de Gobineau, foi fundamental para o racismo – o tom pessimista, as civilizações em ascensão e declínio e as doutrinas da decadência. Enquanto Oswald Spengler predizia o declínio do Ocidente, Gobineau, com precisão "científica", profetizava sua ruína. Trinta anos antes de Nietzsche e Wagner, o nobre frustrado e intelectual romântico interessava-se pela decadência. Com ele apareceram os primeiros sinais daquilo que em Weimar se difundiria como conservadorismo revolucionário: a proposta de uma elite que substituísse a aristocracia e que, *apesar* da substituição, revivificasse o *caduco*, no sentido daquele que perdeu as forças, que se anulou, que perdeu em parte a razão e o tino, em conseqüência da idade avançada, enfim, no sentido de "mudança mantendo o passado". Tal elite se expressa na "raça de príncipes", os arianos, destinada a dominar todas as outras.

O poligenismo nega qualquer relação entre as raças: "Leste é Leste e Oeste, Oeste". Opondo-se a casamentos inter-raciais nas colônias, promove a discriminação contra a origem mista – não são humanos, não pertencem a raça alguma, são "vira-latas". O darwinismo acresce a noção de progresso e evolução: a hereditariedade, como arma ideológica para o domínio de uma raça ou de uma classe sobre outra, serve de base ao imperialismo. Mais otimista, Herbert Spencer via na seleção natural um elemento evolutivo: dela resultaria a paz eterna, a "sobrevivência dos mais aptos" e as infinitas possibilidades de progresso, culminando na eugenia, intensamente aplicada na Alemanha dos anos de 1920, e que prometia vencer as incertezas da sobrevivência. A seleção natural pode ser vista como a válvula de segurança do capitalismo competitivo. Ela transformava-se em instrumento racional e econômico: a eutanásia pouparia "despesas inúteis à família e ao governo".

Assim, a nova aristocracia seria produto da seleção natural das raças puras. Tratava-se do sonho de intelectuais e acadêmicos frustrados de transformar a nação em aristocracia natural, instalando o *Volkisch*. O perigo do evolucionismo estava na ligação entre hereditariedade, realização pessoal e traços de caráter, o que, segundo Elias, teve a força de transformar o *habitus* nacional. O grande homem, e não o aristocrata, era o verdadeiro representante da nação.

Para Arendt – assim como para Foucault –, o imperialismo precisou do racismo como justificativa, pois na dominação de povos estrangeiros a raça tornara-se um princípio de estrutura da política interna de um país, enquanto a burocracia era princípio do domínio no exterior. A raça substituiu a nação e a burocracia substituiu o governo.

A categoria *displaced persons*, pessoas deslocadas, tentava resolver a questão dos apátridas ignorando a sua existência. O não reconhecimento de que pudesse haver pessoas "sem Estado" levava as autoridades a repatriá-las, ou seja, a deportá-las para seus países de origem, mesmo que estes se recusassem a reconhecer os repatriados como cidadãos. Abolia-se o direito de asilo, símbolo dos direitos do homem na esfera internacional. Um indicador das implicações da condição do apátrida, apontado por Arendt e, mais tarde, por Bauman, foi o extremo cuidado dos nazistas em privar da cidadania – antes da deportação – todos os judeus de nacionalidade não-alemã.

O sem-Estado – por definição um fora-da-lei, um *excluído* da lei – era uma "anomalia para a qual não havia posição adequada na forma da lei geral". Ficava, pois, à mercê da polícia, que não hesitava em cometer atos ilegais para diminuir o peso dos *indésirables* ao país. Havia, inclusive, uma política estrangeira de caráter policial independente: as relações entre a Gestapo e a polícia francesa, por exemplo, eram extremamente cordiais. A pouca resistência aos alemães por parte da polícia dos países ocupados foi o que possibilitou a construção do aparato do terror, por conta do domínio irrestrito e arbitrário da polícia sobre apátridas e refugiados.

As tentativas internacionais falharam; nenhum acordo substituía o território para o qual o estrangeiro poderia ser deportado. Os campos de internamento eram o substituto da pátria; a vinda de grandes levas alterava a situação já precária dos cidadãos naturalizados da mesma origem.

O apátrida, sem direito de residir nem de trabalhar, constantemente transgredia a lei; a hierarquia de valores do mundo civilizado invertia-se. Para o apátrida destituído de direitos, o crime passava a ser a melhor forma de recuperar uma certa igualdade, mesmo que como exceção à norma, prevista pela lei: só enquanto transgressor podia o apátrida ser protegido. Durante o julgamento e o cumprimento da pena, estava a salvo da arbitrariedade policial, contra a qual não havia advogados nem apelações. Podia ser ouvido com respeito: já não era o refugo da terra. Pela primeira vez na Europa ocidental a polícia tinha autoridade para governar. Quanto maior o número de apátridas, tanto maior o perigo de transformação do Estado legal em Estado policial. Mais tarde, na Alemanha nazista, com as leis de Nüremberg abria-se caminho para que os de "sangue estrangeiro" perdessem a nacionalidade por decreto. A primeira perda dos sem-Estado era a do lar: nenhum território onde fundar uma nova comunidade. A segunda, a perda da condição legal no próprio país e em todos os países. Perseguidos pelo que imutavelmente eram – nascidos na raça errada –, foram as primeiras vítimas do absolutismo e da irrevocabilidade da exclusão; era mais fácil privar de legalidade um inocente do que o criminoso. Essa, inclusive, era a lógica sobre a qual se apoiava a solução de Hitler para a questão judia, da sua arquitetura de exclusão absoluta: torná-los minoria não reconhecida na Alemanha; expulsá-los como apátridas e, finalmente, reagrupá-los onde quer que passassem a residir e enviá-los aos campos de extermínio.

No absolutismo da exclusão há total indiferença pelo excluído, como mostra Bauman no texto que pode ser considerado como um desenvolvimento das reflexões de Arendt. Ela é um processo planejado, construído, arquitetado de forma a tornar invisível a parte da população-alvo, retirando-a paulatinamente de todos os contatos, públicos e privados, com a população geral: da escola, da vizinhança, do bairro, da cidade, do país. Os nazistas começaram o extermínio dos judeus privando-os, primeiro, da condição legal; depois, separando-os do mundo para enviá-los aos guetos e campos de concentração: a total privação de direitos antes que o direito à vida fosse ameaçado.

A força dessa arquitetura e sua recepção é, de fato, surpreendente. "É muito perturbador o regime totalitário, malgrado seu caráter evidentemente criminoso, contar com o apoio das massas [...] resultado da força da máquina de propaganda e da lavagem cerebral" (Arendt, 1989: 339). Os relatórios originalmente sigilosos das pesquisas de opinião pública alemã, realizadas pelos serviços secretos das SS, entre 1939-1944, demonstram que a população alemã estava muito bem informada sobre o que acontecia com os judeus ou sobre a preparação do ataque contra a Rússia, e mesmo assim deu apoio a essas políticas.

Os movimentos totalitários só são possíveis com a organização política das massas. O movimento nazista, depois de 1930, passou a recrutar seus membros entre os "indiferentes". Segundo alguns estudos sobre o comportamento nas eleições do período weimariano – sobretudo o estudo de Knight, de Stürmer e de Mommsen –, apesar da vitória nas eleições entre 1929 e 1932, Hitler chegou ao poder depois do revés dos conservadores de Hindenburg em 1932, que esperavam que o nazismo servisse de apoio ao regime autoritário e que acreditavam que Hitler seria neutralizado. O Partido Nacional Socialista, tendo absorvido os grupos anti-semitas e *Volkisch,* vinha com pouca força desde 1924. Em 1928, após forte revés com a perda de cerca de 100 mil votos, o governo terminou suspendendo o banimento do partido e dos discursos de Hitler – que perdera apoio nas cidades, em parte reposto por novos eleitores rurais.

O NSDAP obteve forte apoio do operariado, embora menor que o da classe média e dos camponeses. Childers mostra que, antes de 1932, o apoio ao Partido Nacional Socialista não era identificável por classe e religião; mesmo em 1932, dados sobre trabalhadores e camponeses cristãos estavam ausentes. Verificou-se correlação alta entre as velhas classes médias em declínio e os eleitores nazistas. Também houve deslocamento na composição social do partido pelo aumento de protestantes e agrários. Mommsen e Childers mostram inclusive, em dois estudos separados, que a crença bastante difundida da ascensão dos grupos de colarinho branco não se confirma pelas estatísticas do período, até 1930. Devido ao isolamento político do NSDAP nos ministérios, a responsabilidade política não era seguida por poder político real. Até então fora do sistema partidário e do debate político, os nazistas preferiram morte à persuasão, terror à convicção.

O ROMANTISMO COMO PRODUTOR DO *VOLKISCH*

A posição geográfica da Alemanha, no centro da Europa, entre Leste e Oeste, expunha-a aos ventos liberal-democratas americano e europeu ocidental, de um lado, e à Revolução Russa, de outro. Com a transferência da capital de Viena para Berlim, desde 1900, a cidade expandira-se alucinadamente, tornando-se capital cultural da Europa e passagem obrigatória do cosmopolitismo. Eram tempos de grande influência do debate intelectual e ideológico, por conta da forte politização, espraiada numa miríade de grupos e movimentos, muitos deles literários e artísticos. Referindo-se à efervescência política e cultural da Berlim dos cafés e das fábricas, fortemente politizada, alimentada pela Revolução Russa, Martin Jay considera-a representante da "ocidentalização do socialismo".

Discursos ambíguos, não lineares, num jogo entre recepção e rejeição às bases mesmas da modernidade, do Iluminismo, do progresso; falas difusas, mutáveis, antropofágicas: o romântico, com *enthousiasmo* iluminista, vivenciando a nação na interioridade, individualmente, constrói uma ideologia sem núcleo, esparsa, abrindo um espaço privilegiado para a linguagem metafórica. A ambigüidade é promovida, os conceitos, em vários autores da época, são trabalhados pelos extremos, pelas polaridades.

Diferenciando-se do conservadorismo convencional, que pregava o retorno ao passado, para o *Volkisch*, a crise da modernidade era ideológica. Ele aceitava a pulsão romântica e o primado das emoções e pregava a restauração por meio da ação radical e revolucionária, reafirmando o "particularismo coletivo" – nação, raça, comunidade de fiéis –, com definições amplas, "amigo/inimigo" de Schmitt, necessidade de limites de Freyer. Havia uma dupla vontade de guerra: contra um inimigo interno – o mercado, a democracia, o pluralismo – e um externo – o socialismo internacional –, nas figuras do judaísmo e do socialismo.

A tensão entre o desejo de preservar e o de radicalmente alterar a sociedade desembocou no apelo por uma revolução espiritual, sem revolucionar a estrutura, sem ameaçar os interesses da classe média: tratava-se de uma "revolução da alma". O clima conservador estruturava-se em torno da distinção entre *Kultur* e *Zivilization*, cultura e civilização. Como diz Peter Viereck, a oposição *Kultur/Zivilization* era a raiz das "duas almas": do lado da *Kultur*, o *Volkisch*, uma cultura com alma, com correspondência plena entre indivíduo, solo natal, *Volk* e o universo; enquanto *Zivilization* configurava-se como "o estado da humanidade mais externo e artificial possível". Em 1905, Chamberlain referia-se à oposição entre os termos como a antinomia camponês *versus* operário e, no mesmo espírito, em 1917, definia a guerra mundial contra o judaísmo como representando os valores da *Zivilization* e seu parente próximo, "o americanismo".

Foi o próprio burguês – o pequeno comerciante e o empresário de classe média – que, unido ao artesão temeroso de perder seu estatuto e mergulhar rapidamente no proletariado, e aos proprietários de terra, por sua vez ameaçados pela redução de preços e pela expansão do comércio internacional, quem fez a crítica dos novos tempos e quem quis manter propriedade e seu *status* a qualquer custo. Seu discurso central fundava-se na retórica anticapitalista e antimodernista. Elogiava o trabalho produtivo e a criação técnica, consideradas "virtudes alemãs", tais como a obsessão de Hitler por monumentos arquitetônicos que durassem mil anos, em contraposição às constantes variações do mercado. Colocava-se contra a circulação improdutiva e a abstração do "espírito judeu", opondo *Zivilization* – espírito empresarial e racionalidade tecnológica – a *Kultur* – costume e tradição.

Embora "fazer dinheiro" seja o objetivo principal do empresário, não se deve estimar o caráter nacional alemão – o *habitus* – como de ganância e competição – como o dos judeus, dando primazia ao lucro. Há grande afinidade entre as categorias conceituais dos conservadores e nacionalistas alemães, que distinguiam os judeus dos arianos, atribuindo-lhes conotações metafóricas e simbólicas e os conceitos atuais que distinguem o global do local. Os valores judeus tendiam para o global – universalismo, desenraizamento, internacionalismo e abstração –, opondo-se aos valores supostamente não judeus na dimensão do local: enraizamento, nacionalismo, concretude. Nessa concepção, capitalismo e judaismo assemelhavam-se: ambos promoviam contatos internacionais, ambos priorizavam o econômico em detrimento do tradicional, ambos mostravam-se alheios e desinteressados pela política e, finalmente, eram ambos opulentos. Ambos, portanto, supostamente se imbricam e se confundem enquanto "males sociais", que desvirtuam o resgate da verdadeira essência e natureza alemãs.

Introduzindo a tecnologia na *Kultur*, os técnicos reivindicavam o reconhecimento político do "modernismo reacionário", acentuando o antagonismo entre o mágico – romantismo, ocultismo – e o tecnológico – instrumental – da produção. A rejeição ao modernismo era, antes de mais nada, rejeição ao espírito *de direitos* de 1789 e de 1776.

A revolução cultural de direita é que haveria de dar fim ao predomínio da economia sobre a vida social, estabelecendo a comunhão de interesses entre engenheiros, empregadores – sobretudo a indústria química e o setor elétrico – e governo. O bem nacional exigia intervenção estatal na economia e a promoção de condições favoráveis ao progresso técnico. Numa era de cosmopolitismo, ao Estado competia defender as qualidades do *Volk*, rumo ao nacionalismo. O protesto anti-ocidental não devia ser confundido com hostilidade à tecnologia.

Com a auto-imagem de uma "nova classe média" ameaçada pelo vago mundo financeiro que se infiltrava por toda parte, em 1933 técnicos e engenheiros chegaram a reivindicar um "ministério nacional da tecnologia", visando corrigir o abuso dos interesses privados. Em *Technik und Kultur*, Carl Weihe colocava em oposição à abstração do progresso tecnológico, a fantasia e a imaginação. A tarefa do engenheiro, defendia ele, era criar formas permanentes e duradouras, cuja solidez e resistência evidenciassem sua natureza implicitamente anticapitalista, opondo-se ideológica e simbolicamente à efemeridade do mercado.

Diversos autores alemães da época reportaram-se à semelhança entre o seu tempo e o século XVII, tomando emprestado, inclusive, elementos do drama barroco para a construção de suas metáforas e análises. Além de Walter Benjamin e Carl Schmitt, cujas construções serão mais adiante colocadas em interlocução, também Hans Freyer recorreu ao barroco, ao lidar com as categorias de limite e sem-limite, do lado de dentro e o lado de fora da fronteira, às quais já se fez aqui referência, bem como à necessidade dessa categorização para reduzir a ansiedade causada pela falta de pertencimento claro. É o caso da personagem Prometeu de Freyer, que assim se queixa: "a melancolia das múltiplas possibilidades pousa sobre nós e paralisa nossa ação", e que é similar ao "hamletismo político" de Schmitt. O medo da liberdade é o medo do ilimitado, a grande ameaça contemporânea. Cultua-se a perda do pai, em vez de celebrar-se o direito à vida, ao destino, à história.

Na busca por delimitação coletiva, da distinção do Mesmo e do Outro, Freyer enfatiza a integração social. Trabalha com a dualidade limite/sem-limite, posto que "a grande ameaça contemporânea está no ilimitado", na falta de fronteiras claramente demarcadas, tal qual o fluxo da vida subjetiva. Seria, portanto, função da cultura delimitar e atribuir esse sentido de pertencimento. Nessa direção, é iluminadora a afirmação de Viereck sobre a atitude que descreve como sendo típica do romântico, a fuga de si mesmo para a prisão do autoritarismo: "Os alemães têm o estranho hábito de fugir não das prisões mas para as prisões" (Viereck, 1965: 27).

A teoria do pertencimento de Freyer é voluntarista: os grupos dependem da adesão voluntária de seus membros ao objetivo comum, refletindo a intensidade do comprometimento. Diante da provisoriedade contemporânea – o urbano crescente, os deslocamentos geográficos, a vertiginosidade do cotidiano –, à cultura cabe construir a ressonância emocional entre presente e passado, mediante a reapropriação do passado e da tradição, única forma, segundo ele, de atingir verdadeira "densidade" histórica. O *Volk* apresenta-se, assim, como a alternativa à sociedade desprovida de limites, pois a sociedade aberta, liberal, não provê metas coletivas. Em seu *Prometeu*, emprega o veredito: "caóticas porque sem limites". Outro importante autor da época, George Simmel denominou a falta de limites como "a tragédia da cultura", a tragédia da liberdade. O transnacionalismo do capitalismo e da tecnologia levaria à dissolução dos limites político e cultural. Essa perda de coerência, por conta do liberalismo, terminaria produzindo a *economização* da existência. Contra esta, o despertar da consciência nacional é que devolveria a politização da vida. O *Volk* seria, portanto, uma entidade politizada em torno de um objetivo comum. E a guerra, nesse processo, seria fundamental para a preservação da consciência política, pois o preparo contínuo para a guerra intensificaria o compromisso emocional. Na busca por identidade e delimitação coletivas enfatizar-se-ia a integração social – e, com ela, a exclusão.

O romantismo decadente, segundo Freyer, define-se por seu subjetivismo. Nesse sentido, toda e qualquer instituição torna-se ocasião e oportunidade de experiência estética. Embora o romantismo fosse um movimento antiburguês, a burguesia adotou seu esteticismo subjetivo. A existência espiritual teria sido assim privatizada, tornando-se insegura e desconfiada de qualquer autoridade. Na mesma direção, Schmitt argumenta: "a economização passa pela estética, e o consumo estético do sublime é o caminho seguro da economização geral da vida cultural e da constituição espiritual, que tem por categorias centrais da existência a produção e o consumo" (Schmitt, 1982).

A decadência, para Freyer, também é fruto da dominação capitalista. Como o desenvolvimento da técnica é concomitante ao do capitalismo, cabe ao político dissolver o vínculo entre ambos. No *conservadorismo radical* – termo de Van den Bruck, que se repete e se reforça no decorrer de todo o pensamento *Volkisch*, e muito bem expressado nas falas de Lagarde "demasiado conservador para não ser radical" ou "conservador é criar coisas que vale a pena preservar" –, a aversão ao moderno não impede a defesa da modernização tecnológica, por conta da participação no mercado internacional: "defender-se contra os efeitos da modernidade exige sua absorção homeopática" (Herf, 1984). A tecnologia deve ser reintegrada à "totalidade da vida".

O movimento de transcendência do *Volk* estaria na fé reintegradora à qual a cultura, a economia e a tecnologia deveriam se submeter. Trata-se de profissão de fé, de chamado, vocação, *Beruf*, garantida pelo Estado em função dos objetivos do Reich. O Estado seria a concretização do *Geist*, ao qual cabe politizar. Liberdade é participar da auto-realização do *Volkgeist*, espírito do *Volk*, e submeter-se ao objetivo da afirmação coletiva, como o monopartidarismo das eleições italianas de 1917. Numa inversão da democracia, as eleições de um só partido são vistas pelos *Volkisch* como expressão máxima da liberdade, na medida em que a nação, o *Volk*, tem expressão plena, sem a fragmentação de interesses privados ou de outra ordem. O mesmo argumento invertido aplica-se quando se declaram contra o voto secreto, porque este permitiria, novamente, que concorressem interesses outros que não os do *Volk* homogêneo.

O *Volk* de Freyer é duplo: histórico-romântico e maquiaveliano ou cívico-republicano. Por meio de seu *Volkgeist*, cada cultura expressa uma atitude básica de grupo, "pré-racional, não formulada e inconsciente". A cultura de um *Volk* é a atitude particular "primordial para com o mundo"; a língua é sua maior expressão e seu elemento mais constitutivo. Também Elias, ao analisar a formação do Estado-nação, enfatiza a importância dos conflitos lingüísticos: de um lado, entre pangermanismo e pan-eslavismo e, de outro, entre as línguas germânicas e as franco-latinas. Para Freyer, as origens orgânicas do *Volk* – a raça e o sangue – constituem-se no vínculo entre raça e paisagem. O sangue seria a origem que "não se pode abandonar sem adoecer". Leitor de Maquiavel, cujo conceito de povos históricos e povos não históricos fascinou os alemães, Freyer via-o como o profeta da libertação nacional da dominação estrangeira. Para ele, como já dito anteriormente, a guerra é fundamental para a criação e preservação da consciência política. Esse mesmo argumento reaparece em Schmitt, que define a guerra como "a essência de tudo", pois o estado de guerra total é que determina a forma do Estado total. O preparo contínuo para a guerra intensifica o compromisso emocional, lembrando a primazia do político sobre os interesses particulares.

Novamente, tal como em Schmitt, como se verá, a alternativa à burguesia está na dimensão do político que, em seu aspecto formal, trata da intensidade da relação entre amigo e inimigo, entre associação e dissociação. É nessa dimensão que a vontade de um *Volk* de matar e morrer em nome da preservação coletiva encontra legitimação. Na modernidade, com a sensação de isolamento e alienação crescentes, torna-se urgente o pertencimento a um marco maior que, sem destruir a singularidade, forneça um universal. Os românticos procuraram a "grande unidade" fora da dimensão econômica e social. O universo emergia como "realidade superior", numa perspectiva panteísta; o mundo estava ligado ao cosmos pela "força vital" que se irradia aos que estão em sintonia. A auto-realização individual só é possível quando imbuída por essa força vital e em completa harmonia com o cosmos.

O *Volk* chega de um passado distante, contrastando o idílico medieval ao presente moderno. Mediador entre individualidade e identidade cósmica, o *Volk* é concebido por Father Jahn, Arndt e Fichte, no início do século XIX, em resposta ao domínio de Napoleão. Nesse panteísmo romântico, a natureza aparece viva, espontânea, cheia da força vital, à qual correspondem as emoções humanas: é ele o conteúdo substitutivo do vínculo social, político e nacional.

O *Volkisch*, revivificado a partir da frustração que se seguiu à unificação, até a Primeira Guerra era difundido apenas em escolas, universidades e círculos privados, tendo se massificado só depois da instalação da República. Revolucionário, fundado na rejeição à modernidade, desde o Romantismo do século XVIII, o *Volk* tinha uma conotação de "coletivo com essência transcendental", professando admiração pelo medievalismo e pela monarquia como forma de bom governo. Em uma de suas formas, a alma *Volk* reflete a paisagem. Como ilustra o judeu George Mosse, enquanto povo que pertence à paisagem do deserto, é árido, oco e sem criatividade, contrastando com o alemão das florestas escuras e úmidas, profundas e misteriosas, sempre à procura do sol.

Friedrich Ludwig Jahn, o Father Jahn, da Universidade de Berlim, fundou uma fraternidade de estudantes para propagar "a cultura alemã" e preparar "os corpos" para a luta pela unificação. Jahn glorificava a guerra. Napoleão tornara os alemães dependentes da França e, na batalha de Jena, em 1806, Berlim foi ocupada pelos franceses, mas aquela foi uma vitória de Pirro. Entre 1806 e 1815 proliferaram as correntes e movimentos nacionalistas de estudantes, professores, sociedades de ginástica e círculos literários. Os jovens tornavam-se a vanguarda de uma "revolução genuinamente alemã", que um século mais tarde proveu ao movimento nazista o *slogan* de "revolução alemã". Antes da Guerra de 1914-1918, as organizações de juventude contavam com 60 mil membros. Depois de 1918, esse número passou a 100 mil.

Para autores como Mosse, que trabalhou o aspecto cultural das raízes do nazismo, e como Mommsen, que lidou com a estrutura fragilizada do poder na República de Weimar, a ascensão do Partido Nacional Socialista, em 1933, não foi acidental. Se o partido não tivesse tomado as rédeas, argumentam, outros partidos *Volkisch* o teriam feito, pois a ideologia alemã, de um lado, e a democracia, de outro, falharam desde a sua fundação. Trata-se este de um ponto polêmico, pois é como se a República fosse uma sociedade em que as motivações nascessem, na esfera do político, da persuasão, da astúcia e da manutenção do poder. Entretanto, milhões de alemães, na maioria da esquerda, nunca participaram da ideologia ou das práticas *Volkisch*.

Cunhada Novo Romantismo, a primeira geração romântica localiza-se na Escola de Jena, com Schlegels, Tieck, Novalis; a segunda, a Escola de Heidelberg, com Grimm, Arnim e Brentano. A revitalização romântica do final do século XIX foi desenvolvida sobretudo por intelectuais e estudantes do Movimento da Juventude. Bastante atuante,

O *Jungdeutsche Orden* foi fundado em 1927, tendo se dedicado à causa *Volk* e tendo limitado sua filiação aos arianos que se identificassem com o conceito de Eros como elemento de coesão para o restabelecimento de uma ordem medieval de cavaleiros germânicos. Mas o movimento não conseguiu traduzir seu poder em força eleitoral. Elitista, recusou o apoio das massas e não explorou muito o anti-semitismo. Opositores declarados do positivismo hegemônico nas universidades e na vida política, eram também contra o espírito francês de clareza e contra o racionalismo, que consideravam dogma e padrão universais. Excêntrico e místico, o movimento fomentava o abandono dionisíaco e pregava o retorno a uma realidade superior, transcendental, fundada na intuição: "a síntese criativa alia a escola romântica ao nazismo como sintetizadores contra o racionalismo agressivo" (Viereck, 1965: 29).

Para os novos-românticos, a raiz mesma da crise de ideologia estava no materialismo industrial – e não na técnica –, ao qual havia que opor uma nova vitalidade, mais próxima ao solo e ao oculto. O *Geist*, espécie de "nostalgia da alma pela unidade", estava muito próximo, como se verá, à *acedia* de Benjamin no *Drama Barroco Alemão*; ele encarnava a força cósmica com a qual o homem estava sintonizado. Os novos românticos ansiavam por desfrutar o mundo como um todo e não fragmentado pelo racionalismo simplista. Não se tratava de uma volta ao passado, alegavam, mas sim de um "idealismo de atos", de um culto ao "dinamismo", a uma vida de sensações em vez de pensamentos. Pregavam o culto da ação pela ação, do agir antes de pensar, pois pensar é uma forma de emasculação, o que lembra a famosa frase, geralmente atribuída a Goering: "Quando ouço falar em cultura, procuro logo a minha pistola!"

Apesar da metáfora do enraizamento ser um elemento constitutivo do *Volkisch*, há uma espécie de movimento, de moção, que aparece como essencial no romantismo de Goethe e que Viereck extrai da boca de *Fausto*: "quando paro de me mover, torno-me um escravo", referindo-se a um romantismo que é "uma poesia universal envolvente [...] um estado de vir a ser [...] no instante em que fica estático, morre [...] ser é não ser".

Em *Mein Kampf*, Hitler reforçaria a posição irracional romântica ao, também ele, definir a civilização em oposição à *Kultur*:

> Civilização significa a aplicação da razão à vida [tal qual] o espírito romântico, o irracionalismo, a mística que iguala sujeito e objeto, o saudosismo pelo distante e pelo estranho, o sentimento de infinito e de continuidade do desenvolvimento histórico (*apud* Viereck, 1965: 19).

O *Volkisch*, por meio dos escritores neo-românticos Ernst Bertram e Alfred Baumler, entre outros, apropriou-se de Nietzsche, "a alma mais romântica de todas", distorcendo-o e considerando sua *vontade de poder* como paixão da alma penetrada pela essência cósmica. A paixão justificaria a força, de forma que a tensão entre espírito e matéria é resolvida pela glorificação da luta violenta – que Hitler, mais tarde, iria denominar a "vontade heróica" a serviço do *Volk* – e pela própria mitificação de Nietzsche, fundindo-o com a imagem do cavaleiro de Dürer. O cavaleiro, agora herói germânico, em companhia da Morte e do Diabo, cavalga rumo ao Santo Graal da Alemanha do futuro, numa versão idealizada do líder que "veio de cima", o super-homem, o *Übermensch*, símbolo de lealdade, honestidade e pureza racial – que seria reforçada por Hitler no retrato de Hubert Lanzinger do cavaleiro medieval. Tempos de frustração e descontentamento são tempos de profetas e de homens excepcionais.

Como a maioria dos novos-românticos, Bertram vê em Nietzsche a possibilidade de aliar o novo mito às aspirações da nação, bastando para isso retirá-lo de seu contexto histórico e desconsiderar sua profunda rejeição ao racismo – leia-se anti-semitismo – e ao nacionalismo e, inclusive, sua rejeição a importantes trabalhos *Volkisch*, como os do acadêmico Lagarde. O direito por nascimento passa a ser lido como formulação da personalidade inata, no mesmo registro extra mérito da herança: a natureza doa o título que a realidade política nega. Escritores liberais transformam-se em nobres, afirmando privilégios naturais como a força e o gênio. A personalidade inata é discriminatória: no "anti-semitismo social", como o denomina Arendt, o ódio aos judeus aparece como arma política. É a falta de "personalidade inata" que diferencia o comerciante judeu do *Junker*.

Para o *Volkisch* Adam Mueller, a ascendência pura é prova de nobreza. A insistência na origem tribal comum como essência da nacionalidade e a ênfase na personalidade inata prepararam a Alemanha para o racismo, como fuga temporária dos conflitos políticos. O professor Langbehn, mais radical no seu racismo, apoia-se na noção de "inimigo interno" para identificar o judeu como "peste e cólera". Advoga seu extermínio e termina defendendo a submissão das raças inferiores, pregando o retorno da escravidão. Nessa mesma trilha, o vienense Guido von List, em estilo messiânico, fala do "grande homem que vem de cima".

Desde o Romantismo do século XVIII, o *Volk* denotava um coletivo que possui uma essência transcendental: natureza, cosmos e mito fundem-se na interioridade. Os pensadores *Volkisch* não reagem a desenvolvimentos "reais", mundanos e cotidianos. Coube a Hitler aliar o "vôo" *Volkisch* à disciplina e organização eficientes, embora muitos alemães, na maioria de esquerda, nunca tivessem compartilhado sua ideologia.

Mosse observa o convívio das contradições no *Volkisch*, facilitado pelo ocultismo: força vital e realidade cósmica são a essência mesma do processo histórico. Trata-se da superioridade inerente da *Kultur* sobre a *Zivilization*: "democracia é civilização, aristocracia é cultura".

Deve-se substituir o Estado por uma nação culturalmente enraizada e orientada por uma elite de iniciados. Assim, de um lado estariam os escolhidos, a *intelligentsia*; de outro, a grande massa, educada e dirigida. Era um elitismo ativista, um dinamismo messiânico, em que os artistas eram vistos como a "aristocracia natural", na acepção do romantismo político que se dedica ao "culto à personalidade", e cuja arbitrariedade é irrefutável e inquestionável porque é "prova de gênio". Mussolini, por exemplo, dizia ser, ao mesmo tempo, "aristocrata e democrata, revolucionário e reacionário, proletário e antiproletário, pacifista e antipacifista". Para Arendt, a alma *Volkisch* e sua relação com a personalidade romântica servem de estratégia para mascarar e adiar o confronto entre as classes: na luta entre nobreza e classe média em ascensão, nunca travada na política, o culto da personalidade tornava-se meio de emancipação social.

Eugen Diederichs cunhou o termo Novo Romantismo em 1912 e foi editor do órgão neo-romântico *Die Tat*. Para ele, o furor nacionalista era um dos estágios da evolução cósmica; demarcou a singularidade alemã na verdadeira comunidade, no *Volk*, que consiste naqueles que vivem no *Geist*, unidos pela experiência partilhada do absoluto. Quanto às suas origens, os camponeses é que deveriam ser ouvidos, pois seriam seus os mitos e sagas, os meios de comunicação da alma *Volk*. Também os comerciantes da cidade, distantes do solo, deveriam ter acesso aos mitos antigos, de um tempo em que a cultura alemã ainda era pura. A paisagem, prenhe de valores emotivos e aspirações rurais, expressaria a rejeição do industrial e do urbano, que, irreconciliáveis com a identidade nacional, seriam descartados. Unidade política e industrialização produziram uma crise que, para os novos-românticos, pressagiava a catástrofe. O homem do campo é glorificado, pois deve-se procurar a unidade fora da dimensão econômica, num mundo ligado ao cosmos pela "força vital", numa espécie de visão panteísta da natureza.

Um tema recorrente do *Volkisch* é o enraizamento. Contrapartida dos deslocamentos, migrações e ritmos acelerados do urbano e do industrial, pautados pela circulação do dinheiro e pela distribuição de mercadorias, o enraizamento abre espaço para a natureza orgânica do *Volk*. Fundida com a paisagem nativa, e que conota qualidades às suas populações: sinceridade, integridade, simplicidade. O campo torna-se a estrutura social ideal, diferenciando e demarcando claramente o lugar de cada classe, o lugar de cada um. As cooperativas, numa analogia às guildas medievais, ressurgem como a grande família patriarcal.

Diederichs também foi o mais importante dos cultuadores do sol, elemento importante na tradição *Volkisch*. Para ele, os velhos românticos não se davam conta de que o metafísico tinha que ser transformado em "idealismo de fatos", em ato determinado, lembrando a *voluntas* do decisionismo de Schmitt.

Wilhelm Heinrich Riehl, cuja importância é mensurável pelo fato de ter fundado a *Riehl Bund* em 1920 e instituído o Prêmio Riehl em 1935, pregava a unionização da nação. Ele propunha um pedaço de terra a cada trabalhador, para reforçar seu contato com a natureza e incentivar a qualidade do pertencimento a esses seres migratórios que, sem raízes permanentes e paisagens específicas, ameaçam a existência do *Volk*. Riehl critica a transformação das grandes cidades em centros cosmopolitas, temendo que "burguesia e proletariado mundiais" se tornem hegemônicos num mundo em que o natural foi destruído. Berlim, para ele, tornara-se o "túmulo do germanismo".

A metáfora do enraizamento é que faz a correspondência entre homem e paisagem. Ao contrário da mobilidade urbana, prega a exclusão do forasteiro, do sem raízes. Ser membro do *Volk* é o que dota o homem de humanidade e, nesse sentido, o *Volkisch* é um humanismo que depois viria a se tornar a diferença entre morrer e viver. A alma, espelho do corpo e vice-versa, nasce no empírico, no solo, na raiz, e termina por se refletir no invisível, na interioridade, no caráter, para então retornar aos traços físicos, à forma da testa, das orelhas, cor do cabelo. Como foi publicado em *Die Tat*: "o *Volk* é um todo coerente quando a alma reconhece o ritmo do campo como seu próprio [...] para cada pessoa e cada raça, portanto, o campo torna-se sua própria paisagem peculiar". Pode-se dizer, pois, que o *Volkisch* seria uma espécie de biologização da alma.

O primeiro movimento popular verdadeiramente anti-semita surgiu na região agrícola do Hesse: era o *Bund der Landwirte*, a União dos Fazendeiros que identificava o judeu como inimigo do camponês. Na sua autopercepção representava, se não uma classe, um "estamento" relativamente coeso. Preso ao solo e ao ciclo das estações, lembra a floresta como a metáfora de massa e poder de Canetti; um coletivo de homens que, eretos e alinhados como árvores, atuam verticalmente, na direção de sua transformação e crescimento. Sua densidade, a folhagem, protege-os desde cima. Tornadas modelo de devoção, antecipam a igreja, no seu estar em pé, diante de Deus, entre colunas e pilares. Sua imobilidade não cede à ameaça externa; sua resistência é absoluta: não sai do lugar. Símbolo do exército, não recua nem se rende e deixa-se ceifar até o último homem, antes de ceder um palmo de chão.

Reforçando a metáfora da floresta de Canetti, a alma do *Volk* alemão, determinada pela paisagem, também recorre à imagem das florestas escuras e úmidas, profundas e misteriosas, o que explica por que um dos temas recorrentes do *Volkisch* é a busca pelo sol, o culto do sol, a adoração do sol. Eugen Diederichs funde culto ao sol e cristianismo, no grupo o *Círculo*, sob sua orientação, e parte do Movimento da Juventude. O *Círculo* celebrava um festival anual associado à mudança do sol, enfatizando música e danças selvagens, dionisíacas.

Ao longo do período weimariano o camponês foi se tornando cada vez mais conservador: a crise alemã foi deslocando-o mais e mais à direita do espectro político, na qual se acreditava protegido pelas tarifas aduaneiras. Sua temporalidade, regida pela ciclotimia natural das estações, das semeaduras e das colheitas, era imutável. Seu bom senso, seu "pés no chão", remetiam ao pré-capitalismo. Apesar de ter pleno acesso ao rádio e ao jornal, como observou Mosse, o camponês continuava lendo o mundo por meio da Bíblia.

Ernst Bloch faz o levantamento de sua época em *Herança de Nosso Tempo*, e vê, na pequena burguesia e não no campesinato, o húmus, o alimento da ideologia *Volkisch*. A camada média pauperizada da cidade queria o retorno ao pré-guerra 1914-1918; paradoxalmente, era a nostalgia do passado que provocava o impulso revolucionário. Formas antigas de ser e pensar retornaram, inclusive a imagem do bode expiatório na figura do usurário judeu: queria-se o fim da "escravidão do empréstimo com juros". O empregado queria obedecer, mas tratava-se da obediência do soldado; seu desejo de não ser proletário transformara-se na "aspiração orgástica da subordinação" (Bloch, 1935: 101).

Os novos-românticos queriam "voltar a desfrutar do mundo como um todo" e não apenas o que dele restara depois de dissecado e fragmentado pelo racionalismo. Barrès, para quem o erro de Rousseau fora esterilizar a vida ao tentar racionalizá-la, classificá-la, fragmentá-la, defendia que se devia recorrer à intuição, ao instinto, à vontade, enfim, às forças profundas da alma e do inconsciente contra o domínio artificial da razão.

Zeev Sternhell lembra que esse anti-racionalismo encontrava-se em muitos autores da época, como Sorel, Maurras, Spengler, Ortega y Gasset e Schmitt, por conta do fascínio que sentiam pela decadência, pelo que Nietzsche denominara "o século das massas", século da ascensão da "horda animal, o homem". Para todos esses autores a noção de massa eqüivale ao *demo* grego, cuja homogeneização se dá "por baixo". Mesmo o profundo desprezo de Nietzsche pelo nacionalismo alemão devia-se justamente ao horror à "moralidade da horda", do igualitarismo e da democracia. Só a elite culta é que haveria de dar conta de superar a decadência. Certamente, não seria opondo-se a ela, mas deixando-se vivê-la com intensidade.

Lagarde e Langbehn, *profetas do Volkisch*, pertenciam ao mundo acadêmico. Antipositivistas e anti-racionalistas, pregavam "o germanismo de caráter", da atitude interior, inerente ao indivíduo e à nação. Eram ambos muito categóricos na configuração do *Volkisch* como uma *fé alemã*, uma doutrina religiosa. Aparecia como reação ao racionalismo e culto à tradição, característica dos movimentos fascistas, almejando a revelação recebida na alvorada da história e ocultada sob um véu de línguas esquecidas, perdida pelo discurso.

Esse "perder-se pelo discurso", como várias das outras características *Volkisch*, tampouco é exclusivamente alemã. Fernando Pessoa, adepto da crença mística num "salvador", por conta de seu *sebastianismo*, apoiava a regeneração da língua portuguesa como caminho da regeneração da pátria e da "aristocracia" de cidadãos. Defendia igualmente a intuição e o inconsciente, aos quais a "nação" e seu salvador dariam expressão. Acreditava, também, que, além da língua, há outros fatores na vida nacional, "ficções intermediárias, meio físicas, meio econômicas, como classe, família ou religião", que podem se tornar agentes desintegradores da nação (Sternhell, 1996: 347).

Espécie de sincretismo, o *Volkisch* tolera contradições como "interpretações da obscura mensagem", referindo-se à mesma verdade ancestral, dita uma vez e para sempre (Eco, 1995). Reforçando o anti-intelectualismo do Novo Romantismo, o novelista Bonus separa ciência de realidade e desenvolve a religiosidade do mito "germanizando" o cristianismo. Neles, a vontade cimenta a fé *Volkisch*, fazendo do cristianismo "germânico" parte integral do Novo Romantismo.

Langbehn e Lagarde introduzem o extra-sensorial, o êxtase nietzschiano, místico, irracional, intuitivo. Abriam-se, assim, as portas à teosofia, representada, entre outros, por Madame Blavatski, espécie de "canal" para revelações do além. Quanto ao cristianismo, ficou reduzido a uma ética, base para o que Mosse denominou um *panteísmo humanista*.

Langbehn escreveu *Rembrandt como Educador*, em 1899, no qual celebrava o êxtase nietzschiano, o místico, o irracional, o subjetivamente intuitivo. Popularizou o panteísmo e os cultos espirituais da religião alemã, de forma que a raça e a vitalidade da natureza se tornaram forças equivalentes. A identidade entre raça e natureza continha o registro das qualidades interiores, como se fosse uma assinatura da alma. Em seus primeiros textos, Lanbehn era tolerante em relação aos judeus, mas aos poucos as expressões "peste e cólera" foram se infiltrando no seu trabalho, assim como no corpo do *Volk*, poluindo a pureza do sangue herdado.

É surpreendente o quanto a introdução da vida na sociedade de massas terminou deflagrando o encontro e o amalgamo de metáforas médicas e metáforas do corpo, metáforas da saúde e da doença, metáforas do vírus, do contágio e metáforas da morte, banalizando-as.

Obcecado pelo anti-semitismo, Langbehn pregava o extermínio dos judeus, defendia a dominação sobre raças inferiores e o retorno do escravagismo. Sob esse aspecto, Egidy e Lietz, seus discípulos, importantes na institucionalização da educação, consideraram a reforma escolar a causa *Volkisch* definitiva e também a solução definitiva para a questão judia: "se 50 milhões de alemães se purificarem, os judeus desaparecerão". Egydy ressaltava o papel da educação na iniciação da juventude no espirito ético religioso. Introduziu o mistério da fé no

Volkisch, descrevendo a essência humana como organismo secreto, cuja salvação estaria na sociedade ética, pois o *Volk* é veículo da liberdade divina e a coesão pode ser atingida pela educação; a escola é que deve prover o pertencimento.

O Estado e a política seriam os meios de concretizar uma nação fundada na cultura e orientada pela elite de iniciados e pela *intelligentsia*. Apesar do sufrágio universal, o órgão central seria uma câmara corporativa, responsável pelo princípio aristocrático de governo. Essa talvez seja a maior diferença entre o *Volkisch* e o pangermanismo, o *Alldeutsche*, para o qual, no máximo, o Estado serve ao *Geist*, ao *Volk* e aos seus interesses. Antes, e especialmente depois de 1918, os pangermânicos reivindicavam persistentemente a derrubada revolucionária do Estado.

Crenças religiosas, mitologia e deuses representavam a força primal; a "insanidade coletiva" deixava de ser insana para tornar-se mágica. Nas palavras de Novalis, "de cada verdadeiro cidadão emana a alma do estado, como na comunidade religiosa" (Viereck, 1965: 33), como era o caso da suástica e as velhas lendas de *Mittgart* – suposto lugar de origem dos *Nordieman*, os nórdicos, que Eugen Dühring descreve no *Die Judenfrage*, a questão judaica, de 1880.

O núcleo do paganismo *Volkisch*, o ocultismo do sol, sobretudo, cresceu com Diederichs, que como explicação para a desigualdade entre as raças diferenciava os alemães dos outros países nórdicos, pois, brumosos, os alemães manifestavam sua nostalgia pelo sol, representando a luz, a esperança e o centro do cosmos (Mosse, 1964: 71). As trevas darão lugar ao eterno despertar; o sol, revivido no conceito oriental de *Karma*, e muito difundido no *Volkisch*, transformou Cristo em deus-sol germânico e a Virgem Maria em mãe dos arianos, enquanto *kala* era a língua secreta, cuja base léxica era a *Cabala* judaica.

O ocultismo influenciou a teoria política, na verdade servindo de fio condutor, de "costura" entre os diversos grupos pelos quais passava. List, por exemplo, pertencia ao círculo do pangermânico Schoenerer, que era divulgado por Alfred Schuler, um *Luftmensch* – um intelectual. Seu meio artístico, em Munique, era freqüentado pelo poeta Stefan George e pelo jovem Ludwig Klages, que no início do século XX, sonhavam com um sistema político centrado num só líder, no "homem forte vindo de cima", no "renascido" do *karma*.

Num prenúncio daquilo que atingiria plenitude apenas sob o regime de Hitler – a extrema estetização da política –, a ressurreição do germanismo era tema recorrente das novelas e romances populares do movimento, assim como da arte pictórica e, por vezes – enquanto pintura que "torna visível o invisível" e sacraliza elementos espirituais –, uma "arte templária". Nesse processo aliavam-se arte, simbologia e mística em imagens realistas e figurativas, em franca rejeição ao Impressionismo, desqualificado como estilo "degenerado" da modernidade. Esses mesmos conceitos artísticos seriam depois incorporados por Hitler, aliados ao desejo pelo monumental e pela obra que perdurasse por mil anos.

Quanto aos romances, eis alguns exemplos. A novela de Felix Dahn, *Kampf um Rom*, também autor de *Germania*, descreve a paixão pelo *Volk* nas comunidades alemãs isoladas do Tirol, que temendo sua "italianização" absorvem o culto de Wotan da Alemanha. De Hermann Burte Wiltfeber, *Der ewige Deutsche* (*O Eterno Alemão*), de 1912, em que o herói retorna ao mundo estrangulado pela modernidade. É a morte do Deus cristão e o pacto do Velho Testamento superados por um cristianismo germânico que trará a salvação do *Volk* – um deus germânico modelado no deus Thor. De Blunck, em 1903, *Die Germanen* traz a ligação do físico e do espiritual com a natureza germânica. O romance de Ernst Wachler, *Osning*, de 1914, sonha com o renascimento nórdico, funda uma ordem secreta a fim de ressuscitar o líder *Volk* que vivia na floresta de Teutoburger, reverenciando os antigos deuses e introduzindo a forma teatral: espaço aberto, a floresta, versão modernizada da praça pública em que os antigos se encontravam para cultuar os deuses e administrar as leis. De Ellegard Ellerbeck, pseudônimo de Erich Leiser, de 1919, *Os Filhos do Homem-sol na Terra do Sol*, no qual o autor combina teosofia, ocultismo, espiritualismo e astrologia.

Na arte templária, Hermann Hendrich, em 1901, construiu um templo germânico com motivos de lendas germânicas, tendo um olho de Wotan olhando do teto. Karl Hoppner, sob o pseudônimo Fidus, dedicava-se a uma pintura que "transmitia a quintessência da vida", com temas comuns ao Movimento da Juventude: o sol, esfinges egípcias, paisagens penetradas por raios solares e jovens nus, dourados de sol. Acrescentou símbolos teosóficos ao *Volkisch*, retratando um conceito de beleza máscula, primitiva e impregnada de crueldade, juntando assim idéias raciais ao ideal da força germânica do corpo. Embora os nazistas o rejeitassem, referindo-se ao seu ocultismo como transe sem corpo, e como o gosto do *Führer* era mais sóbrio e monumental, seu ideal de beleza terminou sendo filiado aos estereótipos do ideal alemão.

Entretanto, a meta central do movimento *Volkisch* era o retorno à terra. Mosse observa que o movimento pela liberação da terra, do judeu vienense Theodor Hertzel, fundador do Movimento Sionista, o *Freiland-Free Soil* de 1890, tinha a mesma urgência pelo solo. Apesar das diferenças, é estranhamente perigosa a semelhança entre as colônias implantadas na Palestina pelos judeus, os *kibutzim*, de cunho nacionalista, que tinham uma ideologia de retorno ao solo, e as colônias *Volkisch*. Na bem-sucedida colônia de *Eden*, fundada em 1893, a terra era propriedade coletiva e seus membros contribuíam com parte do trabalho nos campos e nas fábricas, ou nas cooperativas, embora a empresa privada fosse permitida. "Só para arianos", a *Eden* prestava-se também ao treinamento de líderes *Volkisch*. Também a *Donnershag*, fundada por Ernst Hunkel, em 1921, simbolicamente denominada *Sigfried*, tinha por objetivo desenvolver "a aristocracia espiritual de sangue germânico" do Movimento da Juventude.

Theodor Fritsch, o anti-semita que em 1887 fundou a editora do catecismo anti-semita, a Hammer, e publicou o *Manual da Questão Judaica*, que chegou a quarenta edições antes de 1936, pregava a preservação da classe média contra o industrialismo e o urbanismo. Influenciado pelo darwinista Willibald Hentschel, reivindicou a unificação no *Der Sturner* de Julius Streicher, filiou-se a grupos anti-semitas e fundou o extremista *Deutschsoziale* no final do século XIX. Integrava elementos racistas com elementos espirituais e pregava o sistema de castas a fim de assegurar a nobreza *Volkisch*. Propôs uma colônia genuinamente alemã, a *Mittgart*, comunidade modelo para a sobrevivência da raça, isolada e protegida da corrupção moderna. Em *Mittgart*, a divisão de funções por gênero seria absoluta: as meninas ajudando as mães e os meninos, organizados em grupos de cem, sendo treinados nas armas. A ênfase era claramente anti-intelectual. Nos círculos conservadores, o *Mittgart Bund*, de início foi bem acolhido.

A "guilda heróica de agricultores" de Hentschel, *Mittgart*, como era conhecida, foi fundada pela ala direitista do Movimento da Juventude sob Wilhelm Kotzde, líder do *Águias e Falcões*. Seus temas centrais eram o fim do trabalho estrangeiro no país, sobretudo o polonês, e a colonização das fronteiras, que baseada no *Lebensraum* – a teoria do "espaço vital" – soava quase como uma declaração de guerra.

A derrota na Guerra de 1914-1918 propiciou racionalizações do heroísmo e da invencibilidade dos soldados das linhas de frente, da deserção da retaguarda doméstica. Os Aliados passaram a tolerar oficialmente os *Freikorps* em função da luta antibolchevista na frente oriental. Para conter os ventos revolucionários nos países bálticos, a hostilidade entre as raças foi deslocada para hostilidade contra os judeus, em continuidade à tradição do anti-semitismo cristão, dando plena validade ao diagnóstico de Benjamin, "é justamente a derrota que é mobilizada pela *germanidade*".

Ainda no século XIX, Hermann Ahlwardt publicou *A Luta Desesperada entre os Povos Arianos e o Judaísmo*, no qual os judeus apareciam como "o Mefistófeles da história mundial". Eugen Dühring, professor da conservadora Universidade de Berlim, publicara, em 1880, *A Questão Judaica*, sobre a falta de cultura e de moral dos judeus, inerente à raça. Só a religião nórdica poderia vencer a infiltração judaica. Heinrich Pudor, ligado a Fritsch, pregou a violência na questão racial, enquanto o conde Von Reventlow optou pela exclusão legal dos judeus. Müller von Hausen propôs que os judeus que transgredissem as leis de estrangeiros fossem enforcados, o que obteve apoio dos pangermânicos. Em 1912, o líder pangermânico Heinrich Class defendia o isolamento – *o gueto* – e taxação dobrada dos judeus. Agitadores trouxeram "provas" do aumento de poder dos judeus e Müller von Hausen traduziu e publicou os *Protocolos dos Sábios do Sião*, imediatamente depois da Primeira Guerra.

Na década de 1890, foi nas universidades e nas escolas que a exclusão dos judeus se propagou: a maioria dos textos anti-semitas são de docentes universitários. Os judeus eram barrados nas faculdades e depois, aos poucos, eram expulsos. As fraternidades acadêmicas e as associações de ex-alunos passaram a recusar os judeus, declarando-se *Judenrein – livre dos judeus*.

O *Círculo* de Munique do poeta Stefan George considerava-o um precursor da mudança que só poderia advir pela força de um líder: o poeta, em contato direto com o pulso da nação, é que serviria de mediador, de novo profeta. George invocava o poder do homossexualismo, atribuindo-lhe a medida da beleza masculina. Eram frequentadores do *Círculo* também Alfred Schuler e Ludwig Klages, que enfatizavam a vontade de poder nietzschiana e rejeitavam o capitalismo, por ele destruir a genuína alma *Volk*.

Werner Sombart, em *Os Judeus e o Capitalismo*, de 1910, fala do desenvolvimento do capitalismo graças aos usurários judeus do medievo, substituídos pelos empresários na modernidade, atando ambas as imagens: o odiado materialismo econômico com a figura do judeu. A propaganda anti-semita fundia imagens da ganância do judeu com a paixão pelas arianas. Como observa Eco, em vários autores, dos quais o mais notório é sem dúvida Jünger, aparece a ode à guerra, na qual há uma superposição entre o jogo bélico e o jogo sexual.

Bluher, autor de *O Papel da Erótica na Sociedade Máscula*, de 1917, traz a análise freudiana das origens da cultura como produto de repressão sexual do "princípio de prazer". Eros catalisaria a criatividade cultural, desprezando a massificação do nazismo e defendendo a comunidade masculina, fundada em afinidades sexuais.

O homossexualismo não era particular aos escritores alemães: na França, André Gide e Marcel Proust, e na Inglaterra Oscar Wilde, pregavam o homossexualismo como fundamento para uma teoria cósmica que substituísse a atual organização social e política.

Para Otto Weininger, um judeu apóstata, em *Sexo e Caráter*, de 1903, a dicotomia homem/mulher aparece como princípio cósmico. À mulher, ocupada com reprodução e com o cuidado dos filhos, faltaria Eros. Weininger opõe a feminilidade e a maternidade à masculinidade e à criatividade, enquanto forças superiores que caracterizam as capacidades espirituais. Assim como o feminino opõe-se ao masculino, o judeu opõe-se ao ariano. O judeu-feminino-lua, opondo-se ao masculino-ariano-sol.

O *Povo contra Povo*, de 1912, de Bloem, já citado, defendia o uso da força e da impiedade contra o inimigo: era a romantização da violência enquanto heroísmo. Para o mais representativo autor da literatura pró-guerra, Ernst Jünger, a guerra delineia-se como destino: o horror dos cadáveres e da agonia, nos relatos dos soldados, a coragem dos oficiais, a lealdade dos homens. Matar sem hesitação é uma segunda natureza e, em Jünger, também é fonte de prazer.

Esse duplo aspecto da guerra, como princípio de prazer e como ideal de masculinidade, foi muito importante nas lutas internas pelo poder em Weimar, em que a elite de oficiais do *Reichswehr* era de aristocratas, enquanto a classe média liderava os *Freikorps* e as organizações paramilitares semilegais. Na esteira da descrição do prazer da guerra de Jünger, Eco, em sua descrição do que denomina *Ur-fascismo*, espécie de classificação das características de um fascismo eterno, fala no deslocamento dos jogos eróticos em jogos bélicos e na substituição do pênis pela arma de fogo. O herói Ur-fascista, diz Eco, impacienta-se por morrer e transfere a vontade de poder para questões sexuais: machista e intolerante a preferências sexuais diferenciadas. O sexo é um jogo difícil, que brinca com armas, e sua prática torna-se um exercício fálico (Eco, 1996).

O medo e a hesitação, para Jünger, são fatais; seus livros glorificam o horror, numa referência às origens míticas da guerra. O grande êxtase, a guerra, é como uma droga que vicia: "uma mescla de raiva, álcool e sede de sangue [...] Eu fervia de fúria [...] O insuperável desejo de matar fazia-me avançar" e "vimos nosso sangue empapar a terra onde enterramos dois milhões de irmãos. Somente onde há destruição pode haver tão poderosa revelação" (*apud* Mosse, 1964: 210).

Em Jünger, "a paixão pela morte aparece como paixão política" (Dayan-Herzbrun, 1996). Definindo-se como *anarca*, como artista não comprometido nem com a direita nem com a esquerda, nem com Leste nem com Oeste, Jürgen opõe-se ao anarquista, porque este é "parceiro do monarca que sonha destruir". Esteticista da guerra e da morte, Jünger declarava-se apolítico, interessado pelo mundo "como representação e não como vontade". Seu entusiasmo bélico teve início na Guerra de 1914, segundo ele, verdadeiro "espetáculo", semelhante ao de um vulcão em erupção e, relata, foi então que entrou em contato com a "democratização da morte", pois na guerra todos, anonimamente, correm os mesmos perigos: "as nuvens de gás se estendem sobre tudo e todos". Na guerra não há privilégios de classe; a última delas "foi das mais populares da história" por conta de sua dimensão de massas, seus discursos brutais e grosseiros, a intensidade de sua mobilização. Entretanto, contrapôs-lhe Benjamin, se "a guerra de gases revoga a distinção entre a população civil e combatente, com ela desaba o mais importante fundamento do direito das gentes".

Diferentemente do pensamento *Volkisch*, para Jünger a identidade do inimigo ou as razões que fizeram eclodir a guerra são acidentais: "o essencial não é pelo que combatemos, mas a maneira como combatemos [...] o ser do guerreiro, o envolvimento da pessoa pesam mais do que todas as ponderações sobre bem e mal" (*apud, op. cit.*: 76). O sentimento nacional é apenas pretexto, ocasião para a paixão homicida. Em *Teorias do Fascismo Alemão*, assim comenta Benjamin a coletânea *Guerra e Guerreiros*, editada por Jünger: "[para] esses pioneiros da *Wehrmacht* [...] o uniforme é um objetivo supremo, almejado com todas as fibras do seu coração; comparadas a ele, as circunstâncias em que o uniforme poderia ser utilizado perdem muito de sua importância" (Benjamin, 1987a: 62).

Num paroxismo de modernidade, no sentido benjaminiano de "desauratização", produzida pela alta reprodutibilidade da "morte da experiência" e do "sentimento de inautenticidade", Jünger aponta para o próprio núcleo da cultura técnica, a desumanização e a despersonalização, pois a guerra que vive Jünger, e à qual dedica as suas odes, é a guerra na qual o Mesmo combate o Mesmo, um e outro soldados desconhecidos, sem nome e sem rosto. Trata-se da atrofia da aura pela banalização, que a indústria técnica e repetitiva promove, da percepção aguda de captar "o semelhante no mundo [...] mesmo no fenômeno único". É a aura, como "silhueta/vapores da qual emanam luz, calor e humores do corpo, como que testemunha de uma presentificação e, ao mesmo tempo, produtora de um distanciamento/reverência daquilo que está próximo, e que ao declinar anularia a experiência do vivido, do *enthousiasmo*" (Dymetman, 1999). Quando o inimigo adquire um rosto e possui uma história, torna-se impossível matá-lo.

Elias Canetti, ao diferenciar as maltas das massas, denominou aquelas de "cristais de massa", por se constituírem de "grupos pequenos, rígidos, delimitados e duráveis, [que] desencadeiam a massa". Uniformizados e sempre juntos, seu isolamento e constância contrastam com a massa. Na malta, "tudo é fronteira; cada indivíduo que a compõe constitui fronteira". A malta, quando malta de guerra, sempre pressupõe uma segunda malta, de forma que "os inimigos assemelham-se tanto que exige esforço distinguir entre eles" (Canetti, 1995: 99).

A escolha das palavras, a escolha das imagens, constroem um sentido, eliminam ou minimizam a angústia, o desespero, o caos. Foi essa estetização, aliada à fetichização da técnica, que serviram de argumento a Benjamin para afirmar que Jünger era um teórico do fascismo. Seu esteticismo residia na transposição da "arte pela arte" para a dimensão da guerra, uma guerra que é fim em si mesma, uma "guerra pela guerra".

A guerra possui uma coerência própria, que não exclui nem o horror dos campos de batalha nem as aldeias devastadas, as cidades incendiadas, os hospitais de campanha. O medo mistura-se à excitação da caçada e sente-se menos o prazer de matar do que a "embriaguez do combate". Na proximidade da morte há uma dimensão orgástica; nos momentos em que a morte está mais ávida, nas guerras, revoluções, epidemias e catástrofes, manifesta-se uma sexualidade selvagem. "Quanto mais longa é a guerra, mais profunda nela é a marca do amor sexual." É o erotismo do estupro. Mulheres e combatentes participam da mesma desumanização, diz Norbert Elias. Tradição romântica da estetização da morte, lembram os expressionistas de Berlim; a celebração da morte como espetáculo e como prazer, lembra Nietzsche; a dimensão erótica remete ao Ur-fascismo.

No *Arbeiter* de Jünger, obra elogiada por Heidegger, prevalecia o elogio à técnica industrial e militar. Antiburguês, antidemocrata e hostil a Weimar, Jünger, entretanto, jamais filiou-se ao Partido Nazista. Em 1927, recusou uma cadeira de deputado no *Reichstag* e, inclusive, deixou a Sociedade dos Escritores quando esta expulsou seus membros judeus, provocando a hostilidade de Goebbels. Para Lukács, entretanto, havia nele uma forma militante de filosofia da vida que servia de base para a demagogia social irracionalista que leva à teoria fascista.

A guerra torna essa paixão pela morte um fenômeno coletivo no qual o indivíduo funde-se à massa. Surge, assim, uma aproximação entre Jünger e Canetti, na noção de massa. Em Jünger ela é constituída nos moldes da Guerra de 1914-1918, quando "cada um sentiu nesse momento desaparecer tudo que lhe era pessoal, e o medo o deixou" (*Tempestades de Aço*: 304) e, em Canetti, nas práticas dos dias de Weimar como protonazismo, em que

é da massa *densa* que se precisa [...] aquela na qual um corpo se comprime contra o outro [...] na massa ideal, todos são iguais [...] tudo se passa como se no interior de um único corpo [...] ela deseja libertar-se tão completamente quanto possível do temor individual do contato. Quanto mais energicamente os homens se apertarem uns contra os outros, tanto mais seguros eles se sentirão de não se temerem mutuamente [...] inversão do temor ao contato (Canetti, 1995: 14).

Ironicamente e, ao mesmo tempo, sinalizando o jogo ambivalente entre cultura e barbárie, Jünger aproxima-se também do processo civilizador de Elias, ao diagnosticar que a paixão pela morte só pode se desenvolver respeitando-se as regras da guerra. Pilhagem, destruição gratuita e sadismo são indignos do soldado; o código do guerreiro é um código político.

Na primeira metade do século XIX, seja pela *Askalá*, nome dado ao esclarecimento judaico que modernizou o judaísmo enquanto religião da razão, seja pelo batismo e pela conversão, os judeus europeus tentaram "pertencer", tornando-se cidadãos iguais, conseguindo se empregar nas universidades e mesmo no exército. Entretanto, com a onda anti-semita que se difundiu depois de 1870, terminaram por se "fechar", constituindo-se em um "estado dentro do estado" e se organizando contra a violação de seus direitos. Eram vistos como praticantes de sacrifícios rituais, ou como perigosos conspiradores por conta de seus contatos internacionais. Quanto mais ansiada fosse a união nacional, tanto mais inconciliáveis pareciam aqueles elementos estranhos em solo alemão. Não se podia ser tolerante em relação a eles, pois uma única forma de vida deveria prevalecer, o *Volkisch*.

Para Benjamin, na sua crítica à reprodutibilidade técnica, equivalente à razão instrumental do Estado administrado de Adorno, o rosto humano era o último reduto da autenticidade, do vivido aurático. Assim, pode-se dizer que no elogio à guerra, num processo construído desde as fraternidades do Father Jahn, passando pelo imperialismo continental e pelo pangermanismo e, finalmente, cristalizando-se na miríade dos círculos e grupos *Volkisch*, desauratizava-se a última trincheira do vivido. Violência, horror e morte, se tornaram ruínas pela caducidade do que não se precisa ou não se tem mais: o tino, a razão, sobretudo a força.

Na verdade, o grande elo unificador dessa colagem, muitas vezes difusa e irracional, encontrava-se na perseguição intermitente da revolução conservadora. Esta pretendia, no registro do milagre – da criação *ex machina* –, em última instância, vencer a finitude, a mortalidade, a própria temporalidade. De acordo com o brado fascista: "Não há luta pela vida, mas a vida é vivida para a luta". O pacifismo aparece nesse momento como conluio, porque a vida é guerra permanente e a batalha final é também a solução final. O culto ao heroísmo liga-se ao culto à morte, lembrando o lema falangista espanhol: "*Viva la muerte!*".

Esse jogo entre temporalidades, diferente do anacronismo de Loraux, que vai buscar no passado respostas para questões do presente, à cata de forças não superadas, mas adormecidas. É ele mesmo uma estratégia de dominação que se volta para o futuro, no intento de garantir a preservação dos corpos, da raça e, finalmente, do regime de mil anos. Essa noção de *preservação no futuro* pode ser vista na construção psicanalítica de Fábio Landa, que visa "construir um espaço/ tempo da psicanálise na abordagem dos discursos que conduziram à perspectiva genocidária-concentracionária", baseado no modelo da relação entre *hostes e hospis* de Jacques Derrida e na relação de afinidade construída por Otto Weinninger. Assim, entre o judeu e o feminino de um lado e entre o nacional-socialismo e o masculino, de outro, em que a eliminação do *hostes* – representado pelo judeu-feminino – é que garante a preservação do *hospis* – representado pelo nacional-socialista-masculino. Pode-se dizer que, sob a perspectiva nazista de evitar a *caducidade*, ou seja, para evitar a perda de potência, seria preciso garantir que os corpos não sofressem nenhuma alteração. A mulher, por procriar, altera-se naturalmente ao ser penetrada, adquirindo novas formas; da mesma forma o soldado, ao ser morto, *ao ser penetrado*, altera-se.

Embora não seja este o espaço de uma reflexão mais elaborada do modelo de Landa, vale lembrar dois exemplos de "penetração, alteração, mortalidade", como especialmente importantes na propaganda e mobilização nazistas: um, o dos mortos da Primeira Guerra – a massa invisível de Canetti – e o chamado de Hitler para que essas mortes não tenham sido em vão; o segundo, a lendária "punhalada pelas costas" de Hindenburg, central na mobilização do movimento nacional-socialista, com menos ênfase na "traição" e mais na alteração do corpo apunhalado. Também nesse sentido da análise psicanalítica do discurso emerge a dimensão da revolução conservadora, tratando-se, agora, da conservação, mumificação e monumentalização do próprio corpo.

3. Hermenêutica do Excesso

Embora os catorze anos da República de Weimar – 1919-1933 – possam ser lidos como a narrativa do colapso de um sistema democrático, é fundamental não perder de vista a grande vontade política que a antecedeu, sobretudo das *práticas de liberdade* do jogo parlamentar e dos *símbolos de liberdade* da Constituição. Tratavam-se da instituição e do documento que oficializavam e configuravam a primeira democracia de um país que não experienciara uma revolução burguesa e cuja classe dirigente tradicional não se adaptara ao século XX. Essa postura analítica perdurou por algumas décadas, embora a partir dos anos de 1970, como se viu anteriormente, sobretudo com os trabalhos de Eley e Blackbourn, ela foi revista no sentido de que a Alemanha passou sim por processos de transformação da infraestrutura econômica e dos meios de produção.

É uma hipótese deste capítulo que, entre os primeiros anos da República, de 1919 a 1924, bem como entre os que antecederam o seu colapso, de 1930 a 1932, foram alteradas as regras do jogo democrático. O polêmico art. 48, que assegurava, sob circunstâncias excepcionais, o estado de exceção e amplos poderes ao presidente, de suspender seções da Constituição e o próprio Parlamento e de intervir com a ajuda das forças armadas, transformou-se, de fator de facilitação da democracia em instrumento de legitimação da barbárie e da ascensão legal de Hitler ao poder, em 1933.

No contexto das perguntas que orientam esta trajetória teórica, a reflexão foucaultiana é iluminadora no que se refere à figura excessivamente poderosa do *Kaiserpräsident* do art. 48 da Constituição, embora no caso específico alemão valha lembrar que, anterior à República, a tradição prussiana dos decretos de emergência também isentava o imperador do controle dos tribunais.

O poder jurídico – o poder do modelo da soberania –, centrado na figura do rei-soberano, para se perpetuar mascara a dominação por meio dos direitos legítimos da soberania e da obrigação legal da obediência. Entretanto, diz Foucault, o poder político que se instaura na modernidade – os modelos disciplinar e biopoder –, por sua vez, não tem centro: o poder circula em rede, pelos micromecanismos, atravessando a soberania, coração do Estado. É essa micromecânica que interessa à burguesia ou, nas palavras de Foucault, "não é a exclusão que tem utilidade política e econômica, mas os *mecanismos* de exclusão".

Nesse sentido, entre outros, o que se tentará aqui é mostrar como no moderno Estado de direito – em que a soberania está protegida pela constituição e em que a figura do rei-soberano foi deslocada para o povo –, a exceção aparece como mecanismo duplo, ao mesmo tempo mascarando a dominação no regime de governo de leis e garantindo a exclusão, no regime liberal. Pretende-se aqui também considerar o art. 48 como uma "ruína emergente", espécie de "retorno do recalcado", ou seja, como parte das estratégias totalitárias de dominação dentro da estrutura de poder de Weimar, inscritas no modelo de soberania e podendo, talvez, servir para explicar, ao menos em parte, o papel central do poder judiciário ao longo do curto tempo de vida da República e de seu colapso, papel este no *fio da navalha*, por conta da constante presença da questão legalidade ou legitimidade. A pretensão é, pois, dupla, aplicando-se tanto para a decisão de Hitler de ascender ao poder legalmente, quanto para a crítica schmittiana à fragilidade da democracia liberal alemã.

Nesse sentido, a constituição, por meio do Estado de exceção, torna-se fator de visibilidade à ambigüidade do princípio democrático e configura-se como ponto de fuga da polarização de Weimar. A exceção, em termos constitucionais, expressa o embate entre continuidade e descontinuidade da democracia recém instaurada e o *ancien régime*, assim como, enquanto mecanismo de exclusão, representa o eixo jurídico e político do confronto entre o particularismo e o universalismo.

Para a reflexão sobre esses múltiplos sentidos do Estado de exceção, optou-se por trazer à baila parte da "narrativa do colapso", tendo em vista o jogo parlamentar partidário, sobretudo da trajetória da social democracia que inaugura a República em 1919 e que, segundo diversos autores, Mommsen, Stürmer e Bracher principalmente, foi o fator primordial da alteração das regras do jogo democrático. Em seguida, pretende-se uma exposição do art. 48 da Constituição de Weimar e suas possíveis inferências no sistema democrático, à guisa de terreno preparatório para, enfim, uma reflexão crítica das implicações da exceção vistas, de um lado pelo decisionismo de Carl Schmitt e, de outro, pelo anarquismo messiânico de Walter Benjamin.

ALGUNS MEANDROS PARTIDÁRIOS

As exigências por democracia, em outubro de 1918, expressas sobretudo pelas manifestações populares, resultaram na libertação de Liebknecht, uma das figuras mais centrais, juntamente com Rosa Luxemburgo, da ala radical de esquerda da socialdemocracia, os *espartaquistas*, e em leis que ampliavam as funções parlamentares; a Alemanha tornava-se uma monarquia parlamentar. Em questão de dias, a revolta iniciada na cidade portuária de Kiel, deflagrada pela greve dos marinheiros, ecoava por toda parte. Na socialdemocracia a repressão contra os *independentes* – especialmente contra os *espartaquistas* –, por parte dos *majoritários*, que acabavam de romper relações com a Rússia soviética, não tardou. A efervescência ganhou as fábricas e os quartéis; os rumores de golpe proliferaram. Os manifestantes tomaram as ruas de Berlim, o parlamento, repartições públicas e sedes de jornais.

Apesar da agitação e mobilização populares e da grande vontade democrática, tratava-se muito menos da imagem de revolução-espetáculo, descrita por Kant quando das multidões entusiasmadas pela Revolução Francesa, do que um passo-reforma no caminho da modernização, na qual a Alemanha era retardatária.

Entretanto, essa espontânea "guinada" à esquerda não significou uma tomada de poder socialista: não houve desapropriação da propriedade privada nem reforma agrária, e a burocracia permaneceu a mesma, enquanto a socialdemocracia contentava-se com os direitos de associação e sindicalização. William Scheuerman aponta que foi justamente por conta da conquista desses direitos que Neumann considerou a Constituição de Weimar como um programa de reforma social e econômica radical, ou seja, um programa com mecanismos legais e democráticos eficientes. O autor, que critica o modelo de lei social de Neumann por considerar que seu "compromisso com direitos civis é, no mínimo, ambivalente", argumenta que por conta de a Constituição de Weimar ser "o compromisso entre partidos de classe média reformista e os trabalhadores", Neumann, ao defender a constituição e a lei formal, tentava na verdade salvar o projeto reformista socialdemocrata.

O Conselho, apanágio dos revolucionários de 1918 – semelhante aos *sovietes* de 1917, que reivindicavam o controle operário sobre o Estado e sobre a economia –, em Weimar recebia uma transcrição reformista e moderada: eram conselhos de empresa, regionais, depois, nacionais, visando apenas o cumprimento dos acordos coletivos em matéria de salários e condições de trabalho. O recuo das forças revolucionárias foi tão acentuado que, em 1921, o patronato chegou a questionar o contrato coletivo sob pretexto da "produtividade".

Aos partidários da guerra contrapunha-se sobretudo a socialdemocracia: os *majoritários*, que já em 1914 contavam com mais de um milhão de filiados, e os *independentes* – cuja ala radical, *spartakus*, era liderada por Liebknecht e por Rosa Luxemburgo. O partido social-democrata era, na verdade, o produto final da unificação operária de Lassalle em 1875. A grande polêmica da socialdemocracia entre reforma e revolução, que foi um dos fatores principais da fragmentação e fragilização do partido ao longo de todo o período weimariano, estava instaurada desde o seu início. O grupo de Lassalle, democrático, apoiava reformas dentro dos marcos existentes, dentro de um contexto nacionalista romântico.

Com a unificação de Bismarck e a rápida industrialização, a socialdemocracia alemã, o SPD, expandira-se e chegara ao seu auge antes de 1914-1918, transformando o partido. Fortaleceram-se o reformismo e a tendência à aliança com alguns partidos de classe média, o que por sua vez terminou engendrando uma facção revolucionária de oposição contra a atitude cada vez mais aburguesada da elite do partido. A ele filiaram-se também burgueses, sobretudo a *intelligentsia*, alterando o perfil do partido.

A polêmica da reforma ou revolução acirrava-se: ao revisionismo de Bernstein opunha-se Kautsky, acusando aquele de "oportunismo de direita". Surgiram os radicais: Rosa Luxemburgo, Karl Liebknecht, Clara Zetkin e Franz Mehring, que também acusavam os ortodoxos – Kautsky – de oportunismo, apesar de sua oposição aos reformistas, convictos que estavam de que só a revolução ensejaria o socialismo. Os sindicatos apoiavam os revisionistas, posto que sua meta era a melhoria das condições materiais, sendo que uma ação violenta revolucionária poderia ameaçar as conquistas econômicas e sociais. Recrudescia a animosidade contra os radicais por conta de seu romantismo revolucionário. Em 1871, eram menos de 3% dos votos para o SPD; em 1879, quase 9%; durante a lei anti-socialista caíram para 6%, em 1881; em 1890 chegaram a quase 20% e, na última eleição antes da guerra, a 34,8%. De um milhão haviam saltado para 4 250 329 e o número de representantes no *Reichstag* crescera para 110 membros. Em janeiro de 1912, de cada três eleitores acima de 24 anos, um votava no SPD. Quanto à filiação ao partido, em 1906 eram 384 327 filiados; em 1910, 720 038; e em 1913 eram 982 850. Mais impressionante ainda são os números dos sindicatos: de 277 659 em 1891, saltaram para 2 548 763 de membros em 1913; os bens dos sindicatos pularam de 425 845 marcos para 88 069 295 marcos. O SPD foi a primeira organização moderna de massas, administrada por 4 100 profissionais, oficiais do partido, e contando com cerca de 11 mil empregados assalariados. O partido tinha 94 jornais e, em 1914, seus investimentos alcançavam os 20 milhões de marcos.

Entre os fatores que mais auxiliaram no fortalecimento do reformismo estavam o rápido crescimento do partido e dos sindicatos; a baixa consciência de classe dos trabalhadores e o desenvolvimento do capitalismo alemão antes da Primeira Guerra. Com a queda de Bismarck em 1890, a socialdemocracia retornava à legalidade, totalmente revitalizada depois da revogação da lei anti-socialista de 1878, obtendo quase 1,5 milhão de votos e ocupando 35 cadeiras no *Reichstag*.

Enquanto, de um lado o conflito interno da socialdemocracia, entre os *independentes* e os *majoritários*, se acirrava, de outro, sobre o pano de fundo da indignação pela derrota da guerra de 1914-1918, pela humilhação política internacional e pelo compromisso das reparações imposto por Versalhes – tendo por bandeira a teoria da "punhalada pelas costas" –, e indignados também pelo fim do Império, às tropas regulares do exército juntaram-se unidades especiais e corpos voluntários de oficiais e ex-combatentes, os *Freikorps*. Estes, financiados pelo *ancien régime* e pelos industriais, instauravam o terror, instigados por difamações contra os membros da esquerda, considerados "traidores da Alemanha", enquanto as organizações nacionalistas e anti-semitas se multiplicavam; tinha início a caça aos espartaquistas, a distribuição de armas, os confrontos de rua. Rosa Luxemburgo e Karl Liebknecht, em 1920, foram detidos e assassinados. Greves, levantes e rebeldia da esquerda trouxeram o aumento da repressão e, às tentativas de golpe da direita, a impunidade. Era a contra-revolução, era a guerra continuada por outros meios.

Cresciam os monopólios e, com eles, aumentava o número de trabalhadores semiqualificados e não-qualificados, o que contribuiu para o processo de decadência das organizações operárias, cuja expressão mais patente foi o uso cada vez menos freqüente da greve como arma política. A baixa na produção, bem como a massa de desempregados e a tensão política, transformavam qualquer greve em greve política, à qual os sindicatos se opunham. Essa "reescrita" da greve foi um dos pontos nodais da crítica de Benjamin à socialdemocracia.

A colaboração da socialdemocracia com os sindicatos, de um lado, e com o Estado, de outro, burocratizou o movimento operário. Seu reformismo hesitante e o temor pela perda de espaço político para o partido comunista – a importância da ameaça não estava tanto na força política dos comunistas, como na sua presença constante no cenário político –, ajudou os reacionários. O operariado era cooptado pelo paternalismo e pelo populismo dos dirigentes. Este, talvez, tenha sido um dos fatores principais que levaram a socialdemocracia a não avaliar corretamente as ameaças que pesavam sobre a república.

Scheuerman, ao discutir o processo de desformalização da lei em Weimar, dá uma pista importante para aquilo que culminaria na sutil e constante radicalização dos opostos. A sutil polarização dessa democracia que, durante a maior parte de sua curta vida, aparecia como sociedade pluralista e dialógica por excelência, teve sua origem justamente na ambivalência que a cindia desde a sua instauração, tragicamente cunhada na sua própria constituição: os direitos à liberdade do discurso, do ir-e-vir, direitos à vida, à reunião, à organização e o direito à propriedade privada. O ponto fraco da constituição, diz Scheuerman, estava na interpretação conservadora dos direitos políticos como defesa do capitalismo.

Também o exército, com sua longa tradição desde Bismarck, era um importante fator reacionário: Frederico II preferia "os nobres estrangeiros aos burgueses prussianos", a quem considerava *la canaille*, de forma que sempre recrutara seus oficiais na nobreza. Depois da derrota nas guerras napoleônicas, o exército fora reorganizado, chegando a se democratizar, mas aquela fora uma tendência de curta duração: em 1906, menos de um terço dos oficiais vinham da burguesia. Lembrando que desde a virada do século XIX para o XX, finalmente, iniciara-se um processo de adaptação e reconciliação do exército com a burguesia, vale ressaltar que a sociedade fundiu-se com o exército: os mecanismos militares foram reproduzidos na vida civil, a ponto de os conservadores, desconfiados, considerarem-nos um instrumento de "emancipação da classe média". O oficial de reserva da classe média foi recrutado: de 1,2 milhão em 1888, em 1902, eram 2 milhões – 3,4% da população total. O novo "burguês feudal" representava a coalizão entre o exército, a burocracia e os grandes proprietários. Para evitar a "democratização" dos oficiais, em 1913, o Ministério da Guerra suspendeu a reforma do exército, sob alegação excludente: os socialdemocratas careciam dos atributos morais necessários à vida militar.

Barington Moore fala da "modernização conservadora", para explicar a aliança do tipo feudal-burguês entre a antiga classe dominante e uma burguesia subordinada, na qual a economia fora transformada enquanto a estrutura política, não. A depressão de 1870 afetara a agricultura; a política de preços baixos do chanceler Caprivi, em 1893, originara o *Bund der Landwirte* e, já então, um acordo histórico pusera fim ao conflito: o partido conservador votou pela construção naval em troca do apoio da indústria. A Guerra de 1914 dera visibilidade à fragilidade da união.

Conservadorismo e moderação no Partido Social Democrata evitaram greves gerais. A burocracia interna do partido cresceu, chegando a apresentar rasgos autocráticos. Rosa Luxemburgo, em 1906, acusava de oportunistas os sindicatos que aderiam aos meios pacíficos e à luta parlamentar, alegando que eles queriam transformar um partido proletário revolucionário em reformismo de classe média. O peso dos sindicatos foi decisivo na vitória do revisionismo, cada vez maior, antes e durante a Guerra de 1914-1918. Por outro lado, crescia a força da oposição de esquerda, sobretudo por conta da revolução russa de 1905 e pela experiência dos partidos socialistas em vários países, instituindo a greve geral como método de luta revolucionária.

Parte dos revisionistas e líderes sindicais aceitaram o estado burguês como marco da reforma, apoiando a política estrangeira expansionista do governo. A socialdemocracia não tinha objeções à penetração pacífica das áreas coloniais. Apenas a esquerda continuou a se opor ao nacionalismo do governo e às tendências nacionalistas dentro do partido.

Para os espartaquistas, radicais, o pacifismo era uma utopia perigosa: num governo que funcionava como "comitê executivo da classe dirigente", o Estado não passava de instrumento de perpetuação das relações existentes. O parlamentarismo, alegavam, podia ser meio de luta, mas a socialdemocracia devia se manter como oposição, pois a participação dos socialistas no governo burguês era uma traição à classe operária. Os espartaquistas aceitariam participar de um governo burguês apenas para destruí-lo a partir de dentro. Políticas de oposição não podiam ser realizadas pelo poder executivo. Para Luxemburgo, qualquer estado burguês, independentemente de sua forma, era um instrumento da classe dominante. Ao mesmo tempo, Liebknecht insistia na subordinação da luta parlamentar à luta partidária; o poder do partido não provinha dos deputados, mas das massas, pois as verdadeiras relações de poder operavam fora do parlamento. Essas duas posturas foram centrais para a interlocução aqui construída entre Benjamin e Schmitt em torno da exceção. Em Benjamin, na sua crítica à Segunda Internacional e ao revisionismo da socialdemocracia, e em Schmitt, na sua crítica à democracia parlamentar liberal.

A intensificação do desejo imperialista alarmou a socialdemocracia internacional devido ao perigo de uma guerra em larga escala. Na conferência de Stuttgart em 1907, decidiu-se que os deputados socialistas deveriam votar contra os créditos de guerra e os gastos militares, incondicionalmente. Deu-se uma nova cisão no SPD: William Maehl deslocou a plataforma revolucionária e internacionalista para interesses nacionais. No congresso do partido em Chemnitz em 1912, e em Jena em 1913, os radicais Kurt Geyer, Georg Ledebour, Wilhelm Dittmann, Hugo Haase, Karl Liebknecht, Rosa Luxemburgo, Clara Zetkin e Franz Mehring posicionaram-se contra a tendência nacionalista: aquela era uma guerra perdida diante do "perigo russo".

A mudança na socialdemocracia foi grande: de partido revolucionário do proletariado, tornava-se uma espécie de classe operária liberal, por conta da reforma e da democracia. Respeitador da lei e da autoridade do Estado, passou a manifestar admiração pela força e a recompensar o conformismo com cargos e promoções. Os esquerdistas tornaram-se suspeitos e os revolucionários passaram a ser vistos como foco problemático. O SPD tornava-se o partido da "permanente oposição leal". Para o Conde Sforza, o Partido Social Democrata absorvera a tal ponto a adoração ao Estado que os direitos do homem e do cidadão diluíam-se em

princípios abstratos [...] sob o invólucro da fórmula marxista; a SD alemã [...] deu continuidade à mentalidade do velho imperialismo alemão. Como os liberais que os precederam, os socialistas reverenciavam os benefícios técnicos do Estado, a ponto de considerarem a transgressão aos direitos do cidadão como contratempo tolerável (*apud* Waldman: 30).

A adoção do nacionalismo pela socialdemocracia é anterior a agosto de 1914. Em 1907, o representante do SPD no *Reichstag*, Gustav Noske, reconhecia a política de paz do governo e declarava a "atitude patriótica" da socialdemocracia, por uma Alemanha militarmente forte e, em caso de guerra, assegurava, os trabalhadores tomariam das armas. Para Waldman, a mudança do SPD deveu-se sobretudo à melhoria da condição de vida dos trabalhadores, o que trouxe uma postura mais conciliatória, e devido à própria institucionalização do movimento, terminou tornando-se prioritária a perpetuação do *status quo*. O voto parlamentar unânime da socialdemocracia em agosto de 1914, em favor dos créditos de guerra, sinalizou que os nacionalistas estavam no controle. O destino do operário tornava-se intrinsecamente atado ao do estado nacional: a derrota militar seria desastrosa para a classe trabalhadora.

Antes de 1914-1918, o SPD manifestara-se avesso à guerra. Em reunião de emergência da Internacional Socialista, representada por Kautsky e Hugo Haase, foi adotada a resolução de intensificar as demonstrações de paz. No último encontro entre socialistas alemães e franceses, em agosto de 1914, os franceses queriam que os sindicatos alemães e o SPD entrassem em greve para forçar o Kaiser a não entrar na guerra. Mas Mueller, o representante alemão, não pôde assumir o compromisso, temendo que o povo já estivesse convencido do "perigo russo". Alguns revisionistas nacionalistas apoiaram a política de guerra alemã de Scheidemann. Quando a Alemanha declarou guerra à Rússia, dos 110 deputados socialdemocratas apenas catorze foram contra, liderados por Haase. O problema da socialdemocracia não era mais guerra ou paz, mas a ameaça de invasão estrangeira.

A mudança de posição da socialdemocracia em relação à guerra deveu-se tanto ao temor de retornar à ilegalidade quanto ao nacionalismo dos sindicatos. O comitê executivo dos sindicatos concordou em suspender todas as reivindicações econômicas durante a guerra e declarou que não apoiaria as greves, por conta da "pressão da opinião pública, por medo de retaliação do governo e porque a Alemanha se defrontava com agressão estrangeira" (Waldman, s/d: 35). O argumento chave era que a ilegalidade era o pior que poderia ocorrer à burocracia do partido. Em agosto de 1914, Otto Braun e Friedrich Ebert foram a Zurique. Se o partido fosse dissolvido e seus líderes presos, os dois estariam em liberdade e poderiam atuar em nome do partido.

Os deputados socialdemocratas votaram, em agosto de 1914, várias leis de emergência suspendendo as principais leis de proteção ao trabalho, inclusive a regulação do trabalho feminino e infantil e, em 1916, apoiaram a lei de trabalho compulsório, obrigando todos os homens entre dezessete e sessenta anos que não estivessem servindo o exército a entrar no mercado de trabalho. A socialdemocracia também aprovou créditos adicionais de guerra em dezembro de 1914 e em março de 1915, além do *Burgfrieden*, a suspensão voluntária de disputas partidárias durante a guerra.

Suspensas as relações entre a Alemanha e os outros países europeus, crescia o desemprego, apesar da mobilização militar. Os sindicatos cobriam o salário-desemprego, evitando a insatisfação em massa e desencorajando greves, indiferentes aos grandes lucros dos industriais por conta da trégua econômica. Os sindicatos tornaram-se agentes eficientes da campanha pró-guerra, cujo tema central era o padrão de vida do trabalhador: a derrota traria desemprego, o fim dos sindicatos e a perda das conquistas sociais.

Sob muitos aspectos pode-se dizer que a passagem 1918-1919, com o fim da guerra e a conscientização, ou não, da derrota inesperada, sem dúvida foi crucial para o período weimariano, trazendo alguns perfis que se reproduziriam vezes sem conta nos anos que se seguiriam. Lembrado não poucas vezes, sobretudo pelo orientando de Schmitt, o frankfurtiano Kirschheimer, um dos aspectos, que era o ponto fraco da socialdemocracia, estava na sua recusa em tomar decisões e em sua aceitação de compromisso com o inimigo burguês. Aproximando-se do conceito do *político* de Schmitt, Kirschheimer estendeu sua crítica à socialdemocracia e ao governo de Weimar, acusando-o de "não reconhecer plenamente a importância da inimizade básica". Kirschheimer, passando por Schmitt, baseou-se em Sorel para afirmar que o pensamento mítico desmascarava a Segunda Internacional como forma inautêntica de política liberal, e acusava Weimar, assim como outras democracias ocidentais, como "mera casca" do Estado, por tolerar seus inimigos (*apud* Scheuerman, 1994: 24-26).

Alteradas estavam as relações entre Estado e sindicatos: à guisa de reconhecimento, o governo isentara-os do recrutamento militar. Em 1917 houve uma coalizão pluripartidária, que contou inclusive com o SPD, por conta do ambicioso projeto da redação da resolução de paz e das propostas para reformas constitucionais imediatas. Essa coalizão foi, em embrião, a que se manteve na República de Weimar. Também Meinecke observou que a crescente insatisfação dos trabalhadores exigia a garantia contínua de que a Alemanha estava numa guerra defensiva e que não planejava anexações.

O movimento perdera a antiga unidade: a divisão pró e antimilitarista não mais seguia a linha familiar entre "oportunistas revisionistas" e "marxistas revolucionários", atravessando todos os partidos socialistas dos países em guerra. Finalmente, em 1917, à política pró-guerra do SPD opôs-se uma nova facção, o Partido Social Democrata Independente da Alemanha – USPD –, que terminou votando contra mais créditos de guerra. Apesar da diferença entre a USPD e o SPD nos assuntos estrangeiros, na prática ambos eram revisionistas.

A socialdemocracia, alternativa ao *desejo de guerra*, não conseguiu se impor como verdadeiro movimento de massas, unir os operários nem atrair os jovens; juntamente com os sindicatos, ela vivia numa espécie de paralisia. Apesar da modernização dos vilarejos – a construção de estradas, a instalação da eletricidade, o incentivo à agricultura e o investimento em equipamentos modernos –, não havia garantias de abastecimento adequado. Em 1925, o funcionalismo público quintuplicava-se; também os estudantes pendiam para os estudos técnicos e para a rotinização profissional, num processo visto pelos educadores como franca desumanização e desideologização. Enfraqueciam-se os mecanismos de mobilização verdadeiramente política do proletariado, tornando-os mais permeáveis ao nacionalismo e ao nazismo.

Com a Grande Depressão e a subseqüente radicalização à direita – sobretudo no *Zentrum* católico –, os democratas simplesmente desapareceram e a esquerda dilui-se em confrontos internos; o capital estrangeiro retirou-se da Alemanha e a crise recomeçou. Em 1932, o desemprego chegava aos 45%. Entre 1930 e 1932 o salário caiu de 20 a 30%; subiram os impostos e muitas famílias perderam suas moradias. A partir de março de 1930, com o chanceler Brüning, crescia o autoritarismo contra o movimento operário. Os nazistas tratavam os piquetes sindicais com mão de ferro – era o terror –, o que atraía os desesperados e os indignados. A Legião Alemã dos sindicatos controlava várias organizações sindicais corporativistas; crescia o número de sociedades secretas e de sociedades justiceiras que se encarregavam de eliminar inimigos políticos.

Quando, em 1930, 107 nazistas foram eleitos para o parlamento, os socialdemocratas juntaram-se ao governo Brüning, seguindo uma política do "mal menor", e apoiaram a eleição de Hindenburg em 1932, bem como as medidas provisórias como alternativa a Hitler. Mas a socialdemocracia estava desorganizada: Hilferding negava-se a cooperar com Schleicher, antecessor de Hitler, e recusou formar uma frente com os comunistas. Poucos dias depois, Hitler chegava ao poder, em conseqüência de um encontro com Von Papen, unindo nazistas e contra-revolucionários. No mesmo mês, Hitler tornava-se chanceler, apoiado pelo exército, pelo judiciário e por parte do funcionalismo público e financiado pelo grande capital.

Foram muitas as críticas à socialdemocracia, sobretudo à política em detrimento dos direitos democráticos de 1932, quando Hindenburg exonerou Brüning, dissolveu o *Reichstag*, aboliu o banimento das formações paramilitares nazistas – a S.A. e a S.S. – e declarou estado de exceção em Berlim e em Brandenburgo – enquanto continuava a defender a "oposição legal", esperando a queda do apoio ao nacional-socialismo nas eleições ao *Reichstag*. Os líderes da socialdemocracia estavam mergulhados no temor à guerra civil, convencidos de que a democracia e a República perdurariam; era a posição de Hilferding.

A socialdemocracia da Alemanha e da Áustria aceitavam uma "violência defensiva" – greve geral e resistência armada – apenas sob certas circunstâncias. Talvez essas táticas tivessem conseguido realmente frear o avanço do fascismo, argumentam alguns críticos, se não fosse a falta de decisão dos socialdemocratas e a inação resultante da relutância da velha liderança em abrir espaço aos jovens do partido e à inabilidade de conseguir o apoio da juventude.

Para Bottomore, o nacional-socialismo poderia ter sido derrotado logo no início, sem risco de guerra civil, não fosse a cisão na esquerda entre socialdemocratas e comunistas. A partir de 1928 o KPD, o Partido Comunista Alemão, totalmente submisso a Stálin, intensificou a luta contra a socialdemocracia, denominando-a "fascismo social".

Até mesmo o extraordinário sucesso eleitoral do nacional-socialismo não assustou o KPD, que alegava não ser grande a diferença entre o nazismo e a democracia burguesa. Na campanha eleitoral de abril de 1932, o comunista Ernst Thalmann declarou que a luta era, em primeiro lugar, contra os partidos de massa contra-revolucionários mais importantes, a socialdemocracia e o partido nazista, e "mesmo nesta luta, o maior golpe deveria ser contra o partido SD".

Para Gottschalch, a crise fora mal avaliada, sobretudo por Hilferding, então ministro do governo, por conta de seu *capitalismo organizado* que superestimava a capacidade do movimento operário. Hilferding opôs-se à saída dos ministros do SPD da coalizão de 1928-1930, e via o resultado das eleições de novembro de 1932 como uma abertura para a renovação socialdemocrata. Segundo a tese do capitalismo organizado, por conta do domínio econômico das grandes corporações e dos grandes bancos, aliados à nova relação entre a burguesia e o Estado, agora fortemente intervencionista, introduzia-se uma certa medida de planejamento na economia. Esse planejamento, que terminou em parte se estendendo à economia internacional, fez com que as relações entre as nações capitalistas pós-guerra fossem caracterizadas por um "pacifismo realista", inevitavelmente transformando a relação entre os operários e o Estado.

Para Hilferding, numa avaliação que beira o paroxismo do otimismo, o novo sistema democrático reformara a educação e a justiça, reduzindo os poderes do presidente e possibilitando a participação das massas na vida política, ao mesmo tempo em que permitia o uso do poder político para transformar uma economia planejada pelas grandes corporações em economia planejada pelo Estado. Hilferding rejeitava a idéia de que Weimar fosse apenas uma "democracia burguesa", assim como rejeitou a oposição entre democracia real e democracia formal, argumentando que o socialismo sempre fora inseparável do movimento democrático. Nesse sentido, dizia, o capitalismo organizado abria duas opções aos trabalhadores: o capitalismo eficientemente planejado, embora ainda hierárquico, com alto padrão de vida, ou o socialismo democrático. Apesar de Benjamin não se referir especificamente a Hilferding, essa sua avaliação extremamente otimista talvez seja o núcleo mesmo das fortes acusações de Benjamin à socialdemocracia. Não se deve esquecer que Hilferding foi um dos mentores da Segunda Internacional e Meia, dissidência da Segunda Internacional, contra a qual Benjamin explicitamente se colocou. Por trás dessa interpretação depreende-se uma crítica à teoria marxista, sobretudo em relação ao Estado, na medida em que os interesses privados se transformaram ao serem considerados interesses gerais. Esse era o início da discussão sobre as causas do fracasso do movimento operário contra o nazismo.

Retomando o argumento de que na maior parte do período weimariano a Alemanha encontrava-se em "guerra civil latente", por conta do desequilíbrio partidário entre governo e oposição e a falta de coesão política, Mommsen enfoca a desintegração da República por dois aspectos: a ausência de planejamento consistente e a cumplicidade das elites tradicionais no processo. De forma semelhante, também a ausência de uma *Wirtschaftspolitik*, uma *política econômica* autônoma socialista foi, segundo Telò, a causa fundamental do resultado catastrófico da crise de Weimar. O autor critica a explicação de tipo "politicista" do liberalismo por negligenciar o fato de que a extensão ou limitação drásticas da conquista de 1927 – o seguro-desemprego – foi que deflagrou o conflito entre a socialdemocracia e o capital.

É interessante observar como, para autores que enfatizam o aspecto político partidário da frágil república weimariana, sobretudo Mommsen e Stürmer, na parlamentarização de 1919, realizada na verdade pelo alto comando militar e pelo governo imperial – e não pelo centro ou pela esquerda –, há uma espécie de *continuidade lógica* – como se fora o único compromisso possível –, a qual, ao assumir Hitler o poder, instauraria um regime autoritário baseado no exército. Desde a coalizão de Müller, grupos como a Associação da Indústria Alemã e a Liga Agrária exoneraram-se da lealdade ao parlamentarismo e denunciaram o sistema como sendo uma encarnação do socialismo e do domínio sindical. Ironicamente, o fortalecimento da socialdemocracia, defensora única da república, tornou-se fator de enfraquecimento da república.

Para Mommsen, o crescimento do partido nacional-socialista não foi a causa, mas a conseqüência do aprofundamento da crise do parlamentarismo. Segundo ele, a democracia estava virtualmente destruída quando Hitler ascendeu ao poder. A ditadura nacionalista não foi uma invenção nacional-socialista: muitos políticos de direita e intelectuais nacionalistas pregavam-na.

A crise parlamentar não estava confinada ao poder central. Sob o impacto da Grande Depressão de 1930, o sistema parlamentar não mais parecia viável, tendo que ser substituído por uma forma de governo mais estável. Nesse sentido, a questão é muito mais como a República de Weimar conseguiu sobreviver por tanto tempo, em tais condições de fragilidade, do que das causas de sua derrocada. Uma possível explicação pode ser a teoria de Rousseau dos *penetrated systems*, que impedia a mudança do sistema constitucional, favorecendo o que Otto Bauer chamou de equilíbrio dos poderes de classe, que mudou em 1932 com o colapso econômico internacional.

Dos fatores internos, não se deve exagerar as deficiências da Constituição de Weimar. O art. 48 e seu abuso, começando na crise de 1923, levaram à virtual neutralização do Parlamento. Embora a representação proporcional fragmentasse o sistema partidário, a proporção de votos dos partidos esfacelados nunca excedeu a 15%, e a crise das coalizões existia também antes da hiperinflação. Na verdade, o governo agiu de maneira relativamente independente em relação a sua base parlamentar.

Uma das grandes dificuldades da República apontada por Mommsen foi a fragmentação dentro dos partidos, levando-os a enfatizar temas ideológicos como o anti-semitismo e o nacionalismo, e a herança da tradição imperial como agentes integradores substitutivos. O espaço de manobras da socialdemocracia estava limitado pela crescente influência dos sindicatos independentes, que tinham um terço das cadeiras do *Reichstag*.

Assim como a lei de exceção passara, na prática, a substituir a Constituição e a legislação parlamentar, também na dimensão político-partidária o parlamentar era fragilizado pela rede extraparlamentar. Segundo a perspectiva partidária de Mommsen, 1928 foi o ano da inflexão democrática: a decisão de governar pelo art. 48, de dissolver o Parlamento e de marcar novas eleições não fora por conta da crise econômica, mas como resultado da negociação parlamentar, que fracassou pela teimosia de Hugenberg, que insistia na substituição da coalizão do governo socialdemocrata na Prússia e no fim das reparações de guerra; mas Brüning ainda não estava disposto a fazer concessões.

Com o resultado das eleições de junho de 1930, o grande crescimento nazista era esperado. Seria ilusório pensar que o DNVP romperia com Hugenberg. As repercussões da crise contribuíam para a instabilidade, o desespero e o protesto. Acirrou-se a divisão do movimento trabalhista, particularmente entre os jovens sem contato com o trabalho organizado e simpatizantes do nacional-socialismo ou do comunismo. A tensão entre empregados e desempregados refletia-se nas relações entre os socialdemocratas e os comunistas. O movimento sindical perdera quase todo seu poder de barganha devido ao desemprego em massa. A greve não mais existia, e todo conflito trabalhista ia parar na mão dos comunistas e, em alguns casos, nas células de fábrica do nacional-socialismo. Os sindicatos podiam apenas tentar manter o marco legal da negociação coletiva, embora este também estivesse ameaçado pelas enormes concessões de Von Papen aos patrões. Não havia como impedir a redução do salário real. O trabalho organizado já estava na defensiva quando Hitler se tornou uma ameaça real, depois das eleições de setembro, dando prosseguimento à sua gradual exclusão do sistema político.

Com exceção da Prússia, onde Otto Braun estabilizou a situação do partido socialdemocrata com o apoio do partido do Centro – Z –, relativamente progressista, a socialdemocracia, em todo lugar, estava isolada. A mudança do governo legal prussiano pelo comissionado sob Von Papen, em julho de 1932, foi o passo final da erosão da socialdemocracia na Prússia. Os democratas já haviam perdido a batalha nas eleições de abril de 1932.

A mudança da política interna depois de 1928 foi, entre outras razões, devido à nova visão do *Reichswehr*. Como o desarmamento – na prática, rearmamento – não era prioritário em relação às reparações, as forças armadas faziam treinamentos ilegais, investindo na ressurreição do poderio militar alemão, com a cooperação do Exército Vermelho, da Espanha e de outros países neutros. Para o *Reichswehr*, o rearmamento não contaria com o apoio dos socialdemocratas, predominantemente pacifistas. Von Schleicher tentou retirar o orçamento militar da competência do exército. Para isso, conseguiu o apoio tácito do chanceler. As grandes concessões à socialdemocracia, entretanto, não impediram Von Schleicher de substituir Müller por Brüning, que tinha o apoio das forças armadas. Brüning nunca havia negado um pedido aos militares, apesar da crise.

Ao entrar na coalizão, Von Schleicher insistiu para que Hindenburg formasse um governo nacionalista de direita, excluindo a socialdemocracia. Brüning concordou e, embora cooperasse com o partido socialdemocrata, fazia-o para eventualmente rachar o partido em duas alas, uma moderada, a outra marxista.

Os protestos comunistas na eleição de novembro de 1932 serviram de pretexto para aqueles que relutavam à ditadura militar, por acreditarem poder neutralizar Hitler. Depois de julho de 1932, a única opção era a ditadura autoritária fascista, pois a possibilidade de uma coalizão entre Otto Braun e o chanceler fora deliberadamente desmantelada. O sucesso do NSDAP nas urnas de julho de 1932, entretanto, não alterou sua política isolacionista. A derrota do NSDAP em novembro tampouco surpreendeu; trouxe crise interna no partido, superada pelas negociações da coalizão em janeiro de 1933.

Hitler provou não ser invencível. Em 1932, na Turíngia, perdeu votos, e a direita negociou com ele a alternativa de um ministério que envolvesse a "Alemanha Nacional", e que restauraria o governo parlamentar, pela maioria Centro/DVP/NSDAP, o que se tentou evitar. A fim de superar a relutância de Hindenburg em confiar a chancelaria a Hitler, Von Papen exigiu que o novo governo tivesse um ministério de maioria. Assim, a nomeação de Hitler não foi um ato revolucionário, mas a tentativa de estabilizar os que queriam a restauração dos antigos privilégios. Os grupos democráticos – socialdemocracia e os remanescentes do liberalismo – ficaram totalmente isolados depois da queda do governo Braun. Não querendo repetir o fracasso dos golpes militares de 1920 e 1923, Hitler ascendeu legalmente ao poder. As forças antidemocráticas da direita conseguiram dar fim ao governo constitucional.

Em última instância, para melhor entender o quanto a ambigüidade e a polivalência atravessam todo o período weimariano, cabe observar que, entre outros fatores, a república deve a sua existência – e talvez a sua fragilidade – a uma série de pactos, na sua maioria entre lados absolutamente polarizados. Primeiro, em novembro de 1918, fez-se uma aliança entre Hindenburg, herói de armas em Tannenberg, na Rússia, em 1915, incumbido da desmobilização do exército, e o socialdemocrata Ebert, o primeiro presidente da República – o pacto só chegaria ao conhecimento do público mais tarde –, a fim de "combater o bolchevismo" e convocar a Assembléia Nacional, aliando assim o exército e a social democracia, claro, sem o conhecimento do partido.

Em clima diametralmente oposto a essa espécie de "armação" ou mesmo de "conchavo" de bastidores, soldados e operários confraternizavam, os grevistas desfilavam por Berlim, os deputados socialdemocratas reuniam-se no Parlamento e Scheidemann proclamava a República, embarcando na "nova liberdade" de Wilson, a promessa democrática. Nas palavras de Ebert, "a restauração da monarquia era inconcebível [...] nossa aspiração era criar o mais cedo possível um governo da ordem, apoiado pelo exército, e pela assembléia nacional [...] Os partidos da direita tinham desaparecido totalmente" (*apud* Neumann, 1943: 28).

Essa aliança, embora secreta, entre socialdemocracia e exército e o "sumiço de cena" dos partidos de direita, sem dúvida apontam para uma real possibilidade de "armação", no sentido de que diante da inevitabilidade da assinatura do Tratado de Versalhes, documento da vergonha e humilhação alemãs, nenhum partido da direita nacionalista quis se identificar com o passo traiçoeiro, retirando-se portanto do cenário político, e dando o poder "de mão beijada" à socialdemocracia e aos liberais, com a aprovação do exército. Essa espécie de governo de "faz-de-conta", sem dúvida, seria uma das explicações para a grande dificuldade que a socialdemocracia, mesmo no poder, encontrou ao longo de todo o período para implementar políticas sociais.

Os comunistas acusavam a Constituição de Weimar de mascarar a exploração capitalista. Mas, contra argumentava Neumann, a constituição não ocultava o caráter de compromisso entre os interesses, nem o estatuto independente do exército e da burocracia, ou mesmo o caráter político do judiciário, pois a constituição devia a sua existência muito mais à tolerância de seus inimigos do que ao vigor de seus partidários. A falta de uma doutrina constitucional aceita e os antagonismos fundamentais da nova República foram os fatores que fizeram da Constituição uma instância transitória e que impediram a construção de uma lealdade sólida que a apoiasse e garantisse.

A teoria constitucional socialista estava de acordo com Schmitt ao condenar Weimar por falta de decisão. Os socialistas haviam desenvolvido a doutrina de um estado social de direito que combinava direitos civis e igualdade legal e política com as exigências do coletivismo. Enfatizando a socialização da indústria e o reconhecimento dos sindicatos, os socialistas queriam uma constituição econômica que permitisse participação igual da representação trabalhista. O estado social de direito, que funcionaria como uma espécie de racionalização da demanda dos trabalhadores por um envolvimento mais adequado na vida política da nação, era concebido apenas como primeiro passo para uma sociedade totalmente socializada.

O acordo que ressaltava a ambivalência e a polaridade do jogo de forças weimariano, de novembro de 1919, o acordo entre Stinnes e Legien representando, respectivamente, a grande indústria um, e o outro o sindicato, tiveram como conseqüência o fato dos patrões passarem a reconhecer apenas os sindicatos independentes, aceitando o contrato coletivo para a negociação salarial e das condições de trabalho, e prometeram cooperar com os sindicatos em todas as questões industriais.

Em março de 1919, o acordo entre governo e altos funcionários do Partido Social Democrata – os *majoritários* – estabelecia que haveria

uma representação dos trabalhadores, juridicamente regulada, no controle da produção, distribuição e vida econômica da nação [...] na fiscalização das empresas socializadas e contribuindo com a nacionalização [...] A lei para esta representação [...] incluirá as normas da eleição de conselhos de empregados e operários [...] dispositivos para conselhos de trabalho distritais e um conselho do Reich [...] Antes da promulgação de qualquer lei [...] poderão [...] formular propostas de lei sobre estes temas (Neumann, 1943: 29).

A promessa, entretanto, não foi levada adiante.

O acordo entre o *Reich* e os Estados, em janeiro de 1919, abria mão da tão sonhada unificação e retomava o princípio federativo dos *Länder*. O status independente dos *Länder* haveria de ser abolido por Hitler nos anos de 1933-1934, durante o "período de estabilização", com a lei de "sincronização". E, finalmente, os acordos de coalizão entre a socialdemocracia – novamente os *majoritários* –, o partido cristão *Zentrum* e os democratas, que perfaziam 75% dos votos, davam à Constituição o estatuto de codificadora dos acordos que a precederam.

DO ESTADO DE EXCEÇÃO

Art. 48: "Se um Estado não cumpre as obrigações a ele impostas pela Constituição ou pelas leis do Reich, o presidente do Reich pode impô-las com a ajuda das forças armadas".

Em caso de graves distúrbios ou ameaça à ordem pública e à segurança, o presidente do Reich pode tomar as medidas necessárias para a sua restauração, intervindo, se preciso, com a ajuda das forças armadas. Para isso, pode, temporariamente, no todo ou em parte, ab-rogar os princípios fundamentais que constam nos artigos:

114: "A liberdade pessoal é inviolável. A restrição ou privação da liberdade pessoal por uma autoridade pública é permissível apenas pela autoridade legal. As pessoas que foram privadas de sua liberdade devem ser informadas, o mais tardar, no dia seguinte sobre que autoridade e por que motivos foi privada. Elas devem ter a oportunidade sem demora de apresentar objeções à privação de sua liberdade".

115: "A casa de todo alemão é seu santuário e é inviolável. Exceções são permitidas apenas para a autoridade legal".

117: "O sigilo de todas as correspondências, comunicações telegráficas e telefônicas é inviolável. Exceções são inadmissíveis com exceção da lei nacional".

118: "Todo alemão tem o direito, dentro dos limites das leis gerais, de expressar sua opinião livremente, pela palavra, na forma impressa, na forma pictórica, ou de qualquer outra maneira. [...]. A censura é proibida".

123: "Todos os alemães têm o direito de reunião pacífica e sem armas sem precisar notificar e sem permissão especial".

124: "Todos os alemães têm o direito de formar associações e sociedades com propósitos não contrários à lei penal".

153: "O direito de propriedade privada é garantido pela constituição. [...] A expropriação da propriedade pode ocorrer [...] por meio dos devidos processos legais".

O presidente do Reich deve, de imediato, informar o Reichstag sobre todas as medidas tomadas sob os parágrafos 1 e 2 deste artigo. Essas medidas podem ser rescindidas a pedido do Reichstag [...]. (Jay, 1994: 49-50).

O estado de exceção, decretado pelo presidente da República, autorizava a intervenção militar e a suspensão dos direitos fundamentais

– inviolabilidade de residência, direito a *habeas corpus*, liberdade de reunião e de imprensa –, podendo estabelecer cortes marciais, com condenação por processo sumário, sentença e execução. O exército submetia-se apenas ao controle do presidente, e o *Reichstag* – o Parlamento – intervinha só indiretamente e sempre *ex-post facto*.

Retardatária no âmbito da modernidade européia, comprometida com a velha ordem, sem uma burguesia que disputasse a hegemonia política durante um longo período de tempo e, ao mesmo tempo, contando com o mais poderoso e bem organizado movimento operário da Europa, a República de Weimar surgiu sobre o pano de fundo do esforço da guerra de 1914-1918, dos refluxos da derrota e da *débâcle* ideológica que a ela se seguiu. Cristalizando uma agitação nacionalista anti-republicana, reforçada pela teoria da "punhalada pelas costas" de Hindenburg, em conseqüência da humilhação do Tratado de Versalhes e ao remanejamento territorial, certamente não resultou de um triunfante movimento das massas. Como ilustram suas memórias, o aristocrata, ex-ministro do exterior, Bernhard Prince von Bülow, numa leitura conservadora, assim descreveu a revolução "Infelizmente, ela não veio como Ferdinand Lassalle a previra em seus momentos mais ambiciosos; à revolução alemã [...] faltou entusiasmo ou inspiração" (*apud* Jay, 1994: 56).

Sua constituição, encomendada no espírito de "um estado nacional unificado, fundado na autodeterminação dos povos", opondo-se ao Reich de Bismarck, foi a resposta a uma Alemanha que, bloco de meio entre Leste e Oeste europeu, deparava-se com a opção: *Wilson* ou *Lenin*? Sua redação, portanto, foi construída sobre o pano de fundo da ambivalência entre continuidade e descontinuidade estruturais.

Embora se possa dizer que a opção *Wilson ou Lenin* seja uma característica que marcou a maior parte do século XX, ao menos até a queda do Muro de Berlim, em 1989, e o fim da Guerra Fria – e que se estendeu para todos os países, sem exceção –, deve-se entretanto reconhecer a singularidade geopolítica alemã, constantemente tendo sua dupla identidade colocada em xeque. Tinha, de um lado, um forte discurso anticomunista da ala liberal e do grande capital e, de outro, um forte discurso reacionário, fundado na tradição, no anticapitalismo, na antimodernidade e no antiamericanismo.

Apesar do artigo 1º de sua constituição proclamar o *Reich* uma democracia e uma república, em seu título, não consta o termo democracia. Revolução ou compromisso? A interpretação da continuidade da República de Weimar em relação ao regime que a antecedeu foi muito trabalhada e veementemente defendida por Richard Thomas – crítico e interlocutor importante de Schmitt, sobretudo em relação ao seu antiparlamentarismo –, e necessariamente traz à baila a questão constitucional da soberania nacional. A introdução mesma da constituição que fala em "povo alemão, unido em todos os seus elementos raciais e inspirado na vontade de renovar e reforçar o Reich na liberdade e na justiça, preservar a paz doméstica e externa, e fomentar o progresso social", estaria colocando a nação, posto que até 1918 os alemães, enquanto tais, não existiam.

Os alemães, portanto, aparecem como convenção a fim de impedir a instalação de um estado socialista no modelo da União Soviética, na mesma medida em que se pretendia impedir um retorno à monarquia. Nas palavras de Preuss, redator principal da constituição e autor do ensaio *Volksstaat oder Verkehrter Obligkeitsstaat*, que para Schmitt era um dos "mais importantes da história da constituição alemã": "[o estado autoritário russo] não foi de forma alguma substituído pelo estado popular, mas por um estado autoritário invertido". O bolchevismo era, pois, um Estado totalitário "invertido", no sentido de inverso ao czarismo – um *verkehrter Obrigkeitsstaat*. Para Preuss, caso a revolução dos socialistas *independentes* – a ala esquerda do partido socialdemocrata que dera origem ao braço radical e revolucionário *Spartakus*, liderado por Karl Liebknecht e Rosa Luxemburgo – se realizasse, a Alemanha "em muito pouco tempo seria arrastada ao terror bolchevista".

Para Karl Dietrich Bracher, considerado um dos historiadores fundamentais do período weimariano, "Weimar não foi o resultado necessário de um desenvolvimento político orgânico nem de uma revolução espontânea, historicamente auto-legitimada" (Bracher, 1978). Ellen Kennedy, importante comentadora de Carl Schmitt, ao contrário, defende a tese da descontinuidade de Weimar, por ter a república sido um fruto da revolução contra o absolutismo do antigo regime, contra o totalitarismo soviético e, sobretudo, como garantia da participação política da pequena burguesia que jamais lutara pela hegemonia política. Pode-se dizer, nesse sentido, que enquanto revolucionária, a democracia weimariana é sem dúvida uma *revolução liberal*. Também Max Weber, outro redator da constituição, e quem mais defendeu teoricamente a inclusão do art. 48 na Constituição, ressaltava a participação da classe média e a unidade da república, a fim de enfrentar a pressão econômica dos aliados e lidar com o "carnaval revolucionário"; pregava uma liderança racional e o Estado de direito.

Uma interessante reflexão sobre a continuidade ou não da república weimariana em relação ao *Reich* que a precedeu, pode ser pensada a partir do juspositivismo – sobretudo representado por Hans Kelsen que, por sua vez, foi consultor jurídico da constituição austríaca. Segundo o direito positivo, a constituição pressupõe a existência de uma norma fundamental – e fundante –, a partir da qual todas as outras normas e a própria Constituição recebem sua validade, de forma que cada lei remete a uma lei, documento ou constituição anterior, sucessivamente, até chegar ao documento não validado, à primeira constituição – esta sim, originada pela revolução ou ruptura na ordem jurídica. De acordo com esse raciocínio, a Constituição de Weimar não seria fundamental – no limite, ela é validada pela Constituição imperial de 1824 – do Segundo *Reich* – o que, em parte, justifica o conservadorismo de Weimar, inclusive o seu conservadorismo jurídico. A lei fundamental de Kelsen acrecenta a perspectiva jurídica à tese da continuidade da moderna democracia alemã em relação ao *ancien régime* e, ao mesmo tempo, opõe-se à difundida atribuição do colapso de Weimar ao seu pouco tempo de existência – doze anos apenas –, que teriam sido insuficientes para a internalização e incorporação de sua prática. Ainda na dimensão jurídica, Neumann aponta como sintoma da decadência parlamentar o caráter vago e geral das leis e, evidentemente, como sintoma mais radical, o art. 48.

Na esteira do Tratado de Versalhes, o grande tema da constituição foram as condições de pacificação externa e interna. O armistício, assinado em novembro de 1918, foi seguido por manifestações e campanhas contra a assinatura do tratado de paz com os vencedores, sobretudo por grande parte da burguesia, da pequena burguesia nacionalista e de parte do operariado, revoltado contra o imperialismo francês.

Do lado alemão, a Guerra 1914-1918 deixara um saldo de dois milhões de mortos e quatro milhões de feridos, aos quais, como é lembrado em algumas passagens deste texto, Hitler fez apelos reiterados – pela primeira vez depois do golpe de 1924, na obra que escreveu na prisão, *Mein Kampf* –, como argumento de mobilização de simpatia e adesão ao nacional-socialismo.

Scheidemann, que proclamara a República em novembro de 1919, demitiu-se por não querer se responsabilizar pela assinatura do Tratado, que "impunha" a desocupação da Alsácia-Lorena e das colônias africanas – perfazendo aproximadamente 1/8 das fronteiras de 1914 –, além de estabelecer o fim do serviço militar obrigatório, em virtude da proibição de um exército com mais de 100 mil homens – número suficiente para as necessidades domésticas, mas não para empreitadas bélicas no exterior.

A constituição hesitava entre duas bandeiras, duas temporalidades, duas *Weltanschauung*: a imperial e a republicana.

Weimar, portanto, fruto de pactos, por um lado, e de imposição do reconhecimento da derrota, por outro, nascia politicamente fragmentada: ao Imperador aliavam-se conservadores e nacional liberais – industriais, fidalgos e altos oficiais do exército –; socialdemocratas e progressistas – parte da burguesia liberal e da intelectualidade; o *Zentrum* católico – polarizado à esquerda pelos operários dos sindicatos cristãos e, à direita, pelos funcionários e membros do clero, também chauvinistas –; e, finalmente, a Liga Pangermânica – fundada em 1894 –, contra judeus, eslavos e socialistas.

Como uma "maldição" da qual a recém instalada república jamais se libertaria, muitos autores, sobretudo os defensores da *conti-*

nuidade estrutural, e principalmente Mommsen, remetem quase que monocausalmente o colapso de Weimar e a ascensão de Hitler à fragilização partidária. Para esses autores, pode-se dizer que a República de Weimar era um *natimorto*.

A hostilidade aos partidos e ao parlamento estava presente desde o início, seja na crítica autoritária tradicional, em favor do retorno à monarquia; seja na crítica nacionalista que pretendia aliar mudança social a governo ditatorial; seja por parte da esquerda que tinha por objetivo o modelo russo; seja, finalmente, por meio da profusa produção cultural popular e acadêmica sobre as contínuas crises governamentais. Essas crises que haveriam de estar presentes por quase todo o período republicano, com exceção dos poucos anos dourados de 1924-1928. Por conta dos empréstimos do exterior, na sua maior parte norte-americanos, revivenciou-se um *boom* econômico e a estabilização da moeda depois dos anos desesperados e desesperançosos da inflação, que se arrastara e se avolumara desde o início da Guerra de 1914-1918, devido aos empréstimos domésticos compulsórios de guerra.

Liberais, os redatores da constituição, Hugo Preuss, Friedrich Naumann e Max Weber, tomaram como modelo a parte ocidental da geopolítica alemã – Inglaterra, França e o presidencialismo norte-americano –, o que não deixa de ter um certo peso simbólico. De complicada construção legal, o documento continha duas partes. A primeira, "Estrutura e Funções do *Reich*", esboçada por Preuss, tratava do Estado de direito burguês. Lidando com as competências, tinha as seções a seguir: do *Reich* e dos estados; do *Reichstag*; do presidente do *Reich* e do ministério, do *Reichsrat*; da Legislação do *Reich*; da administração do *Reich* e da administração da justiça. A segunda parte, os "Direitos e Deveres Fundamentais dos Alemães", redigida por Friedrich Naumann, lidando com as liberdades, tinha as seções: do indivíduo; do bem-estar geral; da religião e das sociedades religiosas; da educação e das escolas; e, finalmente, da vida econômica. Ela continha os itens passíveis de suspensão no regime de exceção e que refletiam a diversidade política de Weimar e suas metas, por vezes incompatíveis: "a constituição alemã de 1919 foi a primeira na Europa e a segunda no mundo que, sob a influência das idéias socialistas, declarou fundamentais, a par das liberdades civis e políticas, também os direitos de caráter econômico e social" (Comparato, 1998), superável apenas pelo compromisso entre grupos ou, nas palavras de Naumann, por meio de "uma trégua negociada entre capitalismo e socialismo". Por conta desse aspecto complexo, senão confuso, da Constituição, Thomas, em 1923, dividiu os estados alemães em "democracias" e "estados privilegiados"; e Schmitt em *Rechtsstaat Verfassungslehre* (1928), declarou que "a legitimidade da constituição de Weimar repousava sobre o poder constitucional do povo alemão".

Foi adotada a constituição mista – democracia direta e indireta –, o poder soberano do povo moderado pelas instituições liberais. A constituição era uma adaptação dos catorze pontos de Wilson. Mesmo o general Ludendorff – que daria o golpe com Kapp em 1920 –, ditador virtual da Alemanha nos últimos anos da guerra, reconheceu a superioridade da ideologia wilsoniana em relação à eficiência burocrática. Entretanto, mais tarde, com a fragilização e fragmentação do sistema, o argumento "a constituição copiou modelos estrangeiros" foi usado como crítica, como aparece em artigos do desiludido e mesmo assustado Theodor Heuss, em 1928, grande defensor da democracia de Weimar.

Preuss, jurista e democrata judeu, foi quem redigiu a minuta da segunda parte da constituição e, sob influência do democrata Naumann, decidiu dar elaboração plena aos valores democráticos – dos direitos e liberdades individuais –, no sentido de proteger o indivíduo contra o abuso de poder do Estado. Como lembra Neumann, a Alemanha, então, era uma grande potência sem uma teoria de Estado consensual, sobretudo no que se referia à questão central da soberania. Os alemães eludiam essa questão por conta do direito divino dos reis; que era pura farsa, pois nenhum partido, com exceção do conservador, levava-o a sério. Eram muitas as contradições: católicos e protestantes, capitalista e proletários, grandes proprietários de terra e industriais. O imperador, longe de ser o chefe natural do Estado, alinhava-se do lado de interesses específicos. Com a guerra, contudo, o poder imperial caiu e as forças reacionárias não ofereceram resistência ao ímpeto das massas. Para Norbert Elias, entretanto, a guerra apenas dera visibilidade a um processo já em curso desde a investida do processo de industrialização da Alemanha, nos tempos de Bismarck.

As cartas de liberdades eram uma garantia contra o abuso de poder, reforçando liberdade de propriedade, comércio, indústria, da palavra, de reunião, religiosa e de imprensa, mas deixavam à mostra o isolamento do indivíduo, impotente diante do Estado, que abrangia cada vez maiores dimensões. As demandas de 1918 por maior participação nos destinos do Estado e pela transformação da luta de classes em colaboração entre elas, era o moto do texto constitucional. Sinalizava a necessidade de negociação, compromisso e consenso para qualquer reforma. Tratava-se de um denominador comum moderado, sem pretensões de solucionar os antagonismos profundos, na verdade ganhando tempo, adiando, procrastinando. Esse argumento, inclusive, terminou desembocando nos trabalhos daquela época de Schmitt, na sua crítica ao parlamentarismo em tempos de democracia de massas e na sua noção do debate parlamentar como "conversação sem fim".

Max Weber, por seu lado, preocupava-se com o impacto da democratização, com as conseqüências do sufrágio universal e da mobilização política das massas e com a subseqüente burocratização. Temia que os partidos, interessados em angariar o maior número de votos e adesões, passassem a apelar para argumentos irracionais a fim de convencer as massas; o que poderia incentivar o surgimento de agitadores profissionais, funcionários de partido, "administradores da política", na figura do *boss* burocrata, e que transformariam o sucesso político em mera questão organizacional e administrativa. Nesse sentido, Weber alertou para o perigo de estarem "todos legalmente autorizados a falar, o que faz com que a atividade pareça farsa" (Weber, 1980: xxvii). Como se verá mais adiante, essa é uma posição muito próxima à crítica de Schmitt ao liberalismo parlamentar, em que "as pequenas comissões dos partidos [...] tomam decisões atrás de portas fechadas e o que os representantes dos grupos de interesses dos grandes capitalistas contratam, nas pequenas comissões, é mais importante para o destino de milhões, talvez, do que qualquer decisão política".

Foi justamente para evitar que a república se tornasse o que mais tarde a teoria crítica denominaria de Estado administrado e burocratizado, que os redatores da constituição viram no forte peso simbólico do estado de exceção a expressão de plenitude democrática. Como lembra Bracher,

apesar dos perigos implícitos na institucionalização do estado de exceção, muitos constitucionalistas defendem tais dispositivos como fundamentais para a existência e a manutenção dos regimes democráticos [...] considerado a mais refinada tentativa de institucionalização da crise (Bracher, 1995).

A constituição foi promulgada em 11 de agosto de 1919 e o Parlamento, atado à imagem do Tratado, já nascia fragilizado. Antes de 1914, a Alemanha incentivara a poupança e o investimento. Com a guerra, o império endividou-se, multiplicando a circulação de moeda e alimentando a inflação. Albrecht Bartholdy, um analista liberal da época, ao fazer a leitura do pós guerra 1914-1918, fala da perda de confiança na justiça e da "irritante sensação de tudo depender do acaso", reforçada pelo "silenciamento temporário da pequena voz da lei diante da guerra, (transformando) sanidade em demência". Tudo isso induziu, segundo ele, à tendência de aliar liberalismo e nacionalismo, transmutando o ideal de progresso no ideal de expansão. Na era imperial, os liberais nunca assumiram nem quiseram assumir um papel de liderança nos assuntos públicos. Agora, queixava-se Bartholdy, as classes médias – protestantes, liberais e nacionalistas –, são "as que mais sofreram com a passagem para a irracionalidade" (Bartholdy, 1937).

Além da perda de segurança, havia a perda do "alto teor ético" que protegia e regulava a paz e a indústria. Na Alemanha pós-1918, queixavam-se os liberais, nada podia ser calculado e muito menos previsto com antecedência. Cálculo e previsão haviam sido substituídos pela aposta, pela adivinhação, pelo "acaso": "para quê educar a nova geração, senão para outra guerra inútil? Para que trabalhar se a recompensa pode ser tomada por um poder que se arroga o direito de transgredir a lei que garante salário a quem o merece?", pergunta Bartholdy, indignado. Em 1918, o marco foi desvalorizado a ponto de o Banco da Alemanha fechar sua linha de crédito. Aos poucos, todo o setor produtivo foi sucateado; era chegado o tempo da solidão e da miséria. Proliferavam as seitas, os profetas, o misticismo. A especulação crescia alarmantemente. Altas taxas eram cobradas dos estrangeiros, reforçando os sentimentos xenófobos. Com o fim da guerra, o mercado de trabalho ficou exíguo, enquanto o de trabalhadores era acrescido pelo contingente dos soldados que retornavam. A sindicalização decrescia. A maior expressão de insatisfação e, ao mesmo tempo, de um processo de direitização pelo qual atravessavam sobretudo as classes médias, foi a queda nas urnas da socialdemocracia: de 37% dos votos nas eleições de janeiro de 1919 passou para 21% em junho de 1920.

Embora a chave do parlamentarismo estivesse na discussão e controle sobre o orçamento, a Constituição de Weimar restringiu os poderes do *Reichstag*, ao retirar-lhe a fiscalização das contas públicas e transferindo-a ao Tribunal de Contas, órgão administrativo autônomo. Além do quê o ministro da Fazenda podia vetar qualquer proposta orçamentária de importância relativa e, juntamente com o chanceler, inclusive podia vetar uma decisão de maioria ministerial. Essa restrição, por um lado, contava com o apoio da indústria e, por outro, aumentava sobremaneira o poder do presidente e da burocracia ministerial. As ordens do presidente tinham apenas que ser referendadas pelo ministro correspondente ou pelo chanceler, que assumia a responsabilidade política dos atos e decisões presidenciais.

Com a autonomia partidária que as eleições diretas proporcionavam ao presidente, este podia nomear chanceler e ministros. Ebert e Hindenburg defendiam a livre indicação dos colaboradores. O presidente podia dissolver o parlamento; a limitação de dissolvê-lo duas vezes pelo mesmo motivo era facilmente contornável. Assim, de maneira perversa, os artifícios parlamentares, como a possibilidade do presidente fazer nomeações com autonomia em relação às disputas partidárias, ou mesmo muitas vezes a "contornabilidade" de determinadas limitações burocráticas, por exemplo, tornavam-se instrumento contra o próprio liberalismo e contra a democracia, transformando-os em pura formalidade. Numa paráfrase a Lassalle, era o "Estado guarda noturno", puramente formal, sem substância e incapaz de decisão.

Na verdade, o poder do *Reichstag* nunca correspondeu ao que lhe fora de fato atribuído pela Constituição, no que se refere sobretudo às decisões orçamentárias, de forma que a regulamentação crescente da vida econômica deslocou seu centro de gravidade do Parlamento para a burocracia e para a administração. O Parlamento delegava, portanto, poder legislativo, contentando-se em referendar as decisões da burocracia, abrindo mão, pois, da conservação do monopólio exclusivo da legislação, permitindo a coexistência de três tipos concorrentes: presidencial, ministerial e, finalmente, parlamentar.

Os monopólios combatiam os sindicatos e o sistema político socialdemocrata. A socialdemocracia não conseguia organizar a classe operária nem a classe média. Ao enfatizar a legalidade formal, não conseguia desarraigar resíduos reacionários do judiciário nem da administração civil. Tampouco conseguia limitar o papel do exército, que vinha fomentando o nacionalismo patriótico com o objetivo de recuperar a passada grandeza. O judiciário, com a direita e a burocracia, representava, não poucas vezes, a contra-revolução.

Ao longo da República, a ideologia do partido *Zentrum* católico terminou se tornando a ideologia de Weimar – evolvendo operários, profissionais liberais, funcionários públicos, artesãos, industriais, agricultores –, essencialmente uma ideologia de compromissos. Os antagonismos organizavam-se numa estrutura pluralista, dando ao pluralismo uma conotação de protesto contra a soberania estatal semi-absolutista, por não considerar o Estado uma unidade soberana superior, mas sim mais um entre os vários agentes sociais e políticos.

O Estado, reduzido a mais uma instância, abria uma brecha para a supressão do monopólio exclusivo da violência. Para que os objetivos comuns pudessem ser cumpridos, era necessário o pacto, o acordo, a negociação: a sociedade tinha que ser fundamentalmente harmônica. Entretanto, por ser antagônica, a doutrina pluralista tem que, cedo ou tarde, quebrar. Quando os diversos grupos se neutralizam uns aos outros, a burocracia estatal termina se tornando onipotente. No caso alemão, o estado de exceção provocou – ou espelhou – justamente a crise política e social que Weimar queria evitar. O art. 48 substituía a legislação parlamentar normal por "decretos de exceção" e pelo uso da força militar.

Em 1923, o presidente democrata Ebert, utilizou o art. 48 como medida provisória para proteção da República. A lei alemã de 1923 autorizava "medidas econômicas e sociais". Assim, foi por meio de decretos que foram estabelecidos e decididos o fechamento de plantas industriais, a criação do Deutsche Rentenbank, as normas para a circulação monetária, as alterações na lei do imposto sobre a renda e do controle dos cartéis e monopólios. De 1920 a 1924 foram publicados 450 decretos aprovados pelo ministério para setecentas leis aprovadas pelo parlamento. Em 1930, sob Hindenburg, o art. 48 terminou se institucionalizando, depois de sucessivas dissoluções do parlamento. O perigo da institucionalização do artigo que regulamentava a lei de exceção residia na dificuldade de se distinguir entre situações de emergência e situações revolucionárias. Até onde restringir os direitos? Como diz Bracher, ficava "difícil distinguir entre previsões de emergência e regimes ditatoriais legalizados" (Bracher, 1985).

Outras constituições – como as dos Estados Unidos, Inglaterra e Suíça – não contêm cláusulas explícitas sobre o estado de exceção. Para resolver situações de emergência, o parlamento outorga os poderes necessários às devidas competências ou reconhece os poderes inerentes à presidência, ao executivo, sem que o judiciário e o legislativo – o parlamento, sobretudo – sejam afetados por ela.

No caso brasileiro da Constituição de 1988, o estado de exceção aparece em versão explícita, sob o título "Da Defesa do Estado e das Instituições Democráticas", subdividido em suas seções do "Estado de Defesa" uma, e do "Estado de Sítio", a outra. O estado de defesa é decretado "para preservar ou prontamente restabelecer em locais restritos e determinados, a ordem pública ou a paz social ameaçadas por grave e iminente instabilidade institucional ou atingidas por calamidades de grandes proporções na natureza"; tem tempo determinado de duração "não superior a trinta dias, podendo ser prorrogado uma vez, por igual período, se persistirem as razões que justificaram a sua decretação", tudo sempre com a aprovação do Congresso Nacional, posto que "rejeitado o decreto, cessa imediatamente o estado de defesa" (Constituição da República Federativa: 95-96).

A suspensão das garantias constitucionais só se dá quando decretado o estado de sítio. Esse decreto necessita da autorização do Congresso Nacional e pode ser efetivado apenas nos casos de: "I. comoção grave de repercussão nacional ou ocorrência de fatos que comprovem a ineficácia de medida tomada durante o estado de defesa; II. declaração de estado de guerra ou resposta a agressão armada estrangeira" (*op. cit.*: 96).

Naqueles países, Estados Unidos, Inglaterra e Suíça, durante o estado de exceção o parlamento cede provisoriamente o poder ao executivo, por meio de emendas. O executivo então dispõe de poderes extraordinários, exercidos por decreto. Existe o consenso de que, durante o período de exceção, a constituição não deve ser alterada.

A tradição imperial alemã dificultava o controle sobre o presidente, fosse ele exercido pelos tribunais, fosse pelo ministério nomeado pelo próprio presidente. No estado de emergência, o exército submetia-se unicamente ao controle do presidente. O *Reichstag* satisfazia-se com o estipulado na Constituição, do dever do *Reichspräsident* de comunicar suas decisões, outorgando por sua vez ao parlamento o poder de requerer a abrogação das medidas por ele tomadas. Entre 1919 e 1924, a Alemanha foi abalada por uma série de *putsches* e atos violentos; os assassinatos políticos de Erzberger e de Rathenau, Eisner, Rosa Luxemburgo e Karl Liebknecht.

O art. 48 não continha nenhuma regulamentação sobre a forma da declaração do estado de exceção; tampouco era necessário qualquer tipo de notificação anterior e nem o judiciário tinha autoridade para julgar o uso dos poderes. Ele era aplicado muito liberalmente – tendenciosamente –, com um jurídico que cada vez mais se confundia com o executivo e sem necessidade de ratificação legislativa. Os direitos básicos eram suspensos, a ordem era restaurada pelos militares e as cortes marciais acionadas. O monopólio estatal da força diluía-se por entre os grupos paramilitares, todos eles logística e financeiramente apoiados pelo *Reichswehr*. Seria a exceção compatível com os sistemas democráticos?

Depois da Segunda Guerra, a constituição de Bonn, de 1949, colocou a lei de exceção no centro dos debates. A fim de não "reproduzir os erros de Weimar" – para não arriscar a renúncia do governo em favor de um interregno burocrático e ditatorial –, a ênfase foi dada aos mecanismos de controle parlamentar, substituindo a legislação de exceção por normas severas contra atividades antidemocráticas.

O capítulo "Do Estado de Defesa e do Estado de Sítio" da Constituição da República Federativa do Brasil, de 1988, é uma excelente ilustração desse fenômeno. Nela, o estado de exceção aparece em dois "momentos" diferentes: o estado de defesa e o estado de sítio, de forma que o estado de sítio só pode ser decretado pelo presidente exclusivamente em caso de "declaração do estado de guerra ou resposta a agressão armada estrangeira", ou em caso de "comoção grave de repercussão nacional ou ocorrência de fatos que comprovem a ineficácia de medida tomada durante o estado de defesa".

São várias as possibilidades de controle parlamentar. Uma forma é o bipartidarismo, em que, em última instância, ambos os partidos governam, seja enquanto situação, seja enquanto oposição. Outra forma de controle é a coalizão nacional, em que todos os partidos, da situação e da oposição, tomam parte nas decisões, ou seja, as instituições garantem um mínimo de controle, com comissões parlamentares e conselhos representativos. O controle parlmentar pode se dar ainda pela autonomia dos tribunais constitucionais e pela liberdade de imprensa. Enfim, "em tempos de crise, o governo deve se assentar sobre a base mais ampla possível: parlamentos, partidos e uma imprensa livre" (Bracher: 471).

O art. 48, o estado de exceção, não era novo nem exclusivo à constituição de 1919. Já fora aplicado *de facto* na era imperial – quando o *locus* da soberania era transparente, rigorosamente contido e legitimado na figura do *Kaiser* –, por ocasião dos recessos parlamentares ou, como mostra Weber, por conta das astúcias da política bismarckiana: "Bismarck desejava legislação de emergência. (em 1878), dissolveu o *Reichstag* [...] simplesmente por perceber aí uma oportunidade de destruir o único partido poderoso da época". De modo geral, "a política nacional de Bismarck pretendia [...] impedir a consolidação de qualquer partido forte e independente. Seus meios imediatos eram o orçamento militar e a legislação anti-socialista [de 1878-1890]" (Weber: 11).

Diferentemente do caso inglês, em que ao invés de uma lei de exceção existe a lei marcial, *martial law*, na Alemanha a declaração do estado de exceção não necessitava de justificativa: bastava o mínimo de conturbação e nem era preciso que houvesse uso excessivo de força. Os militares tinham autoridade para estabelecer tribunais militares, levar rebeldes a cortes marciais e, eventualmente, condená-los à morte por um processo sumário, isto é, sentença e execução, em última instância "legalizando a ilegalidade". Assim, no caso da exceção fica difícil garantir amplos poderes ao executivo e, ao mesmo tempo, manter a limitação constitucional do estado, suspendendo-se, na prática, a separação entre os poderes.

Na França, tendo a ditadura romana como precedente, o estado de sítio, *état de siège*, deveria ser declarado apenas em caso de guerra ou insurreição, de ameaça à "segurança pública". Era o Parlamento quem declarava o início e o fim do estado de sítio e era o Ministério da Guerra quem controlava o exército. No *Reich*, ao contrário, era o *Kaiser* quem declarava a exceção e os militares deviam prestar contas apenas a ele. Nem na França nem na Alemanha havia o controle judicial da declaração, dos decretos e dos "atos do governo".

Pode-se dizer que a ordem pública e a segurança correspondiam, na verdade, à proteção dos interesses da burguesia pela polícia e à preservação das características da classe média. O estado de sítio, portanto, podia ser declarado também em caso de ameaça à Igreja ou ao Estado, desrespeitando a inviolabilidade da propriedade. Os poderes de emergência serviam para proteger a moralidade e a propriedade privada.

Entre as inovações da Primeira Guerra Mundial está o uso de leis marciais e decretos de emergência. Por conta da crise econômica, pela primeira vez, a propriedade privada perdeu sua inviolabilidade. Depois de 1918, tanto a economia em crise quanto o radicalismo político foram normalizados por meio de medidas, leis ou decretos oficiais. Ora, tratava-se de questões do legislativo, não do executivo ou do administrativo – distinção básica na moderna teoria dos poderes de emergência. O parlamento, por não querer adotar medidas impopulares, terminou aprovando as emendas que levaram à ditadura do ministério.

No estado de exceção, o exército não ficava sob as ordens e o controle do ministro do exército, geralmente um civil, o que ajudaria a neutralizar o perigo de confiar a um presidente os poderes de emergência, por ele poder usá-los não democraticamente. Hans Boldt, um estudioso do estado de exceção, comenta que Oscar Cohn, representando os socialdemocratas independentes, alertou contra a demasiada autoridade do presidente outorgada pela lei de exceção. Um dirigente menos democrático poderia abusar do poder. E se uma marionete dos Hohenzollerns, ou talvez um general, se tornasse o primeiro representante do Estado? pergunta-se ele, argumentando que no passado houve um precedente na Terceira República Francesa: MacMahon, general de Napoleão III, tornara-se presidente em 1877 (Boldt, 1971).

Na verdade, quando se comparam os detalhes que regulamentavam o estado de exceção ou seus similares justamente com os dos países que serviram de modelo para a redação da Constituição de Weimar, e considerando-se que a democracia repousa sobre um sistema sempre em transformação de mecanismos cada vez mais refinados e sofisticados que a garantam, fica realmente difícil entender a razão pela qual o art. 48, *vis-à-vis* seus pares, foi elaborado de forma tão tosca, se não ingênua.

Ao longo dos doze anos da República, o *Reichstag* nunca lutou pelo direito de declarar o estado de exceção, como era o caso da Assembléia Francesa e do estado de sítio. O parlamento alemão contentava-se com o informe das decisões do presidente e com a ab-rogação das medidas tomadas. Entre 1919 e 1924, a Alemanha foi abalada por movimentos separatistas, pelos assassinatos políticos e por *putschen*: a rebelião espartaquista de 1919, o *putsch* de Kapp de 1920 e o de Hitler em 1923. Nesses casos, o art. 48 foi aplicado sem ratificação legislativa. O estado de emergência foi usado adequadamente pelo presidente Ebert, salvo no *putsch* de Kapp, quando o chefe do exército, ao receber a ordem de se mobilizar contra os rebeldes, declarou "o *Reichswehr* não atira contra o *Reichswehr*", o que não ocorreu na repressão aos operários da Saxônia, da Turíngia e do Ruhr. Entretanto, deve-se reconhecer que a República não teria sido defendida no pós-guerra não fosse o art. 48, ao menos nos primeiros anos.

A partir de 1922, por exemplo, o estado de exceção foi aplicado por conta do colapso da moeda. Pela primeira vez os decretos adquiriam cunho exclusivamente econômico. Amplamente aplicados entre outubro de 1922 e 1925, dos 67 decretos, 45 eram de ordem econômica, fiscal e social. Em 1919, foram cinco decretos; em 1920, 37; em 1921, foram dezenove decretos; em 1922, apenas oito; em 1923, foram 24; em 1925, apenas um; e, de 1926 a 1929, nenhum decreto. O art. 48 tornou-se o instrumento normal da legislação de emergência do poder executivo. Por meio dele as práticas legais associadas à crise foram normalizadas e a exceção legal terminou se tornando mais interessante do que a própria lei. Como alegava Schmitt, cuja visão do art. 48 era bastante romantizada, "as leis nada provam; a exceção prova tudo" (Schmitt, 1985b: 15).

Na prática, o *Reichstag* infringia o seu próprio direito ao facilitar medidas para lidar com o caos econômico de 1923. Foram também tomadas medidas sem relação com a crise, como as da reforma judicial, tornando o uso do art. 48, do ponto de vista puramente legal, bastante questionável. Em 1925, período da maior estabilidade econômica de toda a era weimariana, o art. 48 não foi aplicado.

Em 1930, com a Grande Depressão e com a política deflacionária de Brüning, explodiram desemprego e rebeliões. O art. 48 retornou à cena, reprimindo a violência – como foi o caso do banimento da S.A. em 1932 – e, sobretudo, decidindo a economia – impostos, salários, comércio, agricultura. Parte dos decretos não foi anulada até hoje.

Sua aplicação, portanto, "normalizou-se", "tornou-se regra". Entre 1930 e 1932, foram 29 leis de menor importância contra 109 decretos de emergência. Brüning, que não queria uma maioria parlamentar que incluísse a socialdemocracia, freqüentemente recorria ao art. 48, o que lhe permitia abrir mão do apoio parlamentar da socialdemocracia. Mesmo em caso de revogação de algum decreto, o executivo, na figura do chanceler, contornava o controle parlamentar com a ajuda do presidente, dissolvendo o *Reichstag* e renovando o mesmo decreto. Não poucas vezes fez-se um paralelo entre as formas de atuação nos conflitos constitucionais das duplas Hindenburg e Brüning, e Frederico I e Bismarck.

No limite, a aplicação do art. 48 para questões econômicas, a pretexto da emergência, era uma forma de governar sem o Parlamento, provocando a radicalização da legislatura. Tratava-se de um novo estilo de governo: antiparlamentar e autoritário. A cada ano reduziam-se as sessões parlamentares e crescia o número de decretos de emergência. O parlamento, em 1932 por exemplo, aprovou apenas cinco leis.

Segundo Martin Jay, uma ilustração dos resíduos autocráticos nas inovações democráticas era, sem dúvida, a leitura ambivalente e contraditória da democracia alemã feita por Theodor Heuss, por ocasião do décimo aniversário da Constituição de Weimar. Por um lado, ataques ao parlamento, primeiro, como fruto do "racionalismo ocidental" que, devido às suas antíteses teóricas, servia de agente facilitador do fascismo e do irracionalismo; segundo, contra a "atomização" que produzia ao considerar o indivíduo como fator político, fora de qualquer marco social; e, finalmente, como pura mímesis dos modelos estrangeiros. Por outro lado, Huess apontou para os momentos de revivificação do parlamentarismo: a reforma da moeda em 1923, que eliminou a inflação, criando o *Rentenmark*; o aceite dos Estados Unidos em considerar as reparações de guerra como questão financeira, o Plano Dawes, em 1923-1924; e, finalmente, o fato de nenhum grupo ou movimento estar pronto a dar um golpe total de Estado.

Assim, o antiparlamentarismo foi o sistema de governo dos últimos anos da República, o chamado "regime presidencial", pelo qual esperava-se controlar o governo de Hitler. Entretanto, não foi o que aconteceu. Depois do incêndio do Parlamento, em 1933, Hitler aterrorizou os comunistas e os socialdemocratas e, com a ajuda de Hindenburg, passou dois decretos de emergência e, em março de 1933, tomou medidas contra a própria Constituição, estabelecendo a ditadura legal, não mais estando ele sujeito aos poderes do presidente. A interpretação do art. 48 que conferia por decreto poder de governo ao presidente, era usada como alternativa; combinada com a dissolução do Parlamento, impedia o controle do governo, trazendo, de "contrabando", o regime presidencial. Nesse sentido, o artigo de exceção garantiu a convivência entre os modelos de poder da soberania e da disciplina e da biopolítica.

(DES)ENCONTROS EXCEPCIONAIS

Esta parte do capítulo tem como objetivo desvendar uma espécie de *metapolítica*[1], colocando em interlocução dois autores, Carl Schmitt e Walter Benjamin, que tratam do estado de exceção do art. 48 da Constituição. Serão analisados a partir da distinção que fazem quanto aos fundamentos do direito – a *vontade* em Schmitt, que remete em última instância à exceção, e em Benjamin a *violência*, que remete ao poder, *Gewalt* – e a partir da semelhança com que ambos se opõem à imanência.

Pelo lado das semelhanças entre eles estão: o uso de metáforas; o trabalho por meio dos limites e dos extremos; o barroco e suas personagens como fonte de inspiração para suas análises políticas; o barroco alemão com suas personagens, o Príncipe, o Tirano, o Conselheiro do Príncipe, o Conspirador para Benjamin; e o barroco elisabetano com seu "hamletismo político", para Schmitt; seus caminhos muitas vezes entrecruzados, sobretudo como discípulos de Sorel; a militância intelectual; a teologia política; a transcendência.

Tentar-se-á mostrar que são múltiplas as diferenças entre Benjamin e Schmitt: grosso modo, de uma crítica à socialdemocracia em Benjamin, à crítica ao liberalismo em Schmitt; do aniquilamento do Estado à vigilância guardiã da soberania; de um tempo dialético que lê a história a contrapelo – no sentido messiânico da apocatástese – no futuro –, trazendo a ressurreição dos mortos – do passado –, a um tempo linear e historicista; de um direito fundado na violência a um direito fundado no terror – *voluntas* –; de uma revolução ou ruptura que se expressa no "salto tigrino", na cintilância do instante em que o tigre, enquanto metáfora da dominação, encontra-se em meio ao salto, "nos céus da história", a uma revolução conservadora; de uma noção de político que transforma em vozes o silêncio dos vencidos, a um político ou policial que distingue amigo de inimigo, e que inventa o "inimigo interno", respectivamente.

Casos extremos, Carl Schmitt, jurista constitucional do nacional-socialismo, e Walter Benjamin, um dos heróis solitários da resistência

---

1. Termo usado pela primeira vez por Richard Wagner, o compositor e depois elevado à categoria de conceito por Viereck, em seus estudos sobre as raízes culturais do nazismo.

alemã, têm suas obras ironicamente entrelaçadas, promovendo um encontro entre ilícito e escandaloso, como reflete a recepção do caso Heidegger/Arendt. Trata-se aqui de construir as fundações desse encontro a partir do entendimento de ambos do estado de exceção, reorganizando uma discussão atualmente em pauta: governabilidade ou revolução? Num constante jogo de inversos, numa paráfrase a Olgária Matos, importante estudiosa brasileira de Walter Benjamin, como *arcanos do inteiramente outro*, aproximam-se um do outro em várias dimensões, sobretudo na crítica política. Schmitt opondo-se radicalmente à democracia liberal e ao que com ela se relaciona, inclusive a democracia, e Benjamin que, em sua luta política contra o fascismo, critica a esquerda no poder – a socialdemocracia – e, por extensão, o liberalismo e o Estado de direito.

Apesar das semelhanças, seus registros diferem radicalmente. O cerne da crítica schmittiana está na questão da governabilidade – uma quase obsessão com a "governa-mentalidade", numa alusão a Foucault. Para Benjamin é a revolução que paira no horizonte, no sentido anárquico da eliminação/superação do Estado (e do direito), e seu registro, com suas diferentes formas de temporalidade.

Carl Schmitt e o Decisionismo Monista

A fase de Schmitt que se pretende colocar em interlocução com Benjamin é a do *decisionismo* – monismo decisionista – dos anos 1920. Trata-se do desenvolvimento de conceitos originados a partir da crítica à República de Weimar – sua fragilidade, instabilidade e sobretudo sua ingovernabilidade, aqui amplamente discutidas por meio dos textos de Mommsen e Stürmer –, e que devem ser vistos à luz de sua militância intelectual. Entretanto, cabe ressaltar que a maior parte dessa crítica à democracia, ao liberalismo e ao parlamentarismo está incrustada no contexto discursivo das diversas facções nacionalistas, tradicionalistas e de direita da época, não só na Alemanha como em toda a Europa.

Considerado uma das figuras centrais da "revolta intelectual contra a democracia liberal" e do que veio a ser conhecido como *Konservative Revolution* – cunhado por Armin Mohler para caracterizar a direita entre os nacionalistas alemães – *Deutschnationale* – e os nacionais-socialistas, e que via no nacional-socialismo um "herdeiro ilegítimo" da revolução conservadora. Alguns autores não consideram Schmitt pertencente à Revolução Conservadora, por conta de seu catolicismo, sobretudo Moller e mais recentemente Bendersky.

Como "teórico dos ressentimentos de uma geração", ressentimentos contra a república, sobretudo contra a democracia de massas e contra a "modernidade", apoiou a interpretação ampla do art. 48, que garantia ao presidente o poder de suspender os direitos constitucionais fundamentais e tomar medidas extraordinárias. Reivindicou poder discricionário para o presidente como "defensor da República em estado de emergência" e elaborou a argumentação legal dos decretos extraparlamentares nas crises eleitorais de 1930-1932.

Sua crítica ao liberalismo, um "liberalismo de sinal trocado" segundo Leo Strauss, não é nova: os argumentos haviam sido elaborados por Georges Sorel. Schmitt, assim como Benjamin, fora aluno de Sorel. Daí também a influência de Nietzsche sobre ambos, e a centralidade em Schmitt da noção de massas, transfiguradora da idéia de democracia liberal. Como contraponto, em Benjamin é a idéia de revolução – enquanto violência que não necessariamente implica força física – o que opõe a reforma para a transformação radical da base socialcapitalista à noção de greve geral como instrumento revolucionário privilegiado, bem como a erradicação do Estado e da propriedade.

Nova, no entanto, na crítica schimittiana é a intensidade do conflito entre a democracia e o liberalismo de seu tempo – considerado por ele um "desvio" do liberalismo do século XIX –, por conta da paralisia no processo de *decision-making*, na atual democracia de massas. O argumento é que o parlamentarismo é uma forma histórica da democracia, fundada no debate, na separação entre os poderes e na universalidade do direito. Primeiro: o debate possibilitaria o controle dos representantes, por parte dos cidadãos; mas, diz Schmitt, na democracia de massas, "na prática, hoje a discussão é mero artifício para o carimbo solene de decisões tomadas fora do parlamento". Os deputados, presos à disciplina partidária, transformaram o debate e sua publicização em fraude, pois as decisões são tomadas em comissões secretas ou em negociações de bastidores. O parlamento tornar-se-ia, assim, a "antecâmara" de interesses ocultos; seus membros não mais seriam

representantes de todo o povo [...] ligados apenas às suas consciências e não a quaisquer instruções [...] as pequenas comissões dos partidos [...] tomam decisões atrás de portas fechadas e aquilo que os representantes dos grupos de interesse dos grandes capitalistas contratam nas pequenas comissões é mais importante para o destino de milhões, talvez, do que qualquer decisão política (Schmitt, 1985a).

De acordo com Schmitt, no liberalismo há instituições que protegem o debate: a divisão de poderes, os direitos civis. Entretanto, algumas reflexões evidenciam justamente o oposto. Primeiro, argumenta, como a busca da verdade pelo diálogo implica que a razão e a persuasão são as que prevalecem, a legitimidade dependeria não da autoridade, mas da proximidade à verdade, à persuasão. Dessa maneira, é o debate que protege as instituições e não o contrário. Essa crítica de Schmitt lembra a constituição da verdade em Foucault, enquanto técnica de dominação, diretamente ligada ao registro saber-poder, em que ambos são constantemente reconstruídos enquanto fatores fundantes e de mútua legitimação. Segundo, a separação dos poderes, que termina reduzindo o parlamento a uma instância aprovadora de regras gerais abstratas, faz com que ele deixe de ser um órgão exclusivamente legislativo para se tornar administrativo. O pluralismo institui assim a divisão e a competição entre lealdades e exclusivismos, o que seria um "falso" pluralismo: o Estado, dominado por interesses competitivos – não por culturas –, tem sua unidade e soberania deterioradas. Ao refletir esses interesses, o Estado torna-se puramente "quantitativo", devido à centralidade da economia que, com a "economização" de todas as dimensões, inclusive a política, termina diluindo o poder, fragilizando-o. A policracia, constituída por órgãos públicos independentes, autônomos e não sujeitos ao controle parlamentar, destrói a unidade e a unanimidade das decisões políticas. Ao proteger interesses privados, a soberania popular torna-se uma farsa. Terceiro, as liberdade civis e os direitos inalienáveis do cidadão, fruto do capitalismo competitivo, são a própria negação da democracia. O argumento aqui é o mesmo usado contra a liberdade do mercado que, num desenvolvimento dialético, termina produzindo a opressão de mercado, por meio dos mecanismos de poder e de persuasão da cartelização e da monopolização. O capital, que na República de Weimar está em fase intervencionista, monopolista e coletivista, termina por tolher a liberdade de comércio e de contratação e, com ela, a liberdade da palavra, de reunião, de imprensa e de associação sindical. Para Neumann, Schmitt supervaloriza esses direitos enquanto baluartes da defesa da propriedade privada frente ao Estado, atribuindo-lhes uma função constitucional alheia à tradição alemã. Em defesa do argumento de Schmitt, é importante lembrar que os direitos humanos na Alemanha só foram oficializados na Constituição de 1919.

Neumann, em *Behemot*, denuncia o vezo antidemocrático de Schmitt. Tal vezo era bastante difundido na época, como já dito anteriormente, em vários países europeus, nos quais a democracia aparecia não como império do povo, mas da "massa desorganizada", irracional e ignara. Essa corrente confirmava a conhecida fala antidemocrática do "nivelamento por baixo" da democracia de massas, contra o qual o nacional-socialismo, salvação da democracia, se apresenta. Schmitt, acusa Neumann, é "o ideólogo desta impostura nazista" (Neumann, 1943: 63). A qualificação do nivelamento "por baixo" das massas tem talvez seu maior representante no poeta português muito em voga naquela época, Fernando Pessoa:

o "povo" não é educável, porque é povo. Se pudessem ser convertidos em indivíduos seriam educáveis, mas deixariam de ser povo... O que o povo quer é um milagre. Um milagre é o que eles podem entender. Não importa se é realizado por Nossa Senhora de Lurdes ou de Fátima, ou por Lenin. O povo é fundamentalmente, radicalmente, desesperançadamente reacionário. Liberalismo é um conceito aristocrático e, portanto, totalmente avesso à democracia (*apud* Sternhell, 1996: 347).

Por conta das discrepâncias, das "falhas" que vê entre teoria e prática, Schmitt ataca as instituições parlamentares – sobretudo sua ineficácia e corrupção. Defende uma ideologia burocrática e um judiciário que, elevados à função política suprema, aceitam a autonomia do exército e terminam reivindicando um governo forte, de "todo poder ao presidente" pois, na verdade, o presidente é a única instituição autenticamente democrática, eleita pelo povo. Poder neutro e intermediário, ele deve concentrar o legislativo e o executivo. Era o decisionismo em latência: ação ao invés de deliberação, decidir ao invés de ponderar. E era o fim da separação entre os poderes. O parlamentarismo de Weimar preocupava-o não por alguma ameaça à ordem ou ao crescimento econômico, mas pela ausência de governo central, o que, para ele, colocaria em perigo a existência política do *Volk*, da Nação, e sua governabilidade.

Para Schmitt, o século XVIII foi o século do triunfo da democracia. Segundo ele, a visão rousseauniana da democracia, na qual "o cidadão concorda com a lei mesmo que contra a sua vontade, porque lei é vontade geral", possibilita o governo da minoria sobre a maioria, que é o sistema da democracia representativa. Assim, a essência democrática se preserva pela identidade entre lei e vontade geral. Este seria um regime que repousa sobre a identidade entre governantes e governados e sua substância seria a igualdade e não a liberdade.

Entretanto, a igualdade só é possível numa comunidade específica, que tem por *virtù* a homogeneidade. Desde a Revolução Francesa, a base desse coletivo homogêneo é nacional. Na democracia direta de Rousseau, a homogeneidade nacional era, de fato, uma unanimidade. A *vontade geral*, conclui Schmitt, não admite partidos políticos que expressem vontades parciais. Trata-se, esta, de astúcia schmittiana: como justamente o desenvolvimento do Estado de direito em Hobbes ocorre porque todos os homens são iguais é que, ao ser escolhido um soberano, retorna o risco da luta e da violência. Na verdade, tanto em Hobbes como em Schmitt, governantes e governados não são iguais: há um abismo entre os súditos, que devem obedecer sem reserva e o soberano, que não está sujeito às leis que promulga. O soberano, como em Maquiavel – e, em última instância, como no decisionismo de Schmitt –, é exterior aos súditos, enquanto na democracia a diferença entre governante e governado é apenas jurídica. Apesar dessa identidade, entretanto, rebate Schmitt, persiste uma contradição, pois o povo, a massa, é passível de manipulação. Em última instância, a democracia seria um elitismo e, portanto, condenada a se autodestruir. O que pode impedir a fragilização da democracia é o decisionismo, "a mão forte", a exceção, que mantêm a identidade democrática e a vontade do povo como critérios exclusivos, e que toma a forma de nação no sentido de "uma democracia [que] expressa plenamente o poder político, impedindo qualquer ameaça estrangeira à sua homogeneidade".

Identificar quem tem o controle é identificar com a vontade de quem a vontade do povo está construída (Schmitt, 1985a).

O *Volk*, em *Revolução da Direita*, de Hans Freyer, representa o domínio do político, por *virtù* do autêntico *ethos* coletivo. O novo estado deverá conciliar tecnologia e organização social com as "raízes profundas" do *Volk* – identidade coletiva e individual enraizadas no passado particularista. A revolução de massas da direita seria a encarnação mesma da *Kulturkritik*, a viabilização do estado "total". A democracia repousa sobre o pertencimento, que dá fim ao interesse privado, que é por excelência um agente desagregador. É nesse sentido que o monopartidarismo – como o da eleição fascista da Itália de 1928 –, é mais democrático, por permitir a expressão integral da "unidade do *Volk*" no processo eleitoral. O voto secreto, conclui Freyer, seria antidemocrático, por estimular a expressão do interesse privado.

No impasse entre esquerda e direita do final dos anos 1920, Schmitt clama por um Estado "total" – "qualitativo" – para dar fim ao pluralismo e ao lobbysmo. Tratar-se-ia da ditadura presidencial de Hindenburg – a quem Schmitt denomina o "guardião da Constituição" –, que, amparado pelo exército, por uma burocracia centralizada e uma economia sã, impediria o surgimento ou o avanço de forças que o limitassem ou o fragmentassem. É esse Estado que distingue amigo de inimigo. Seu *locus* institucional é a "mão forte", o presidente.

Prosseguindo nessa direção, Freyer invoca uma elite regeneradora, segundo ele, já em formação que, aos olhos do *status quo*, pareceria "um nada social". Em 1931, Freyer publicava o *Revolução da Direita*, dedicado à análise do "nada" dentro da ordem política do presente, que se tornaria "tudo".

Embora grande número de comentadores veja na expressão "Estado total" de Schmitt uma vontade totalitária, o *kronjurist* deixa claro que esta não é sua intenção. "Total" tem o sentido de um governo totalmente envolvido na dimensão política, sem intervir na economia; o Estado Total é também "qualitativo". Já o estado envolvido em todas as esferas, social, econômica etc., é o Estado "quantitativo".

Era admirador de Donoso Cortês, teórico espanhol do século XVIII, de forte tradição cristã e que, baseado na infalibilidade divina – "só Deus pode criar a decisão do nada" –, criticava violentamente a classe debatedora, a burguesia. O decisionismo de Cortês era radical: defendia a ditadura contra a indecisão liberal; a decisão soberana era o agente normalizador por excelência.

Embora para Hobbes o contrato social e não a decisão do soberano é que funda o ordenamento jurídico, o conceito clássico de decisionismo é hobbesiano: o soberano não é uma instância legítima ou competente, mas é aquele que decide. O decisionismo, pois, está diretamente ligado ao conceito de soberania. No decisionismo puro da fase monista de Schmitt é a decisão, e somente ela, que funda a norma, pressupondo, portanto, uma desordem que se transforma em ordem por conta da decisão. Polemizando com o juspositivismo em torno da decisão e da legitimidade mediada do poder, Schmitt denuncia seu formalismo por tornar a legalidade "condição suficiente" de legitimidade da decisão. A fragilidade da representação parlamentar estaria no embaralhamento entre questões políticas substanciais e a mera contagem de votos, propiciando decisões irracionais.

A escola austríaca coloca-se contra o decisionismo: sobretudo a "teoria pura do direito" de Hans Kelsen, para quem de acordo com a norma fundamental, Estado e direito são idênticos, mesmo na ditadura – pois o ditador é mero delegado do poder. A recusa de considerações morais, sociológicas ou políticas, impossibilita atender às demandas políticas por meio do direito. A teoria é relativista, niilista até. Kelsen identifica democracia com regime parlamentar, porém como mero marco formal. Entretanto, a "teoria pura", ao excluir as questões políticas e sociais, no limite abre caminho ao decisionismo, qualquer que seja sua origem e conteúdo. Os conservadores, em favor da restauração da monarquia, compartilhavam com o decisionismo a aspiração ao Estado forte, ao poder centrado pelo presidente e concentrado no presidente. O Estado totalitário era obrigatoriamente antidemocrático porque a identidade entre governante e governados minaria a autoridade dos líderes. A autoridade não é delegada pelo povo: "ela é válida mesmo contra a vontade do povo, porque o povo não a concede, mas a reconhece" (*apud* Forsthoff, 1933).

O Estado total de Schmitt inspirava-se na distinção entre duas formas de totalidade: a romana, quantitativa, reguladora de todas as esferas da vida, e a germânica, qualitativa, que se limita a estabelecer um Estado forte, com pleno controle político mas sem impor restrições à economia. Feita a distinção pelo cientista político italiano, Vilfredo Pareto, que combinou autoritarismo político e liberalismo econômico, ela influenciou a política econômica de Mussolini, que mesclava o apelo monárquico por um estado forte e a prioridade à iniciativa privada. O Estado total atendia às várias facções da reação alemã. Também era compatível com a grande indústria e foi aceito pelo Ocidente. Não era visto em oposição aos direitos humanos porque uma das expressões da soberania estatal é a necessidade de segurança, ordem, direito e igualdade perante a lei.

Desgostoso com a situação política de Weimar, Schmitt responsabilizava a participação dos socialistas no governo pela transformação do Estado em campo de batalha, deixando-o à mercê dos grupos de interesse, um corpo flácido, com perda da "consciência coletiva unificada", sem projetos ou continuidade nos objetivos, transformado na "soma de tudo aquilo que não é político". Reduzido à relação entre produtores e consumidores, o Estado não provia pertencimento a um âmbito maior. Era esse o argumento que aos olhos de Hans Freyer justificara uma revolução da direita. Uma revolução de valores.

Apesar de sua crítica ao romantismo, nos anos 1920, o pensamento de Schmitt tinha grande afinidade com os românticos, podendo-se considerar sua crítica como um "romantismo às avessas": ela trata da estilização e da estetização de todos os níveis da cultura, da poetização do político. É o liberalismo estetizando a política, despolitizando a ordem social, transformando o debate político numa "conversa sem fim". Schmitt analisa o *Diário de um Sedutor*, de Sören Kierkegaard, desconstruindo suas personagens que vivem o engajamento estetizado, não como algo que fazem, mas como algo que lhes "acontece". Critica o romantismo por seu subjetivismo e ocasionalismo em relação à experiência estética, subvertendo as instituições normativas. A burguesia, argumenta, adotou o esteticismo subjetivo privatizando o espiritual, trazendo a desconfiança de qualquer autoridade: "A economização passa pela estética, e o consumo estético do sublime é o caminho seguro da economização geral da vida cultural e da constituição espiritual, que têm por categorias centrais da existência a produção e o consumo".

Com a destituição e a secularização do Deus transcendental do ocasionalismo de Malebranche – em que o homem é apenas ocasião para a ação de Deus e o mundo é contingência –, aquele transforma-se em um "Deus revolucionário", concebido como povo, como vontade geral. Já o romantismo o aloca na interioridade: Deus é substituído pelo indivíduo emancipado e privado; o ego romântico torna-se a autoridade metafísica definitiva. Nessa sua crítica estão, uma vez mais, as bases de seu decisionismo. Esse movimento romântico da internalização de Deus remete diretamente à *gnose* moderna, sobretudo a de Eric Voegelin, fazendo do romantismo um movimento de secularização, ou seja, fazendo do romantismo mais uma das vias de entrada da religião na modernidade. O sujeito romântico ocupa o lugar de Deus: o romantismo transforma a vida em arte; os eventos, o "destino", não são fruto de escolha e decisão, mas são "algo que acontece". Trata-se de subjetivação e privatização da vida, em que o destino subjetivado transforma o mundo em ocasião. O romântico é pois a negação da ação, a negação da decisão. Assim como o romântico evita tomar decisões, também o liberal responde por moções de adiamento ou pela instalação de comissões de inquérito. A economização do século XIX é, assim, traduzida pela subjetivação e pela estetização do liberalismo do século XX. A "arte pela arte" romântica traduz-se, em Schmitt, por "política pela política", na decisão e na soberania sem medidas.

Giacomo Marramao fala de uma *teologia dialética*, ou *teologia da crise*, fundada por Barth em 1922, para a qual a secularização da interiorização romântica tem por essência a tentativa de tragar o divino para o foro da interioridade, e "imanentizar o significado da existência". O sacro desloca-se, na interpretação de Vöegelin, da esfera religiosa para a esfera política, representada na tese do gnosticismo como o caráter de imanentização e "auto-redenção" da modernidade

(Marramao, 1995: 92). É a redivinização da sociedade – não o reencantamento do mundo – que desvela também a "lógica íntima do desenvolvimento político ocidental".

Neumann vê no decisionismo schmittiano uma forte semelhança com o sindicalismo revolucionário de Sorel. Lembrando sua influência comum sobre Schmitt e sobre Benjamin, mais adiante será tratada a visão de Sorel sobre a greve geral, distinguindo a greve política da greve revolucionária. Essa distinção seria usada depois por Benjamin, ao trabalhar a violência enquanto ameaça interna de rebelião contra o Estado. Talvez Neumann, ao atacar Schmitt por conta de uma visão comum deste com a de Benjamin, estaria indiretamente retrucando à crítica de Benjamin à socialdemocracia, da qual Neumann era um importante articulador.

Thomas, crítico e interlocutor de Schmitt, acusa-o de simpatizar com a irracionalidade na política e objeta sua avaliação da crise alemã, segundo a qual a "moderna democracia de massas tornou a discussão pública uma formalidade vazia".

O Estado liberal é pois, para Schmitt, um estado despolitizado, "ocultando o político". Por conta da homogeneização, o Estado total é aquele que pode distinguir *amigo* de *inimigo* e que tem por *locus* institucional o presidente; *locus* transparente, visível. Na República alemã atual, diz Schmitt, trata-se de falsa transparência, porque aquilo que se vê não é o verdadeiro jogo decisório que se dá atrás dos bastidores, "a portas fechadas". A política resume-se, pois, à relação entre amigo e inimigo. O inimigo tem que ser exterminado fisicamente. Toda relação pode se tornar uma relação política e todo adversário se tornar um inimigo, aquele que deve ser fisicamente exterminado. A fala "amai-vos uns aos outros", diz o cristão Schmitt – para quem público e privado são absolutamente separados, posto que a esfera política pertence exclusivamente ao público e a esfera econômica ao doméstico, ao privado –, refere-se ao inimigo privado, ao *inimicus* – e este, Schmitt deixa claro, não deve ser eliminado ou destruído. É o *hostes*, que se refere ao inimigo público, que deve ser fisicamente eliminado, que deve ser morto. Essa distinção entre *hostes* e *inimicus* será retomada na discussão sobre violência em Benjamin, bem como na impossibilidade da resolução de um conflito por meios *não violentos* fora da dimensão pessoal, privada.

A definição do político, construída na refutação do liberalismo, tem por núcleo a noção de "inimigo interno" – no sentido de *hostes*, de inimigo na esfera pública – e que se estende por todos os aspectos da vida. Roberto Romano assim se refere à compreensão do "inimigo interno" de Schmitt:

o jurista germânico definiu as bases de uma prática estatal assassina: a distinção entre *amigo e inimigo* [...] desde Platão [...] todo indivíduo deve sentir as dores e as alegrias da cidade como suas [...] O inimigo, assim, jamais é interno, salvo em caso de luta civil ou de tirania. Schmitt, num texto de 1938, deu sentido à doutrina totalitária que afirmava guerra total no século XX, superando a distinção combatentes/não combatentes. Nela, mesmo setores extramilitares são envolvidos na contraposição hostil [...] com resultado genocida [...] todos os que estavam fora da "normalidade" [...] mesmo sem uniformes de guerra, foram declarados "inimigos" [...] sua prostituição residiu em pôr ao alcance da canalha fascista "argumentos" que degradavam o direito e a dignidade humana [...] a tese amaldiçoada do "inimigo generalizado" (Romano, 1998).

Os inimigos públicos – *hostes* – são os que querem romper a homogeneidade da nação. Schmitt, na sua crítica ao pluralismo defendido por Harold Laski, deixa clara a distinção entre homogeneização e integração social, contra a qual se coloca seja por planejamento, defendida pelo socialista Heller, seja pelo fortalecimento das leis constitucionais defendido pelos positivistas Kelsen e Thomas.

Sua discussão mais importante para o propósito em questão, entretanto, o *estado de exceção*, gira em torno de sua definição de soberania: "soberano é quem decide na situação de exceção". É a decisão soberana que instaura a ordem a partir do caos, criando a normalidade jurídica na qual atuam as instituições. É a partir do uso dos poderes de exceção pelo governante que é possível superar o "hamletismo político" liberal.

O fundamento da lei liberal, que não está na *autoritas*, mas na *veritas*, anterior até à própria ordem política, colide com a noção de soberania pelo caráter universal de sua validade. Segundo Schmitt, é ao se opor ao absolutismo monárquico o liberalismo que inverte a proposição para "a lei é *veritas*, em oposição à pura *autoritas*". Entretanto, a soberania "nasceu do reconhecimento de que sempre será necessário, tendo em vista as situações concretas, abrir exceções à lei geral" (Schmitt, 1985a: 54). "As situações concretas", ao mesmo tempo em que são fator de garantia de governabilidade, têm um sentido demasiado vago e amplo, o suficiente para ocultar certas pressões lobbistas, ou situações de abuso de poder. São disposições particulares, são a aplicação especial e excepcional das normas gerais, de forma a "encontrar via e procedimento legais para as mais radicais e revolucionárias aspirações [...] sem recurso à violência ou à sublevação" (Schmitt, 1992: 25). Portanto, embutida na pressuposição liberal de que onde prevalece a lei não há lugar para a violência, a renúncia ao conflito e à luta está entre amigos e inimigos. Em última instância, acusa Schmitt, o liberalismo é um "sistema de conceitos desmilitarizados e despolitizados", visando "aniquilar o político, o domínio da violência e do espírito de conquista".

Entretanto, o estado de exceção, cujo intuito para Schmitt é garantir a governabilidade, é o poder centralizado decisionista que expressa a força política e homogênea do *Volk*, impedindo o aparecimento de inimigos internos ou externos que ameacem a existência mesma da nação homogênea. Ele termina servindo de recurso e de agente tanto normalizador quanto controlador da ordem e da pacificação resultante do enfrentamento entre amigo e inimigo. Independentemente do terror que instaure, mesmo que provisoriamente, no limite o estado de exceção visa os mesmos valores que qualifica e acusa como "liberais". Nesse sentido, a exceção, a longo prazo, não implica ruptura, e sim um mecanismo externo visando o objetivo geral de "normalização".

Também Fernando Pessoa faz a ligação entre liberalismo e decadência, seguindo o argumento schmittiano da adoção, no século XIX, de formas de governo "importadas" e "estrangeiras", o que teria levado à degeneração das nações e à incapacidade da democracia de expressar e refletir a consciência nacional. Mas, diz Pessoa, "deve-se distinguir entre o desejo da maioria e o desejo nacional. O desejo da maioria é consciente; o nacional é inconsciente" (Sternhell, 1996: 348). Para Pessoa, a Alemanha é um exemplo de renascimento nacional *par excellence*, pois nela a "pátria está acima da civilização". E, "por mais de um século, os princípios de 1789 causaram dano à maioria dos europeus, com exceção dos alemães". Portanto, o Estado ideal tem que ser conseguido pela vontade de retorno ao período de glória e decadência, pela paixão irracional pela pátria e pelos símbolos de identidade nacional.

A rejeição à democracia de massas funda-se na rejeição ao irracional: o povo é massa informe, guiada pelo instinto. O voto é para uma minoria que vota com convicção. É só pelos dos mitos – como o é para a *revolução conservadora* alemã – que se pode incluir a massa na nação; o elemento religioso é, na verdade, o único argumento que as massas aceitam; portanto, para reagir à decadência é necessário entrar na construção de mitos.

Para Schmitt, a decisão não pode ser deduzida da norma porque a circunstância da decisão não está contida na norma. Daí o "caso limite" da situação anormal, em que a suspensão das normas problematiza sua própria instauração. O fundamento da decisão tem a decisão como fundamento ou, em outras palavras, *o fundamento da exceção é a exceção como fundamento*. Na medida em que a dualidade normalidade e exceção, remete à dualidade durkheimiana normal e patológico, seria interessante refletir sobre o par patológico e excepcional. Numa fala provavelmente dirigida a Kelsen, que separa soberania de exceção e para quem a soberania é um fenômeno extra jurídico, Schmitt argumenta que admitir o "caso anormal" – a exceção – implica não submeter o político ao normativo, como exige seu Estado total. No regime de exceção, a ordem auto-regulada é substituída pela lei, pela decisão e pela *voluntas* externa ao sistema. A decisão, pois, transcende o normativo, fruto da interação entre os homens. Soberana, a exceção não pode ser aprisionada pela racionalidade formal, baseada no cálculo e na previsão. Entretanto, quando a prioridade é a norma e o conseqüente processo de despolitização que ela implica, como no liberalismo, diz Schmitt, ela serve apenas para mascarar a dominação, exatamente da mesma forma que a razão instrumental mascara a forma de dominação do Estado administrado. Submeter a política ao império da lei, como o faz o liberal, sob uma perspectiva schmittiana é confirmar que a "sociedade encontra a sua ordem em si mesma" (Schmitt, 1992: 106).

A noção de progresso que parece transcender às lutas políticas que lhe deram origem e aumentar o caráter normativo da livre concorrência e da "harmonia preestabelecida" na sociedade de indivíduos autônomos, torna a liberdade, de modo semelhante às *disciplinas* de Foucault, um veículo de convivência auto-regulada. A dominação é mascarada pela discussão parlamentar, pela normatividade que dela emerge, automática e espontânea. O poder perde então a sua dimensão de arbítrio, de expressão de uma vontade particular, de uma *decisão*.

O princípio de imanência que em Schmitt funda o Estado moderno, em última instância revela uma tendência entrópica e, nessa perspectiva, também a norma fundamental de Kelsen é regida pela imanência. A ordem que assim emerge, seja da lei fundamental, seja da exceção, faz da sociedade uma mera redundância, um sistema fechado, autovalidado: "um tudo que se originou de um nada", numa lógica semelhante ao capitalismo e ao imperialismo capitalista que, para se expandir, se autodevora como fruto da emancipação em relação ao Estado e à política, exteriores à dinâmica auto-regulada do mercado liberal.

Se o Estado administrado tem por fundamento a norma – não a lei –, "qualificando, medindo, hierarquizando", o normativo forçosamente opõe-se ao jurídico, à constituição, e a toda "atividade legislativa permanente e ruidosa". *Arte de julgar*, a norma tem por critério a média, pois trata das massas, das grandes populações. O conjunto de práticas da norma é que constitui a disciplina, homogeneizando o social, com comunicabilidade total entre as instituições, como uma transliteração da rede de troca e distribuição do mercado. E, como o mercado, exerce-se o seu poder, mas ele é invisível.

Princípio de comparação, a norma faz emergir o desvio – não o Outro, mas o Mesmo, defeituoso: "a anomalia é normal [...] como a vida é mutação". O anormal é deficiência, é inaptidão. Um projeto de lei de saúde, redigido pelo próprio Hitler e a ser implementado depois da vitória nazista, mostra que a máquina de destruição nazista não se teria detido nem diante do povo alemão: ele propõe "isolar" todas as famílias que tenham casos de doença cardíaca ou pulmonar. A norma integra e antropofagiza o que poderia excedê-la. A disciplina é mimética – ela lida com a intensificação e com a reprodução. Portanto, o tratamento de condenados é o mesmo que o do bom cidadão.

A normalização instaura a relação do compromisso; não legisla, apenas estabiliza e regula. Não se normaliza por decreto. Medida comum, a norma pressupõe arquiteturas e, ao mesmo tempo, arquiteta – o esquema panóptico das disciplinas, o esquema probabilístico da sociedade seguracional, o esquema comunicacional da técnica, a intersubjetividade, a interinstitucionalidade. Na normalização não há lugar para o soberano, para o sujeito que enuncia a norma, para "o que decide na exceção": o coletivo é soberano e a soberania não se origina no contrato. Ela é mais da ordem de fato que do direito. Na ordem normativa pode haver parlamento, mas não a exceção, o extraparlamentar, a *voluntas*: o regulamento decreta, enquanto a norma negocia, abolindo, no direito, a verticalidade da soberania.

A disciplina individualiza, manipulando o corpo como *locus* das forças a serem docilizadas e otimizadas. A tecnologia de adestramento opõe-se à de segurança e ela aparece para lidar com as grandes populações, pois o modelo da soberania não se presta à fase de explosão demográfica e de industrialização.

Na crítica das leis, a liberdade moderna surge como não-interferência do político-social em relação ao indivíduo, enquanto a liberdade antiga emergia da autonomia pela aceitação da norma elaborada por meio da participação do cidadão na vida pública. Nas duas dimensões de liberdade, estados desejáveis aparecem quando se cuida institucionalmente do exercício do poder.

É nesse sentido que a construção da exceção é inerente ao capitalismo, à modernidade, ao moderno Estado de direito, numa lógica em que "tudo que é sólido desmancha no ar". É a perpetuação da superação das crises cíclicas, é "petrificação" e "naturalização". É transformação da crise de eventualmente estrutural em conjuntural. O conceito de exceção excede o procedimento normativo e normalizado do capitalismo. A autonomia e a auto-regulação do mercado, a soberania do mercado, em última instância, expressam a aplicação da definição schmittiana da exceção: também no mercado, é o soberano, a pura *voluntas*, quem decide na exceção. Assim, pode-se dizer que a função da exceção é a produção de irracionalidade. À imanência liberal, Schmitt opõe a exterioridade, alterando-lhe a própria "racionalidade". A suspensão da norma no estado de exceção lembra a decisão divina, "a decisão soberana [que] é começo absoluto", estabelecendo a aproximação entre o soberano e Deus: a suspensão das regras vigentes e a criação da ordem a partir do nada. A secularização, em Schmitt, serve de chave para os conceitos jurídicos da soberania pelo deslocamento da onipotência do legislador divino ao legislador mundano. Ao soberano cabe decidir "tanto sobre o fato da existência, ou não, de um caso extremo de emergência, quanto o fato do que se deve fazer para superá-lo". Suspender a lei positiva é a faculdade divina de suspender as leis da natureza. Sob esse aspecto, o "estado de exceção tem para a jurisprudência um significado análogo ao milagre para a teologia". Nas próprias palavras de Schmitt, "os conceitos mais significativos da moderna doutrina do Estado são conceitos teológicos secularizados" (Schmitt, 1985b: 34).

O parlamento é palco, mas são as vozes extraparlamentares as que governam. O estadista abre mão de seu próprio programa político "quando o Estado assim o exige", ou seja, por "razão de Estado", esvaziando o partido de sua substância política. No entanto, quanto mais as políticas deixam de ser o simples cumprimento das exigências partidárias, tanto mais difícil é explicar cada ato aos eleitores. É necessária a confiança pessoal nos representantes do parlamento, o que se recruta menos pela política do que pela persuasão (Meinecke, 1924).

A questão do fundamento do direito remete à demarcação do campo jurídico que determina de modo soberano o que é o direito: "o direito como soberano [...] não pode ser qualquer norma, regra ou disposição normativa; o 'nomos' deve ser um rei justo, ter certas qualidades superiores, imutáveis, mas concretas" (Schmitt, 1982).

Se a teoria pura do direito de Kelsen separa soberania de direito, no limite também Schmitt o faz, uma vez que a soberania está vinculada diretamente à exceção, que a transcende e excede; e que a transgride por ser-lhe externa, por vir de fora do direito; ela é oriunda da situação limite, da situação extrema. Assim como em Kelsen, também para Bobbio a estrutura interna do sistema jurídico resulta da reflexão sobre o moderno Estado constitucional, traduzindo, no plano do direito, a reflexão weberiana do processo de racionalização do poder estatal. Apesar da semelhança, Bobbio representa uma alternativa – também liberal – ao normativismo de Kelsen, no qual o direito é não apenas instrumento de controle social, como também vislumbra uma "ética de liberdade, paz e certeza". Para a concepção do ordenamento concreto, contrariamente ao normativismo, "pode-se falar de um 'nomos' autêntico como o rei apenas quando este abraça o conceito total de direito, compreendendo todo o ordenamento concreto da comunidade".

O liberalismo, enquanto concepção da política, é "pretensamente apolítico e mesmo antipolítico". Ele seria a negação política do político. À premissa do império da lei – no qual "o legislador está submetido à sua própria lei e [que] sua faculdade de legislar não é meio de dominação arbitrária", no qual as liberdades e os direitos do indivíduo devem ser defendidos contra os abusos do legislador por meio de determinações legais – contrapõe-se o "império dos homens [...] distinguindo entre norma jurídica e o mandato dependente de uma vontade ou uma medida" (Schmitt, 1982: 149). Com a anterioridade e a universalidade da norma, como no liberalismo, pretensamente evita-se a violência como fundante do direito. Como se verá adiante, Benjamin desenvolve justamente o argumento contrário, no qual uma das funções da violência é especificamente a da fundação do direito.

A lei liberal opõe-se à ordem emanada da vontade do príncipe e, ao mesmo tempo, nega a necessidade de uma instância que a valide, como no positivismo de Kelsen. Segundo Schmitt, ao se opor ao absolutismo monárquico o liberalismo inverte o significado da proposição: "a lei é *veritas*, em oposição à pura *autoritas*". A fala hobbesiana, "autoritas non veritas facit legem", ao contrário, torna o Estado de direito secundário e favorece/possibilita o abuso de poder, tendo em vista que o Estado hobbesiano não se apoia em lei constitutiva, mas nos interesses individuais, identificados como "interesse público".

O governo da lei como "triunfo do direito sobre a força" contrapõe-se à noção de soberania, que "nasceu do reconhecimento de que sempre será necessário, tendo em vista as situações concretas, abrir exceções à lei geral". A soberania do Estado é substituída pela da lei, contrapondo a impessoalidade da norma abstrata ao caráter pessoal da decisão soberana. Se a exceção é parte imprescindível do império da lei, dever-se-ia, no regime liberal, seguindo a crítica schmittiana, abrir mão da soberania para abrir mão da exceção. Se soberania é decisão e decisão é, no limite, exceção, como explicar a necessidade da exceção na constituição liberal?

Como se verá mais adiante, também Benjamin contesta a premissa liberal do triunfo do direito sobre a força, embora de forma diferente da de Schmitt, apresentando a força/violência como fundante do direito.

A dissociação entre lei e vontade remete à "distinção racionalista entre o geral [...] e o singular": à durabilidade da norma opõe-se a provisoriedade da exceção. Entretanto, a temporalidade própria à medida de exceção pode – como no absolutismo – eternizar-se, pois dentro da situação de exceção o soberano pode alterar sua durabilidade; ao princípio legal, calculável, previsível, opõe-se a imprevisibilidade do arbítrio. É a dissociação da lei como *voluntas* em relação à lei como *ratio*. Ao colocar a validade em princípios anteriores e superiores, o jusnaturalismo pressupõe "um dever ser independente da realidade do ser", substituindo a racionalidade substancial pela formal. A lei, enquanto norma geral, é a "última garantia" da oposição entre lei e mandato, entre *ratio* e *voluntas*.

A crítica de Schmitt ao juspositivismo da "sociedade que encontra a ordem em si mesma", por conta da lei que se remete sempre à mesma ordem, até chegar à lei fundamental, é uma crítica radical, pois que para o ordenamento positivo "cessa de repente o dever ser e desaparece a normatividade; em seu lugar a tautologia: uma coisa vale, quando vale e porque vale" (Schmitt, 1982: 34).

A crítica do *Behemot* de Neumann ao liberalismo enquanto ideologia que evita, ou melhor, que se esquiva do *locus* do poder, que "nega" o político, não poucas vezes se aproxima da crítica de Schmitt. O liberal dissolve o político por meio das afinidades legais, racionais, funcionais, previsíveis e calculáveis. Na verdade, talvez se pudesse inferir que essas "afinidades" são justamente as instituições mediadoras que, no Estado de direito, transitam entre a sociedade civil e o

Estado, entre o indivíduo e a sociedade. Na linha weberiana, o político é um meio/instrumento essencialmente racional que visa fins desejados e desejáveis. Ao racionalizar o poder, o liberal estaria rejeitando a politização da vida.

No contexto das astúcias, como aponta a maior parte das críticas ao parlamentarismo e à democracia de massas, a persuasão cresce em importância e, com a crescente complexidade da sociedade, passa a exigir técnicas secretas visando ao controle e à criação de oligarquias dentro dos próprios movimentos de massas.

Ainda de acordo com Weber, o poder na mão de poucos, representando as organizações que se dedicam exclusivamente à democracia – como os sindicatos e os partidos socialdemocratas – tem suas vantagens. Entretanto, como são poucos, porém poderosos, os grupos desejam manter em segredo suas táticas e estratégias, caminhando assim, perigosamente, sobre o fio da navalha entre um regime totalitário e um regime democrático.

O nacional-socialismo, por exemplo, não tinha uma teoria da sociedade, nem um plano consistente. Ele ajustava-se a metas constantemente em mudança, de forma que suas ações, longe de serem consistentes, muitas vezes impactavam tanto pela surpresa que causavam quanto pelo significado da ação. Tratava-se, pois, de uma dupla violência. A diferença entre eles, segundo Neumann, é que a ideologia totalitária funda-se exclusivamente no terror.

O partido, instrumento que possibilita a representação, bem como a apresentação dos interesses particulares como interesses nacionais, é, ao mesmo tempo, o instrumento que impede a dominação total destes por aqueles. Para Mommsen, cuja análise de Weimar, como já foi visto, privilegia mais a competição entre os grupos de interesse – daí a fragilidade do sistema – do que as próprias instituições políticas, a função dos partidos era ambígua: os artifícios da democracia parlamentar haviam se convertido em arma contra o liberalismo e contra a própria democracia. Numa quase afinidade com Schmitt, também para Neumann o estado liberal, "neutro e negativo", era mero aparato, mero "Estado guarda noturno", "sem substância", incapaz de decisões e que degenerara em anarquia.

Retomando: enquanto no liberalismo o político equivale ao compromisso, à negociação, ao acordo, ao diplomático, a distinção schmittiana entre amigo e inimigo identifica o político com o militar – externamente – e com o policial – internamente. Schmitt rejeita a renúncia ao conflito, enquanto a pacificação liberal opta pela dominação que o discurso da não violência mascara. É a essa forma de dominação que se refere Foucault, ao falar da vigilância do poder disciplinar substituindo o poder soberano. Trata-se do poder homicida, do velho poder soberano de matar. No Estado nazista, lembra Foucault, todos tinham direito de vida e morte sobre o vizinho por meio da denúncia, num paroxismo da função de vigilância do poder disciplinar. Com ele, no nazismo, coincidem também o biopoder e a ditadura, com a multiplicação tanto do direito de matar quanto da exposição à morte. É este o poder de um estado absolutamente racista, homicida e suicida. É o racismo de Estado que, no projeto "solução final" iniciado em 1942-1943, atinge seu ápice homicida e, na solução de abril de 1945, atinge seu ápice suicida, com o telegrama de Hitler ordenando o suicídio de todas as tropas, por conta da derrota. No confronto entre amigo e inimigo, diria Hitler, uma nação fraca a ponto de ser derrotada não merece sobreviver (Foucault, s/d: 186).

É para o enfrentamento físico com o adversário de classe, de raça, de religião que o biológico emerge no socialismo, e o racismo reaparece. É exatamente o mesmo raciocínio da oposição e definição da relação entre amigo e inimigo de Schmitt. É o inimigo *hostes*, que pertence à esfera pública e política, e o inimigo *inimicus*, que pertence à privada e econômica. Quando se trata de eliminar o adversário economicamente, diz Foucault, o racismo não é necessário – no mesmo sentido que para Schmitt tampouco é necessário eliminar o adversário no nível privado –, pois não se trata de luta física, de guerra, que deve terminar apenas com a eliminação de um dos lados rivais. É apenas quando se tem que lutar fisicamente que o racismo e o biologismo – a polarização entre uma raça e uma contra-raça, ou entre uma classe e uma "contraclasse" – fazem-se necessários.

Para Benjamin, entretanto, como se verá adiante, num desenvolvimento também a partir de Sorel, a violência revolucionária expressa na greve geral não necessariamente liga a *Gewalt* à violência física, ao contrário do par schmittiano. Para ele, assim como para Foucault – ambos via Nietzsche –, as leis nascem em meio a expedições, a lutas e a conquistas; para ambos a guerra aparece como motor secreto das instituições, das leis e da ordem. Não basta considerar a guerra apenas princípio explicativo, diz Foucault, é preciso convertê-la em batalha decisiva, porque o sujeito está sempre, necessariamente, de um lado ou de outro; seu direito é um direito pessoal, marcado pela conquista, pela dominação ou pela antigüidade. O seu, é um direito da raça (Foucault, s/d: 93).

Quanto à lei liberal, quando sua validade não é dada pelo conteúdo há um deslocamento do normativo para o conflito político. Na medida em que não há critérios objetivos de decisão, torna-se necessária uma instância validadora. A questão, portanto, é: quem decide o que é o direito? O que ameaça a paz? Como eliminá-lo? Quando uma situação está normal e "pacificada"? "Sempre que os antagonismos aparecem no interior de um Estado, todo partido quer o bem geral", diz Schmitt ao lembrar o "politeísmo" de valores de Weber, "a luta que opõe os deuses das diferentes ordens e dos diferentes valores" e que leva a uma "ética de responsabilidade" (Weber, s/d: 41). Entretanto, aceitar a "irracionalidade ética do mundo" é expressar e aceitar o monoteísmo da decisão soberana (Ferreira, 1996).

A falta de conteúdo de validação é inerente à exceção: a normalidade que se autovalida não depende de parâmetros externos; normalidade é mesmidade, "algo que ordinariamente se repete". Entretanto, é a "norma destruída na exceção" que coloca a questão dos fundamentos da normalidade (Schmitt, 1985b: 12). Invertendo a colocação, a norma constrói-se a partir da exceção. As normas, a Constituição, só têm direito de existência a partir da garantia constitucional do estado de exceção; não para assegurar a democracia em situações especiais, como queriam Weber, Naumann e Preuss, mas para garantir a própria possibilidade do decreto das "situações especiais", quando necessário. Daí considerar-se o "caso limite" da situação anormal, em que a suspensão das normas não problematiza a sua instauração, mas na qual a suspensão é, parafraseando Foucault, uma estratégia de poder e de construção da verdade. O fundamento da decisão é, portanto, anterior à suspensão da norma. A ação soberana evidencia, pois, a não universalidade da validade da norma e a exterioridade de seu fundamento, e, ao mesmo tempo, estabelece que a validade da Constituição, das normas e do direito, só é possível e garantida na medida em que contenha a exceção, na medida em que é contida pela exceção.

Do ponto de vista normativo, a decisão é criada *ex machina*; o soberano é secularização de Deus e a suspensão das normas eqüivale à "criação" da ordem a partir do nada, reforçando as já citadas dualidades normalidade e exceção, normal e patológico e patológico e excepcional. Em Schmitt, a exceção "confunde a unidade e a ordem do esquema racionalista", enquanto parece reforçá-la e garanti-la, posto que dá visibilidade ao fato da efetividade da norma depender do ato da vontade, subvertendo a oposição entre *ratio* e *voluntas* do pensamento liberal. Se o conceito de decisão parte dos mesmos pressupostos que o normativismo, à anterioridade e primado do dever ser da norma pertence a *vontade*, instauradora da ordem: é a vontade como fundamento do direito. Enquanto na oposição liberal entre ser e dever ser – isto é, em lugar da força e do arbítrio do Estado reinam justiça, razão, verdade –, em Schmitt *vontade* significa simplesmente "origem de um dever ser" (Schmitt, 1982: 42).

À guisa de conclusão, é pois por meio da vontade como fundante da norma que Schmitt ataca a noção da "sociedade que encontra a norma em si mesma", imanente, enquanto que Benjamin o faz por meio da revolução e da ruptura. Em ambos, a exceção tem a dimensão de milagre. Assim, a decisão soberana schmittiana instauraria, a partir de um caos, não uma nova ordem, mas uma nova desordem, embora em situação de normalidade jurídica.

Novamente, admitir a exceção implica não submeter o político ao normativo. No estado de exceção, a ordem auto-regulada é substituída por uma norma externa ao sistema. Diferentemente do equilíbrio – misterioso, qualificaria Arendt – da livre concorrência que expressa a expansão da esfera privada para a pública –, a exceção opõe uma ordem que é pública desde a origem, fruto do ato de vontade, exterior às relações entre os indivíduos. Nesse sentido, a exceção aparece como transcendência e, outra vez, como produtora de irracionalidade.

Walter Benjamin e a Redenção Messiânica

Os textos de Benjamin que parecem dialogar diretamente com a noção do decisionismo schmittiano são aqueles que se referem: primeiro à exceção e à arte de governar, discutidos, sobretudo, em *A Origem do Drama Barroco Alemão*; segundo, às categorias da violência – enquanto origem do direito (e do Estado), enquanto agente mantenedor do direito (e do Estado) e reprodutora de si própria –, e a violência enquanto agente de liberdade e de ruptura do ciclo reprodutor do direito (e do Estado) – sobretudo em *Pour une Critique de la Violence*; terceiro, às formas de temporalidade – espécie de *policronia*, de multiplicidade de dimensões temporais –, reprodutora, ciclotímica e "controlável" uma, e a outra messiânica, imprevisível, revolucionária – sobretudo em *Teses da História*. Como outros autores da época, tal qual o próprio Schmitt, Benjamin trabalha sua crítica por extremos. Dialético, tem por norma a formação de conceitos pelas polaridades, posto que "os heterogêneos terminam por se unir" (Benjamin, 1963: 81). Defensor da *politização da estética*, estende essa função à epistemologia, que Sergio Paulo Rouanet denomina *redenção epistemológica*, na qual a epistemologia salva as coisas, homogeneizadas pelo "universalismo fraudulento da ciência [...] salvar as coisas é preservar as diferenças" (Rouanet, 1963: 14). A ciência, ao contrário, não pretende salvar as coisas, mas absorvê-las e dominá-las no falso universo da média estatística. Um domínio virtual, talvez?

O tratado é, portanto, um mergulho, um garimpo, uma arqueologia, incessantemente repetida na imanência de cada objeto. A descontinuidade é a norma, comparável ao mosaico, justapondo fragmentos numa construção labiríntica, cujo ponto de chegada é a redenção, a condição paradisíaca perdida. O caminhar é livre, como da criança que ao montar o quebra-cabeças não retém as peças encaixadas, mas recomeça livremente, deixando que o acaso lhe dirija o trajeto. A construção de conceitos, portanto, não pretende domínio, mas redenção. As idéias são arrancadas do contexto original para a formação de um novo todo: é a técnica de montagem.

Benjamin, na exposição epistemológica com que abre o *Drama Barroco*, refere-se a uma linguagem original, paradisíaca, que denomina "linguagem adamítica". Assim, na medida em que a linguagem tem uma dimensão nomeadora, que "desperta as coisas", chamando-as pelo verdadeiro nome que se havia perdido na linguagem profana, posterior ao pecado original, ela é degradada e transformada em "mero sistema de signos e que serve apenas para a comunicação". A tarefa do filósofo é "restaurar a condição paradisíaca [...] o filósofo salva a palavra, reconduzindo-a ao Nome, sua pátria original". As línguas contemporâneas ecoam a adamítica, justificando, portanto, a *anamnesis* (Benjamin, 1963: 16).

Assim é trabalhado o drama barroco do século XVII que, no pós-guerra – 1914-1918 –, por conta da afinidade entre "a desolação posterior à guerra dos trinta anos e o presente marcado pela derrota e pela miséria", diz Benjamin, apresenta "a mesma dicção torturada, a mesma violência verbal, a mesma temática do pessimismo".

No universo do *Trauerspiel*, drama barroco, a República de Weimar é transportada para a dimensão da liberdade alegórica, na qual tudo pode ser dito. A alegoria não é, para Benjamin, imagem ou representação de uma idéia abstrata, mas um texto com força política, que remete à história presente, a uma crítica da atualidade – a uma apresentação, mesmo –, possibilitando ao drama assimilar como conteúdo as próprias condições de sua época. *Spiel*, encenação, jogo, no sentido de ilusão, denota o caráter efêmero e absurdo da vida; e *Trauer*, luto, indicando a tristeza da percepção pela perda da transcendência. O *Trauerspiel* é a crítica à cristalização de tendências táticas que desde o início do século vinham dividindo a esquerda – reformistas, ortodoxos, radicais, sindicalistas, revolucionários – em torno da relação problemática entre partidos e sindicatos. É crítica da missão civilizadora da Europa: de educar as colônias a fim de acelerar a revolução. E é a crítica do ponto nodal do conflito, a questão da paz. A visão da guerra como fruto direto do capitalismo, e a discussão sobre como combatê-la, hesita entre duas dialéticas: a que propõe a paz como réplica à guerra e a que propõe a revolução. É a esquerda dividida porque divididas estão as posições: Bebel, por exemplo, diferencia guerra defensiva de ofensiva, enquanto Adler prega o anticolonialismo como ética, no qual prevalece a oposição ao racismo e à opressão.

A crítica de Benjamin deve ser considerada também à luz da crítica política à República de Weimar e à Segunda Internacional, à polêmica entre reforma ou revolução, e sobretudo à posição de Kaustky e de Hilferding sobre os estágios obrigatórios do capitalismo até a sua derrocada inevitável. Sua colocação era claramente contra os Majoritários da socialdemocracia e simpática aos espartaquistas.

O procedimento alegórico, como no caso do drama barroco alemão, é um ato duplamente violento. Usa da violência conservadora em que o alegorista arranca o objeto de seu contexto e o priva de vida, expondo-o e denunciando-o enquanto "destino", história infinitamente repetida e recontada, e ao mesmo tempo usa da violência renovadora, posto que recompõe e ressignifica, revelando uma anti-história, uma história renaturalizada, petrificada, tornada segunda natureza. O alegorista lacra a significação e a protege da mudança.

O universo barroco pode ser visto como uma alegoria do estado total qualitativo de Schmitt, no qual a missão do príncipe é implantar um reino estável. Na modernidade, a democracia é o regime que garante estabilidade e durabilidade – livre da rebelião e da anarquia, exercendo para isso poderes ditatoriais –, é o decisionismo. O protagonista do drama é o Príncipe – o poder na forma de um dos corpos do rei –, a fim de, com as polaridades a que se presta o barroco, dar visibilidade ao segundo – o corpo da criatura –, em toda sua fragilidade: enquanto criatura, sujeito ao sofrimento e à morte e, sobretudo, criatura *condenada* ao poder, sujeito ao sacrifício. Como tirano, tem a função soberana de garantir a ordem interna e externa por todos os meios; como mártir, está sujeito à doença e morte e à aceitação voluntária do suplício, do sacrifício. Em todo tirano, o mártir, em todo mártir, o tirano. Mesmo quando apresentado em seu lado mais degenerado, o tirano é carregado da conotação de martírio: aparece como um louco homicida – um Anticristo –, despertando compaixão. É a perversão da criação, é o abismo entre os dois corpos do rei: a dignidade desmedida da condição principesca e a miséria desmedida de sua humanidade. Sua morte, prova da impotência e do desamparo, tem as marcas da *condenação ao poder*; no martírio, o corpo despedaçado, o tirano sacrificado. Se na tragédia grega o herói rompe com o destino, extinguindo a maldição pela orgulhosa aceitação da culpa, no barroco o destino é onipotente, e a culpa transforma-se na sujeição da criatura à ordem de ferro da natureza. Sem transcendência, não anuncia uma nova ordem, mas a repetição da velha ordem.

A noção de condenação é aqui empregada no sentido existencialista sartreano, no qual como um rei Midas, o que se configura como o alcance máximo, o poder absoluto, tem também sua contrapartida na irrevogabilidade da posição e na dificuldade, às vezes, de a simples criatura arcar com ela. Um dos mecanismos para neutralizar o peso da carga é a lendária fuga do rei do palácio "disfarçado em mendigo", para misturar-se ao povo. Dá-se o contrário da tragédia grega, em que a morte do herói é o sacrifício pelo qual ele rompe com o destino, ao mesmo tempo anunciando a vitória sobre a ordem mítica dos deuses e em expiação aos deuses, guardiães de um antigo direito, e promessa de um novo estado de coisas, ainda virtual: um sacrifício ao deus desconhecido. Morre porque o novo ultrapassa a vida de um só homem.

O mártir é também tirano no controle das próprias paixões, transmudando natureza em antinatureza – história petrificada, assujeitada a uma ordem de ferro. Dilacerado na fronteira entre dois mundos, a condição do príncipe/criatura é atravessada pela melancolia, pelo luto e, sobretudo, pela hesitação – *acedia* –, "sombria indolência da alma": domínio da natureza e sujeição à natureza; entre ser e não ser. Seu tempo é a ciclotimia do eterno retorno. Nele não há a bela morte, imortalizadora. No *Trauerspiel*, a maldição perpetua-se e a morte não é fim: a vida prolonga-se nas aparições espectrais. Seu registro é o noturno, pois a meia-noite é o tempo do retorno ao ponto de partida. É a hora da curva ciclotímica.

Schmitt, com o monismo decisionista, com a crítica à democracia, ao liberalismo e ao parlamentarismo, enfim, com a preocupação em torno das questões de governabilidade, sua reivindicação por um Estado total qualitativo e com sua posição como *kronjurist*, parece ele mesmo calcado em uma personagem central do drama, sempre ao lado e à sombra do príncipe. É o conselheiro, o "cortesão intrigante", quem assessora o Príncipe a governar com mão forte, a afastar as ameaças internas e externas; é quem diferencia amigo de inimigo, com um saber que pode se voltar, e que se volta, contra o Príncipe; é quem conhece os homens e suas paixões e, por isso, pode manipulá-los, assim como também conhece as paixões e a fragilidade do Príncipe enquanto criatura. Leal, o conselheiro combate a catástrofe; traidor, é ele a própria personificação da catástrofe. O conselheiro mistifica e oculta a porção criatura do soberano. Não há o soberano no barroco.

Também o intrigante, o conspirador – o conselheiro –, exerce um estóico controle das paixões. No limite, é um santo. Melancólico, vive no registro de Saturno, "planeta que predispõe à inconstância". Por fidelidade aos homens e à governabilidade, pode trair o Príncipe quando este, "em seu voluntarismo arrogante quer um Estado imutável, além das vicissitudes do destino e da natureza"; é ele, portanto, o Conselheiro, quem pondera a diferença entre estabilidade e imutabilidade (Benjamin, 1963: 31).

Enquanto o corpo-Príncipe supera e subjuga a criatura – confrontando imortalidade com finitude –, o cortesão intrigante – o conselheiro –, por sua vez, subjuga o Príncipe a fim de, em última instância, salvá-lo por meio do poder. Constrói-se assim uma espécie de corrente de dominação e de dependência, sempre ambivalente e polarizada, infinitamente reproduzida, exatamente como as *disciplinas* foucaultianas que se reproduzem por todas as dimensões do real, num mecanismo infinitamente repetitivo e que se comunicam também incessantemente, renovando e reativando a difusão da dominação e da dependência na sociedade de massas, sociedade administrada.

O Príncipe barroco revela virtudes e vícios principescos como as manobras e maquinações políticas schmittianas: "quem quiser escrever tragédias [...] deve ser versado em [...] saber como se governa, como se conserva o poder, como se evitam os conselhos nocivos, e que métodos utilizar para conquistar o poder, expulsar os rivais e mesmo removê-los do caminho [...] deve compreender a arte do governo" (Benjamin, 1963: 86-87).

O drama é intriga, trama de catástrofes, criada e tecida pelo conselheiro. A corte é "covil de assassinos, um lugar de traição". O conselheiro tem o caráter ambíguo da soberania/tirania espiritual, do controle das próprias paixões e do cuidado de si, do cuidado do Príncipe, do cuidado dos súditos. É nesse caráter ambíguo, que lembra a noção de *governa-mentalidade* de Foucault, que se funda a sua dialética. O espírito confirma-se no poder, na faculdade de exercer a ditadura que exige "rigorosa disciplina interna e inescrupulosa atividade externa": lealdade e conspiração.

O paralelo não termina aí: a corte barroca, enquanto *Reichstag*, *locus* da salvação secular, sinaliza a intemporalidade paradisíaca perdida, e também sua sujeição às investidas da natureza. Torna-se própria fonte de ingovernabilidade, seja nas "conversas sem fim", seja pelo estatuto meramente formal das decisões acordadas a "portas fechadas", tornando-se, pois, lugar do vício e do crime: "o espaço da conspiração e da rebeldia, que provoca a guerra civil", fazendo da corte/*Reichstag* o inferno, "o lugar da eterna tristeza". No palco/corte/*Reichstag* desdobra-se um espetáculo lutuoso destinado a enlutados, imersos no grande desamparo da orfandade, sem apelo aos deuses (Benjamin, 1963: 31).

Assim também, para Benjamin, o alegorista, "senhor das significações", ataca a história que não quer mudanças, o absolutismo e o decisionismo que lutam pela estabilidade e pela garantia de um governo durável. A isso vem atender a exceção, como forma irracional e extrarracional da não mudança. Também a exceção da "constituição" do mercado – as regras do jogo – tem semelhante função de significação estável. Cabe observar a grande discrepância entre o alegorista que busca a transformação e a busca do império de mil anos, petrificado, inalterável, do modelo *hostes/hospis* de Landa.

O barroco não tem instância transformadora. Personagens, trama e cenário são caracterizados pelos extremos, pela tensão: "um pólo, a história, como natureza cega; o outro, a antihistória, como história naturalizada" – imanências de um universo secularizado. A transcendência é teatro no teatro, cena atrás da cena, ilusão; excluem-se os temas da história como salvação. É o eterno retorno, o recomeço perpétuo. As personagens são movidas por forças "naturalizadas": os príncipes caem como árvores, fulminados por raios e não abatidos pela história. Os afetos são instrumentos do destino. Fantoches nas malhas de ferro de uma história tornada natureza.

Se na Idade Média a salvação estava na "dissolução escatológica da cidade terrestre na cidade de deus", no barroco o que aparece é a restauração religiosa da Contra Reforma: é secularização sem transcendência. Vida e salvação profanas, o Barroco é "habitado pela antecipação da catástrofe, [não] a messiânica que consome a história, mas a do destino, que o aniquila" (Benjamin, 1963: 35). A salvação pela fé, que não pode ser posta à prova pelas boas ações, priva o homem de certeza e submete-o a decretos divinos inalteráveis, ao destino.

O barroco propõe a estabilização, a perpetuação e a petrificação da história por meio da moderna soberania – por meio "[d]aquele que decide na exceção" –, que legitima o poder absoluto do Príncipe a fim de afastar a rebelião e a guerra civil. É o absolutismo como regime de exceção que retorna na modernidade, alterando, inclusive, a temporalidade: secularidade que antes era eternidade. Trata-se da exigência de um poder cujo estatuto constitucional garanta pacificação e prosperidade: é a restauração da ordem durante o estado de exceção, enquanto sua "vocação utópica" é substituir as incertezas da história pelas leis de ferro da natureza – acrescentando a crítica ao liberalismo –, e as incertezas do mercado pela continuidade do sistema.

O ideal absolutista que naturaliza e petrifica a história opõe uma história instaurada pela vontade do Príncipe a uma história natural. O estado de exceção é como um instrumento de naturalização da história, de transformação da história em "jaula de ferro" e, nesse sentido, é reacionário. Impõe o freio da paralisia, não o da brecha, do momento de ruptura. Por extensão, o mercado revela-se como naturalização e petrificação da economia.

No Barroco, a imagem da morte é o extremo ao qual o homem sucumbe como criatura. A alegoria é morte – metamorfose do vivo no morto, enquanto o anjo barroco de Benjamin é a alegoria da metamorfose do morto no vivo. A sala do trono é cárcere; a alcova, sepultura; a coroa, uma grinalda de espinhos; a harpa, o machado de carrasco – é a condenação ao poder e à decisão, na exceção. Diz morte e significa história, pois, "ao contrário do símbolo, que vê a história na perspectiva transfiguradora da redenção [...] a alegoria mostra a [...] história como paisagem petrificada [...] a ruína é o fragmento morto, o que restou da vida depois que a história/natureza exerceu sobre ela seus direitos" (Benjamin, 1963: 188).

A salvação, que parece desembocar em transcendência, é ilusão. O Deus-príncipe, pura alegoria, é imanência: exclui história, revolução e apocatástese messiânica; tempo ciclotímico da história naturalizada [...] Não é o tempo agudo, imprevisível da irrupção explodindo o *continuum* da história. Entretanto, esse tempo acaba sendo alcançando no barroco "além de seus próprios limites", transgredindo, por conta do alegorista que extrai, pela violência, "um fragmento de intemporalidade, semelhante ao historiador dialético que extrai do *continuum* da história linear um passado oprimido". É o freio da brecha apenas tornado visível. Uma história natural implantada pela vontade e decisão do Príncipe é a origem do barroco; salvar o Barroco é tentar recompor e ressignificar as ruínas e ressuscitar os mortos. É nesse sentido que o anjo da história, como uma cintilância, metamorfoseia o morto no vivo. Nossas ruínas, análogas às do barroco, são internas: "o tirano e o mártir vivem entre nós [...] o luto é nosso elemento" (Benjamin, 1963: 47).

O soberano, "aquele que decide na exceção", representa a história, o progresso da *Aufklärung* kantiana: em suas mãos segura o acontecimento, como um cetro, coisificado, fundado no direito constitucional, na exceção, no art. 48. É um novo modelo de soberania, da defesa da inviolabilidade absoluta do soberano, que revela o incomensurável e insustentável abismo que separa os dois corpos do rei e que, ao mesmo tempo, coloca a pergunta: quem decide de quem parte o sinal para eliminar o rei? Impossibilitado de escapar à condenação ao poder, imortalizado o corpo monacal, qual o *locus* da exceção da condição principesca? No corpo frágil do rei criatura, sacrifício e martírio? A possibilidade do tiranocídio, enquanto liberação do destino perpetuado do corpo monacal, fora da cúria que perdeu a *potestas*, fora do povo que não é soberano, a contrapartida do poder está na astúcia, no Conselheiro.

O barroco nasce a partir da discussão sobre o estado de exceção, do exercício de um poder executivo supremo, cuja mais importante função é impedir sua instauração. Quem governa está condenado a exercer poderes ditatoriais no estado de exceção, provocado por guerras, revoltas ou outras catástrofes: trata-se de um elemento ao mesmo tempo despótico e mundano, é produto da secularização.

É no barroco, atravessado pelo desejo obsessivo por transcendência, diante do desamparo da perda de transcendência, que se inscreve o que Marramao denomina *a hermenêutica do excesso*, e que se estende para todas as dimensões da modernidade. Entretanto, diz Schmitt, essa "consciência do significado do estado de exceção que dominava o direito natural do século XVII" desaparece no século seguinte, não só devido à estabilidade política. Se "para Kant, o direito de exceção deixou de ser direito" (Schmitt: 14), é por conta de seu *racionalismo teológico*. Se o religioso do barroco "adere ao mundo, é porque se sente arrastado [...] há uma dinâmica que junta e exalta as coisas terrenas [...] o além é esvaziado de tudo que possa conter o menor sopro mundano" (Benjamin, 1963: 90). A exceção aparece, pois, de um lado como milagre secularizado, e de outro como a única forma possível de transcendência secularizada. A obsessão pela transcendência perdida acha na exceção uma forma de tornar o desamparo sustentável. Ela se espraia pela modernidade: na política, no direito, na economia. Forma de realizar, de atualizar e de ressignificar a criação, associa o Príncipe ao divino, ao menos em parte, ao mesmo tempo em que possibilita que "personagens terrestres e celestiais se mesclem em sua comitiva". Entretanto, trata-se de "uma glorificação pagã [...] pois nem o monarca nem os mártires escapam à imanência".

A comparação entre o Príncipe e o sol, comum à época e a parte das mentalidades culturais que invadem o nazismo, visa apenas acentuar o caráter único da autoridade. "Só pode haver um sol no mundo e um Príncipe no reino", espécie de alerta contra a aproximação entre

Príncipes, pois "o encontro entre [eles] é uma guerra incessante, em que um quer ter vantagens sobre o outro, e lutar até a vitória [...] não se pode medir os reis por critérios medianos. Eles têm que ser julgados como inteiramente bons ou inteiramente maus" (Benjamin, 1963: 92). Do lado inteiramente mau do soberano, *o terror*; do inteiramente bom, *o sacrifício*, tão caro à república. Aspectos jurídicos do principado barroco, manifestações limite da condição principesca. A soberania, considerando a exceção, completa a figura do soberano, investindo-a com traços de tirania, mesmo quando não exigido pelas circunstâncias. É norma não transgredida até quando o Príncipe degenera, pois "a púrpura recobre todos esses crimes", o que eqüivale a uma condenação.

Não seria essa uma astúcia do Conselheiro para devolver a áurea ao degenerado tirano? É o Príncipe de Maquiavel que .rrompe, destruindo-se e destruindo a corte: sucumbe ao próprio delírio de poder, vítima do abismo da desmedida – o poder de que Deus o investe e a miséria da sua condição humana, da sua condição de criatura.

A antítese poder do governante, de um lado, e capacidade de governar, de outro, por conta dos dois corpos do rei, no Barroco, é resolvida pela *condenação* à soberania: diante da indecisão do soberano, do hamletismo político,

o Príncipe, que no estado de exceção tem a responsabilidade de decidir, revela-se [...] quase inteiramente incapaz de fazê-lo [...] o que se manifesta não é tanto a soberania, através dos discursos estóicos, como a arbitrariedade brusca de uma tempestade afetiva, sempre mutável, na qual os personagens oscilam como bandeiras rasgadas (Benjamin, 1963: 94).

A soberania-exceção é meio de superação da tensão-hesitação. Coloca-se a pergunta: quem investe de poderes aquele que decide na exceção? Na tradição alemã, desde Bismarck, o conselheiro. Como uma corrente decisionista, Bismarck e Schmitt, os conselheiros.

A interioridade tem também suas leis de exceção: o controle das emoções, o estado de exceção da alma. Drama do tirano, tragédia do martírio, a inveja da divindade.

Condenado à imanência, o barroco renuncia ao estado de graça e regride ao estado original da Criação: a fragilidade da história e a pericibilidade-finitude da criatura, etapas da redenção do medievo, é substituída no barroco pelo mergulho no desamparo e na desesperança. Se há redenção, ela está mais na fatalidade do destino do que na realização de um plano divino... A fuga cega à natureza privada da Graça é especificamente alemã (Benjamin, 1963: 104).

O que fascina na criação e destruição do tirano é a convicção da força sacrossanta da função, a contradição ao mesmo tempo de onipotência e de abjeção. Se falhar como pessoa e como governante, como se julgado pelo "tribunal da história", "sua queda é também um julgamento, que atinge os próprios súditos": no limite, justifica a condenação à soberania, com a finalidade de resguardar o povo... Tratar-se-ia de mais uma astúcia do Conselheiro?

À luz dessa construção, vale retomar uma das mais freqüentes acusações do liberalismo de que, no coração da contra-revolução, aparecera um judiciário politizado, passível de compra e negociação para fortalecer um grupo às custas de outro, eliminando inimigos políticos e ajudando aliados. Essa queixa aparece explícita sobretudo em Bartholdy. É interessante essa "politização dos juízes", opondo-se à crítica schmittiana da despolitização, ou mesmo da anti-politização da visão liberal.

É o estado de criação que condena ao abismo: "a tentativa de encontrar a origem da realeza no estado da Criação ocorre até na teoria jurídica. Os adversários do tiranocídio caracterizam a infâmia equiparando-a ao parricídio" (Benjamin, 1963: 108). O jurídico, como mostrou Foucault, é parte integral da construção saber poder do modelo da soberania.

A honra não está na luta pelo coletivo – no sacrifício –, mas

na inviolabilidade abstrata da pessoa física e na integridade da carne e do sangue [...] A atividade histórica confunde-se com as maquinações dos conspiradores; nenhum dos que se opõem ao "monarca petrificado" é movido por convicção revolucionária. Somente o soberano ostenta o esplendor da dignidade ética [...] do estóico (Benjamin, 1963: 111).

É a atitude do herói cristão, a figura do mártir crucificado.

Se para Goethe "os acontecimentos políticos expressam o horror da vontade de destruição periodicamente renovada", ciclotímica, à semelhança dos ciclos naturais, para Benjamin importa não a antítese entre história e natureza, mas a secularização da história no estado de Criação. Não é a eternidade que se contrapõe ao mundo, mas a restauração de uma intemporalidade paradisíaca perdida. É o retorno revolucionário: não se pretende retornar a uma realidade, mas a uma condição. É a história vista a contrapelo, de forma que a condição está no futuro, no instante em que pela porta estreita virá o Messias.

A corte/*Reichstag*, é o *décor* do processo histórico; diferente da tragédia, desenrola-se num *continuum* espacial. Alma e corpo são dois mecanismos sincronizados, impondo ritmo aos dois mundos, tempo em que se inscreve a vida dos homens, as astúcias do cortesão e os atos do Príncipe que, como um deus que governa, intervém na exceção, mediando e normalizando os negócios do Estado. "O Príncipe desenvolve as virtualidades do Estado numa espécie de criação contínua. É o Deus cartesiano transposto ao mundo político [e] Caim foi o primeiro cortesão, porque a maldição divina o privou de qualquer pátria" (Benjamin, 1963: 120). Como se fora uma corrente autoritária, Caim, Bismarck, Schmitt.

A morte-sacrifício do herói trágico marca um tempo inaugural por anunciar uma nova ordem, um novo direito; e terminal, porque é a expiação aos deuses e porque as mudanças que anuncia ultrapassam um só indivíduo. Nos gregos, a expiação é a metamorfose da morte em salvação. O herói é incomunicável, sua linguagem é o silêncio e sua condição, a solidão: "nada sabe do que lhe é exterior, pois sua solidão é absoluta". É diametralmente oposto ao agito da corte, à conspiração do Príncipe e do Conselheiro.

A exceção do barroco é o estado de exceção do art. 48, na interpretação ampla e discricionária de Schmitt, arrancada de seu contexto pelo alegorista, e ressignificada. O caso limite da exceção em Benjamin é ruptura e revolução: "a tradição dos oprimidos nos ensina que o estado de exceção em que vivemos é na verdade a regra geral. Precisamos construir um conceito de história que corresponda a essa verdade [...] nossa tarefa é originar um verdadeiro estado de exceção" (Benjamin, 1987b: 226).

Essa *hermenêutica do excesso* reproduz-se em outras dimensões constituintes do poder-saber: no direito, na justiça, na moral. No contexto de um Leviatã do pacto social em torno de normas e valores, de um moderno Estado de direito, democrático e liberal, numa espécie de genealogia do direito, em que "a relação elementar de toda ordem jurídica é a de meios e fins", Benjamin desconstrói o monopólio estatal da violência, tendo por alvo o fim do Estado (e do direito). Em Benjamin, diferentemente de outros autores de sua época – de Weber a Neumann, Kirschheimer ou Schmitt – que também trabalharam com o que se poderia denominar a desconstrução do direito, não se visa a discussão em torno da formalização/desformalização da lei, mas sim em torno da própria existência do direito.

Desde Kant, a lei é essencialmente promoção da paz e, na lei liberal, é também garantia de liberdades e direitos individuais, inclusive de propriedade privada. De Kant a Elias, a lei aparece como critério do processo civilizador, da tensão entre pacificação e violência. À pergunta weberiana sobre espaços pacíficos duráveis no Estado moderno liberal, respondida pelo contrato do Leviatã hobbesiano, encontra-se a reivindicação dos governantes ao monopólio da força – com especialistas autorizados, à disposição para emergências e para evitar que outros cidadãos a utilizem.

O monopólio estatal da violência pressupõe o indivíduo antes do pacto, com pleno direito ao exercício da violência, *de jure* e *de facto*. Revisitado pelo darwinismo, para o qual a violência é meio adequado para a seleção natural do mais forte, desemboca no racismo de Estado como legitimação do homicídio numa sociedade em que vida e pacificação são a norma. Assim, o poder adequado a fins naturais, o jusnaturalismo – meios para fins justificados – legitima-se, ao contrário do direito positivo – meios adequados aos fins –, para o qual o poder se constitui historicamente e que critica apenas os meios, em busca de legitimidade. Como a violência quando exercida está nos meios – mas não como princípio –, ela tem por critério a distinção dos próprios meios sem levar em conta os fins, enquanto o direito natural sequer coloca a questão, posto que, enquanto fim, a violência não é problemática – o que, diz Benjamin, leva pelo caminho do terror. O problema é que o jusnaturalismo e o juspositivismo apresentam-se como uma antinomia irredutível. É pois preciso "sair do círculo e estabelecer critérios para a legitimidade dos meios [trata-se] de criticar a dupla violência, a que funda e a que conserva o direito. É preciso provocar o [verdadeiro] estado de exceção para romper a continuidade histórica da violência" (Matos, 1995: 45), por meio de uma filosofia da história, numa filosofia do tempo, das temporalidades.

O monopólio absoluto da força veta ao sujeito de direito, em todas as áreas, os fins naturais alcançáveis por meio da violência: "um sistema de fins jurídicos é insustentável quando, em algum lugar, fins naturais ainda podem ser perseguidos pelo meio da violência". O monopólio, uso da violência para fins jurídicos, garante assim, diz Benjamin, não a justiça ou o cumprimento das leis, mas o próprio direito.

No direito positivo não há leis inconstitucionais ou decisões ilegais: a existência da norma está na validade condicionada, por sua vez, à efetividade. Ela não vale por ser justa, mas por estar ligada a normas superiores e anteriores, sucessivamente, até a norma fundamental, a norma inaugural. O critério de escolha da lei fundamental não é a justiça, pois a perspectiva jurídica e a moral/política são âmbitos separados. "Desvio histórico", o direito positivo lida com a conformidade dos meios e é "cego à incondicionalidade dos fins", instituindo duas medidas: uma violência legítima, sancionada, e outra ilegítima. Assim, a legitimidade reduz-se à legalidade; o controle do arbítrio está na norma fundamental, nascida de uma revolução na ordem jurídica.

No Estado de direito, diz Benjamin, a tendência é proibir a obtenção de fins naturais por meio da violência, pois estes, necessariamente, colidem com os fins legais. A violência, em mãos do indivíduo, ameaça a própria ordem jurídica. O exército, a polícia, os especialistas no uso da violência, deveriam refrear-se de usá-la contra civis. O Estado, portanto, tende a legalizar, perpetuar e conservar a violência e o monopólio da força, não para proteger os fins legais, mas o próprio direito (e o próprio Estado). Entretanto, assim como a constituição democrática, o monopólio estatal da força no Estado moderno também tem que se garantir em caso de "contingência concreta", de caso limite: é a situação da *legítima defesa*, em que o sujeito de direito tem o direito do uso da violência para a obtenção de certos fins. É a violência como baluarte último, como *ultima ratio*, nas duas situações de ameaça: à ordem interna, *a greve*, à externa, *a guerra*.

O direito de greve, argumenta Benjamin, embora seja um agir não violento, pode suscitar violência aos olhos do Estado. Não o direito do exercício da greve, mas por subtrair-se à violência exercida pelo patrão, em legítima defesa; enquanto aos olhos do operário, sim, é direito de exercício para atingir fins. Baseado na diferenciação de Sorel entre greve geral política e revolucionária, Benjamin trata do conflito entre Estado e operário, em que este reivindica o direito de greve e aquele o declara abusivo. Na greve, diz, o Estado teme não a função de assalto da violência, mas a transformação das relações.

Sorel distingue entre dois tipos de greve: primeiro, a greve política geral, base de fortalecimento do poder do Estado socialdemocrata, "uma instituição de poder fortemente centralizado e disciplinado [que] é a fórmula da revolução alemã passada" e que é preciso eliminar (Benjamin, 1921: 139). Segundo, a greve geral proletária, que embora proponha aniquilar o Estado, não é violenta, melhor dizendo, não necessariamente recorre à força física, pois pretende o retorno ao trabalho – caso este seja transformado, deixando de ser uma compulsão do Estado. A greve geral proletária pretende-se uma subversão da ordem: "seus partidários olham as reformas [...] como tendo caráter burguês [...] [a] greve geral marca [...] sua indiferença para os ganhos materiais da conquista [...] ela se propõe suprimir o Estado; o Estado foi, com efeito, a razão de ser dos grupos dominantes" (Benjamin, 1921: 137).

A greve geral revolucionária, enquanto "ruptura de relações", é para Benjamin meio puro, desprovido de violência, mesmo quando o Estado a qualifique como abusiva e declare, então, o regime de exceção. Nesse sentido, a violência é uma questão de definição, de decisão. Ela não é violenta por se tratar de uma conduta que corresponde ao exercício de um direito reconhecido, e que só depois é qualificada como violenta. Para o trabalhador, o direito de greve é direito do uso da violência para alcançar determinadas metas. Ao usar o direito para destruir a ordem de direito que funda sua própria concessão, mesmo que pela conduta passiva, o direito torna-se pressão. Quando o direito, sob certas circunstâncias, se opõe pela violência aos grevistas, é sinal de "contradição de fato na situação do direito e não uma contradição lógica do próprio direito", num argumento que lembra o de Schmitt na defesa de seu Estado total, sobre a democracia que destrói a democracia.

Até 1905, a greve geral tinha estatuto anarquista e utópico. Revertida essa imagem depois da Revolução Russa, a greve passou a ser considerada como arma política. Para Rosa de Luxemburgo, a greve poderia servir de substitutas das barricadas – meio empregado pela burguesia na luta contra o feudalismo. Mas para os revisionistas do partido socialdemocrata e para os sindicalistas, a greve geral era arriscada demais. Para o líder sindical Légien, ela não tinha sentido, por colocar a própria existência do sindicato em perigo. Liebknecht, assim como Luxemburgo, também era a favor da greve política como arma. A vitória eleitoral não era suficiente; os movimentos e as ações de massa eram necessários. Se a greve era importante nas lutas econômicas, também o era para as metas políticas. Rosa Luxemburgo obteve uma vitória formal, pelo menos, quando sua proposta foi adotada nos congressos do partido em Jena (1905) e em Mannheim (1906). A greve política foi sancionada. Légien argumentou que a greve era temerária por revelar planos táticos ao inimigo, ao que Rosa Luxemburgo revidou dizendo que o moderno movimento proletário não decidia suas táticas em segredo: a greve política fora concebida apenas como defesa contra a possível futura limitação dos direitos de voto. Assim, a greve política continuou subordinada ao trabalho parlamentar do partido.

Segundo Luxemburgo, a greve política resulta de uma fase específica na luta de classes, não podendo ser invocada por decisão do executivo do partido; a greve não é substitutiva da ação parlamentar e a luta das massas não pode se limitar ao trabalho organizado. Acusada de adotar a espontaneidade em detrimento do papel racionalizador do partido, Luxemburgo defendia que não se pode nem super nem subestimar a ação revolucionária das massas organizadas. O endosso ao uso da força na luta revolucionária opunha-se à política oficial do SPD, sobretudo da facção revisionista que defendia exclusivamente os meios legais e parlamentares.

Essas mesmas reflexões em relação às situações de ameaça interna – a *greve* –, reproduzem-se, em torno do mesmo princípio, diz Benjamin, no caso da ameaça externa – a *guerra*. A cerimônia de paz, indispensável marca e sanção da vitória para o "reconhecimento de um novo direito", prolonga a violência da guerra. Trata-se da violência da guerra fundadora do direito, em que o militarismo se caracteriza pelo uso compulsório da força física como meio, a serviço dos fins jurídicos do Estado e em que o serviço militar obrigatório aparece como fator conservador do direito. É inútil, argumenta Benjamin, criticar o direito em nome de uma liberdade informe, sem definir a ordem superior de liberdade.

Ao visar as leis que o direito protege e não a própria ordem jurídica, a crítica esvazia-se. A violência conservadora do direito é ameaçadora, não por conta da intimidação que produz, mas "pela consideração posterior [...] a respeito de onde ela se originou" (Benjamin, 1921: 165) e pela perpetuação que reproduz.

Ao questionar a pena de morte – esse "poder sobre vida e morte na forma de ordem jurídica", e que aqui pode ser entendida no seu sentido mais amplo, ou seja, estendendo-se também à guerra e ao seu agente, o exército, no sentido de exercício do poder sobre a vida e a morte –, ela não questiona a punição, mas o próprio direito na sua origem, posto que ela é presença e confirmação da origem violenta do direito. Isso se comprova, diz Benjamin, na medida em que a pena de morte pode aplicar-se também aos delitos contra a propriedade: o objetivo não é punir a violação, mas estabelecer o novo direito. Ao mesmo tempo, dá-se visibilidade a algo podre no coração do direito: o imbricamento da dupla função da violência, fundadora e conservadora do direito.

Esse imbricamento é ainda mais forte na instituição-coração do Estado de direito: a polícia. Trata-se da violência para a proteção do Estado – em relação aos cidadãos –, podendo a polícia até mesmo baixar decretos quando o Estado não está suficientemente protegido pela lei. Na verdade, esse direito de polícia aparece no momento em que o Estado não pode mais garantir juridicamente os fins aos quais se propôs; as questões de segurança intervêm quando "não existe uma situação jurídica definida". Em suma, o estado de exceção, o estado decisionista é o estado policial. Como violência fundante, auto-representa-se até que outras violências reprimidas retornem, fundando o novo direito, rumo a um novo declínio. É na ruptura desse círculo mítico do direito, na suspensão e eliminação do direito – da violência de Estado, da exceção (no sentido de repetição) –, que se instaura a nova era.

A "ignomínia" dos agentes internos e externos do monopólio estatal da violência, para Benjamin, estaria na ausência de separação entre a violência que funda o direito e a que o conserva. O direito da polícia de legislar indica em que ponto o Estado não mais assegura as suas próprias metas. Sua violência, diz Benjamin, é tão desestruturada quanto onipresente, e é menos danosa na monarquia absoluta – na qual representa a violência do soberano e em que não há separação entre os poderes – do que na democracia. Nesse caso, a polícia ou o exército aparecem como representações da soberania. Também Arendt, em *Origens do Totalitarismo*, discute amplamente a função fundante da polícia por ocasião dos grandes deslocamentos de massas, no entreguerras, das populações de refugiados e de apátridas, que não caíam sob nenhuma legislação nacional.

São duas as violências, portanto: uma que funda o direito, e a outra que o conserva. Enquanto fundante, deve atingir os fins e, ao invés de dispensar a violência, em nome do poder fixa os fins enquanto direito, necessária e intrinsecamente atados: uma fundação de direito é, pois, uma fundação de poder-violência. A justiça é o princípio divino do fim; o poder-violência é o princípio mítico do direito. No nível da violência do mito e do direito, ela é auto-fundante, fechada em si mesma e ciclotímica, ela é terror.

O contrato, base sobre a qual se funda o Estado de direito, sempre implica uma violência possível por seu descumprimento. O parlamento de Weimar, diz Benjamin referindo-se sobretudo à socialdemocracia alemã, é um "espetáculo deplorável" por ter perdido a memória das forças revolucionárias às quais deve sua existência. A crítica radical contra o parlamento justifica-se, na medida em que não funda o acordo sobre o princípio da não violência.

Numa abordagem que se aproxima da "conversa sem fim" da crítica schmittiana ao parlamentarismo liberal, Benjamin refere-se à "técnica do diálogo" como a forma por excelência de meios não violentos do acordo civil e que, diz ele, não remete diretamente à relação homem-homem, mas entre homens e bens. A exclusão da violência, por princípio, repousa na impunidade do logro; entretanto, a violência jurídica criminaliza-o — embora em si, esta nada tenha de violento — a partir do princípio virtuoso da vigilância da propriedade — "o direito civil foi escrito para vigilantes" —, a fim de evitar a violência que possa suscitar, restringindo assim os meios não violentos. É isso o que possibilita o direito de greve, mesmo contradizendo os interesses do Estado. Trata-se, novamente, da violência como produto de uma definição.

Nesta altura da desconstrução da *Gewalt*, visando o fim do Estado e do direito, vale frisar uma vez mais a postura política de Benjamin que, sobretudo por influência de Sorel, afirma a impossibilidade de uma mediação histórica que transforme o Estado. Sua negação é radical. O jusnaturalismo e o juspositivismo não resolvem a questão da violência como origem do direito. No direito, pelo fenômeno da paz — enquanto compromisso, cerimônia e ritual que marcam o final do conflito ou da guerra anterior — é que se revela a verdadeira natureza da violência como fim natural: violência-pilhagem, a violência da acumulação. É a *Gewalt* — *violência, poder* —, como expressão de força e exercício de violência, cumprindo seu ciclo histórico — e mítico —, impondo seu domínio na forma e na aparência do direito.

O eterno retorno, portanto, é o que resulta da substituição do direito por outros direitos que com ele rivalizam: é o perpetuar-se da violência que, em terminologia contemporânea, poderíamos denominar *serial*, infinitamente repetitiva. O *Gewalt* expressa no mito a eterna repetição do mesmo, aprisionando a História no seu contrário, na necessidade ciclotímica ahistórica, no retorno à origem violenta. A temporalidade que rege o direito, campo da "infelicidade e da culpa", é o tempo do destino, um tempo mítico, homogeneizado, repetido; um tempo sem tempo. A ela opõe-se irredutivelmente a justiça, a violência divina pura, direta e imediata, e opõe ao tempo do destino o tempo da redenção. A temporalidade da redenção é a única que pode sobrepor-se à mítica, posto que ela não propõe nem instaura um novo direito.

Devido à absoluta estranheza entre as duas formas de violência, a mítica — do destino — e a divina — da justiça —, a política que quer derrubar a ordem da violência jurídica apenas pode fazê-lo como "política dos meios puros", que não transforma, não corrige e não reforma o direito, mas que o destrói. É a política que não pretende a reforma, mas a revolução.

Segundo Benjamin, solução de conflito sem violência só é possível na dimensão privada, entre particulares: "a cultura do coração dá meios puros". Tratar-se-ia da cultura do coração *versus* a cultura do direito? Na dimensão estatal – do público –, o conflito político nunca é solucionado por meios puros, não violentos, pois que sempre desemboca em contrato, em compromisso, em tratado, tendo a violência em estado latente. E mais, "quando a consciência da presença latente da violência dentro de uma instituição jurídica se apaga, esta entra em decadência". É o caso do *Reichstag* de Weimar:

falta-lhe o sentido do poder instituinte de direito [...] por isso não consegue tomar decisões dignas desse poder, mas compromissos de forma supostamente não violenta [...] o impulso que leva a fazer acordos sem compromisso não parte dele mesmo, mas vem de fora, do impulso contrário.

Com a obrigatoriedade da violência na dimensão pública para a resolução de conflitos e com a fragilização do parlamento em virtude do "esquecimento" de suas origens, Benjamin dá uma pista para a grande indagação – sobretudo do *Behemot* de Neumann – do que levou grandes setores da esquerda operária a apoiar Hitler e o nazismo: "talvez [as] pessoas que, por causa da guerra, optaram pelo ideal de uma solução não violenta de conflitos políticos, tenha[m] se afastado desse ideal devido à decadência dos parlamentos [...] aos pacifistas opõem-se os bolchevistas e os sindicalistas" (Benjamin, 1921: 167).

As soluções pelos meios puros, diz Benjamin, quando traduzidas à esfera pública/estatal, quando o judiciário as penetra, abalado e decadente, termina criminalizando a não violência e, assim, restringindo os meios puros e, como reação, produzindo violência. É o que permite a concessão do direito de greve para inibir ações violentas que, fragilizado, o Estado teme enfrentar. Assim Benjamin explica, no limite, a passagem *hostes/inimicus* que Schmitt deixa em aberto. Por medo do poder alheio, o Estado mostra o quanto está abalado: "o direito institui fins na intenção de evitar manifestações que ameacem o poder conservador do direito [...] por medo de ações violentas" (Benjamin, 1921: 168); ou seja, para evitar que os operários incendeiem ou sabotem os meios de produção e a fim de "motivar o acordo pacífico", o Estado criminaliza a greve que, em sentido amplo, nada tem de violento. Na luta de classes, antes que vá "longe demais", a greve, meio puro, é criminalizada. Trata-se da construção do crime para salvar o direito, de um oxímoro na dimensão do direito civil, assim como a exceção o é na dimensão do direito constitucional.

Um outro tipo de poder teria que estar fora da ordem do direito: é que, no limite, "é impossível *decidir* qualquer problema jurídico [...] quem decide sobre a legitimidade dos meios e a justiça dos fins não é jamais a razão, mas o poder do destino, e quem decide sobre este é Deus" (Benjamin, 1921: 171). Fins justos universalmente válidos numa situação concreta, não o são em outra. A paz verdadeira é "redenção", é o advento do "justo". "Sob o olhar da violência que se prolonga no direito e na justiça, a não-violência só pode ser messiânica [...] legalidade que o pensamento dialético deve infringir dando o salto do tigre – transgressão – para fora desta legalidade" (Matos, 1995: 45).

A violência dos oprimidos contra os opressores, para Benjamin, é violência pura, não mediada, diferenciando-se da que tem o monopólio da legalidade, da verdade e do direito e que reaparece, de forma terrível, nos casos de exceção (que de fato não o são) (*op. cit.*: 44).

Também o grande bandido, como um herói trágico, confronta-se com a violência instauradora de uma nova ordem; o Estado teme-o, assim como teme a greve e a nova ordem internacional instaurada pela guerra. E é aí que repousa a crítica ao exército – contra a ameaça externa – e à polícia – contra a ameaça interna. O diagnóstico amigo/inimigo tem também a função – para fins jurídicos – de manutenção do direito.

Numa passagem sobre a violência, com forte influência de Benjamin, Arendt fala da necessidade de implementos que a violência exige e da sua imprevisibilidade: "o fim da ação [violenta] não é calculável; às vezes, os meios políticos terminam tendo mais importância para o futuro do que os próprios objetivos. O papel da Fortuna é forte". Não há certezas, nem controle de variáveis; a tal ponto a técnica destrutiva é desenvolvida que a guerra também está em vias de desaparecer, como "onipresente imprevisibilidade que encontramos quando abordamos a questão da violência". Entretanto, prossegue, a guerra não desapareceu porque não surgiu substituto para o arbítrio em questões internacionais (Arendt, 1973: 95-98).

Enquanto a exceção de Schmitt se dá numa temporalidade espacializada, num tempo contínuo – num *tempo/espaço do poder* –, Benjamin arranca-a do contexto e lhe sela um novo significado, a partir da ruptura/revolução da continuidade – num *tempo/espaço da transgressão*: "a Revolução introduz um novo calendário, cujo dia primeiro funciona como acelerador histórico do tempo", atualizando os "dias de recordação" (Matos, 1995: 32).

Na esteira dos encontros e desencontros das falas sobre a violência, é interessante ter em vista de forma semelhante à sedução e atração do grande bandido apontada por Benjamin, a lembrança de Arendt: "os nazistas estavam convencidos de que o mal, em nosso tempo, tem uma atração mórbida"; e, quanto à atração pelo crime: "os atos de violência podiam ser perversos, mas eram sinal de esperteza" (Arendt, 1989: 288).

O universo barroco, aqui considerado universo schmittiano, não comporta a revolução: o cálculo político é pura intriga; a mobilização, fruto de descontentamento. A elegia de Schmitt ao soberano coloca-o na categoria de semi-deus – a expressão é uma alusão ao poema *Tabacaria*, de Fernando Pessoa, para ressaltar a difusão de posturas fascistas, conservadoras, antidemocráticas e "decisionistas" da época, no modernismo europeu.

A religiosidade e a redenção messiânicas de Benjamin e seu aspecto de ruptura/revolução devem ser entendidas enquanto secularização da tradição judaica do retorno a uma condição paradisíaca, enquanto que em Schmitt o conselheiro do príncipe, o milagre e a transcendência são uma questão de governabilidade: ela é destinada ao povo, que só entende e só quer milagre e mão forte. Benjamin mostra como o conselheiro mistifica e oculta o lado criatura do soberano. No barroco, o soberano constantemente corre o perigo de diluir-se na criatura.

O tempo a contrapelo da história: o tempo da apocatástese – salvação de todos em todos os tempos – destrói o passado enquanto *sem retorno* e o futuro enquanto continuidade, pois a vinda do Messias é incontrolável, incalculável e imprevisível, o que dá ao presente uma dimensão descontínua: um presente carregado de passado. O Messias virá no momento em que houver, em todos os recantos do mundo, um judeu orando o "schmá", o que justifica a existência e mesmo a necessidade da diáspora e de uma pátria/território inatingível.

O registro da temporalidade no qual se inscreve a exceção benjaminiana é desenvolvida nas *Teses sobre o Conceito de História*, que falam de uma dupla temporalidade. Uma é "um conceito de presente que não é transição", cabendo ao materialista histórico garimpar o "excedente de significado" no interior do passado, único e irrepetível. A outra é a repetição: ora como "o eterno retorno do mesmo", como destino, como o ciclo mítico do direito, nunca rompido, ora como o "agora carregado de passado" – a *tradição* –, que em Benjamin refere-se à "humanidade liberada". O passado é sempre "citável"; no sentido de que a história, em cada um de seus instantes, é sempre passível de ser julgada pelos homens, de ser citada no tribunal da história, à maneira da Revolução Francesa que "citava a Roma antiga como a moda cita um vestuário antigo" (Benjamin, 1987b: 230).

A tragédia moderna, lamenta Benjamin, é a perda da memória do passado como ápice de atualização em um *átimo*, que rompe o presente posto que as revoluções instauram uma nova concepção de tempo: são aceleradores históricos. A tragédia atual dos parlamentos – refere-se ele às táticas da socialdemocracia na República de Weimar – é o esquecimento, em 1919, de sua própria origem revolucionária. A história deve ser rememorada como massacre, a memória como redenção e transcendência; a continuidade é sempre a história dos vencedores, na qual a "celebração" e a comemoração ocultam os átimos revolucionários.

O conformismo – nadando com a corrente – da socialdemocracia, em apoio ao desenvolvimento da técnica, afeta sua tática política e a visão econômica. Nos operários alemães, comenta Matos, é a ética protestante em versão secular. Dietzgen cita uma enunciação de Benjamin: "o trabalho é o Messias do mundo moderno", prefigurando a tecnocracia que será incorporada no fascismo.

Embora a utopia de Fourier pregue que "o trabalho social bem organizado teria entre seus efeitos quatro luas que iluminariam a noite, o gelo [...] se retiraria dos pólos, a água marinha [...] deixaria de ser salgada e os animais predatórios [...] entrariam a serviço do homem", comparada à concepção da história como progresso linear ela soa de bom senso; ou mesmo diante de uma concepção como a de Dietzgen, de que o trabalho se resume a explorar uma natureza que "está aí, grátis". A crítica de Benjamin à socialdemocracia é uma crítica ao dogma do progresso, da produtividade e da legalidade.

A revolução é o verdadeiro estado de emergência e, assim como o verdadeiro estado de exceção, para não se confundir com um *novo direito* – perpetuando-se assim num tempo cíclico –, ela dura o tempo da ruptura, um átimo. Dura o tempo de "uma memória de súbita redenção que emerge completa no instante do perigo". Benjamin reconhece na modernização, na evolução das forças produtivas, na reprodutibilidade técnica, a compulsão à repetição que caracteriza o mito e que, não obstante, se impõe no regime capitalista como "ciclo perpétuo do *idêntico na novidade*".

O "tempo homogêneo e vazio" anuncia a crítica à socialdemocracia alemã dos anos 1930, para a qual a idéia de "sujeito do conhecimento histórico [ser] a própria classe combatente e oprimida [...] consciência reativada durante algum tempo no movimento espartaquista, foi sempre inaceitável" (Benjamin, 1985: 228). Para Habermas, essa continuidade histórica reside na "permanência do insuportável"; o progresso é eterno retorno da catástrofe, um presente no qual o tempo pára e se imobiliza.

A socialdemocracia, no contexto do progresso kantiano, defende a técnica, o progresso, e o aperfeiçoamento humano como um processo sem fim, numa cisão entre "naturalidade temporal e liberdade atemporal" (Matos, 1995: 49). Num movimento semelhante ao *enthousiasmo* da multidão na Revolução Francesa, transformou-se por Kant numa espécie de certeza prescritiva do Bem a ser realizado – o processo civilizador –, na forma da constituição civil e da paz perpétua, num "processo essencialmente automático, percorrendo, irresistível, uma trajetória em flecha ou espiral" (Benjamin, 1985: 229). Para Benjamin, a reta e a espiral são as imagens do conceito "dogmático" do progresso das forças produtivas, no qual a socialdemocracia se apoia "sem qualquer vínculo com a realidade", numa história enjaulada, independente da prática humana. Kautsky critica Benjamin, fundindo a metafísica iluminista do progresso com o evolucionismo social darwinista (Matos, 1995: 50).

Na crítica à revolução do proletariado como evolução inevitável, Benjamin visa preservar um "tempo saturado de agoras". É a repetição do não concretizado: a filosofia da história como teoria da repetição. Como ao *enthousiasmo* da leitura foucaultiana de Kant, interessa mais a *experiência* da revolução do que as transformações objetivas por ela trazidas. Como Robespierre, que faz "explodir o *continuum* da história" por meio da *agoridade*, do "absolutamente presente", num salto tigrino em direção ao passado, a contrapelo da História.

A diferença entre a Revolução de 1789 e a que Benjamin denomina *dialética*, sempre no contexto da crítica à socialdemocracia, está no salto tigrino: a Revolução Francesa, que se considerava uma "Roma ressurecta", ocorre "numa arena comandada pela classe dominante". Ao invés de "nadar com a corrente", na crença da irredutibilidade e automaticidade da revolução, cabe à socialdemocracia provocar o mesmo salto, mas "sob o céu livre da história", liberado da dominação representada na figura tigrina. O *agora* benjaminiano é o "absolutamente presente"; é salto, choque, brecha e experiência. Sua determinação não está nas leis de ferro naturalizadas, mas nos sujeitos que constróem a história, nos heróis. Realizada pela classe dominante, a história dos vencedores é repetição; se pelos oprimidos, é revolução (Matos, 1995: 53).

A noção de *atualidade* é, sem dúvida, uma das aproximações entre Foucault e Benjamin. Para comparar, é interessante a noção de sagitalidade em Foucault, na sua leitura de Kant em *O que é o Iluminismo?*. É preciso parar os relógios, "paralisar o tempo", parar a história e o processo de envelhecimento da impossibilidade da experiência. É preciso deter a caducidade como o fez em várias ocasiões o movimento surrealista: a idéia do "rompimento do óbvio" presente na luta contra o fascismo que paralisara, petrificara, aniquilara a história. Em Proust, reter o curso do mundo é deixá-lo escapar, fluir, porque "o tempo buscado é o tempo perdido", quando "nós, os senhores, não estávamos em casa". É o jogo de atualização e perecimento que abre a preservação de um *agora carregado de passado*: "na concepção da sociedade sem classes, Marx secularizou o tempo messiânico [...] O mal começa quando a socialdemocracia alçou essa concepção ao ideal" (Matos, 1995: 55).

Como a sociedade sem classes é um momento inevitável na História da civilização, o tempo vazio e homogêneo torna-se antecâmara da revolução. Entretanto, ela não é o objetivo final do progresso: este, ao contrário, é a ruptura desse processo infindável. Nesse sentido, o barroco é história dos vencedores: não traz abertura para a revolução. Tampouco a traz a socialdemocracia, que substitui as "incertezas da história pelas leis de ferro da natureza". Esta é, por excelência, a tragédia da socialdemocracia. Para uma crítica à socialdemocracia, ao revisionismo da 2ª internacional, a Kautsky e a inevitabilidade mecanicista da revolução, Benjamin tem o pequeno fragmento, *Mme. Ariane, Segundo Pátio à Esquerda*:

> quem pergunta pelo futuro à vidente abre mão, sem saber, de um conhecimento interior do que está por vir, que é mil vezes mais preciso do que tudo o que lhe é dado ouvir lá. Guia-o mais a preguiça que a curiosidade [...] observar com exatidão o que se cumpre em cada segundo é mais decisivo que saber de antemão o mais distante [...] signos precursores, pressentimentos, sinais atravessam dia e noite nosso organismo como batidas de ondas. Interpretá-los ou utilizá-los, eis a questão [...] antes que tal profecia ou aviso se tenha tornado algo mediato, palavra ou imagem, sua melhor força já está morta. A felicidade das próximas vinte e quatro horas depende de que nós, ao acordar, saibamos como apanhá-lo (Benjamin, 1987b: 63).

A inevitabilidade da revolução no *futuro* é paralela a um *passado sem memória* – para redimir, para cicatrizar as feridas, é necessário a memória. Ambos esvaziam o sujeito de sua própria essência: ao perder sua condição de sujeito, o homem desumaniza-se e precisa da barbárie para realizar a sua *segunda natureza*, da mesma forma que o direito é, no tempo mítico, substituído por outros direitos que com ele rivalizam. O esquecimento sem a recordação, como no historicismo dos vencedores, é recalque do passado, recalque do vencido, do que não vingou. O terror, o fascismo, considerados "como o estado de exceção que, no entanto, é a regra geral", exigem a barbárie.

A alegoria barroca, perpassada pela melancolia, visualiza o homem na fronteira entre a pré-história – história natural degradada do capitalismo – e a pós-história, o começo da libertação messiânica. A "memorialização", memória eternizadora, distingue-se da "memória épica", própria do contador de histórias, do narrador que se locomove entre realidade mítica e messiânica, entre natureza e transcendência, do petrificador e do redentor (Matos, 1995: 58).

A exceção em Benjamin não recorre a uma *voluntas* externa – soberana –, mas ao revolucionário; ou, na visão de Jacques Rancière, àquele cuja voz, que até então era *ruído*, tornou-se *fala* (Rancière: 367-382). Para iluminar o entendimento do dissenso de Rancière, nada melhor que a fala do *Leviatã* de Hobbes sobre a não representatividade da democracia representativa: à assembléia falta a liberdade de dissentir da maioria. A assembléia soberana, portanto, nas grandes perturbações, tem necessidade de ditadores ou protetores de sua autoridade, aos quais por um tempo é conferido o total exercício de seu poder. Na distinção que faz Rancière entre o político e o policial, a exceção schmittiana está do lado da polícia – enquanto que a de Benjamin está do lado do político –, na violência conservadora do direito, no poder que vigia e mantém a propriedade – representada pela Constituição e pelos deveres e direitos.

Numa postura nietzscheana e, ao mesmo tempo, de acordo com a teologia judaica, o desejo de pacificação pelo compromisso, pela legalidade e pelo formalismo da lei, não é um pináculo moral mas a sua perversão: "erro, consciência, dever, emergem no direito através da obrigação; seu começo, como tudo o que é grande sobre a terra, foi banhado em sangue". Esta postura nietzscheana é também coerente com o judaísmo. Diz o *Pirkei Avot* que toda origem é marcada pela violência, começando pelo nascimento.

Os homens não caminham para uma reciprocidade universal em que leis, compromisso e paz substituam a guerra, mas domesticam a violência, normalizam-na no sistema definido e delimitado das regras do jogo. São as leis permitindo e regulando a violência, de forma que vence aquele que delas se apodera, inclusive da exceção. É a receita schmittiana de soberania: "soberano é aquele que decide na exceção". São duas as temporalidades: uma em que Benjamin insere o "verdadeiro estado de exceção", o da redenção de uma história "insustentável", incrustada na tradição messiânica do judaísmo; e a outra, a idéia schmittiana de exceção enquanto milagre e de governabilidade, tal que permita a união dos dois corpos do rei num só corpo – na dupla conselheiro-príncipe –, eternizando-o e divinizando-o. Esta última está incrustada na tradição cristã que, antes de mais nada, remete à espécie de semântica do tempo construída por Marramao, ao falar da transformação do tempo medieval em tempo moderno, de progresso "transcendental talvez, porém não sobrenatural", enquanto *policronia* que diferencia "secularização" – "desdobramento/mundanização de um núcleo originário meta-humano" (Marramao, 1995: 16) – e "laicização", no sentido kantiano da *Aufklärung*, de maturidade da humanidade – autonomia política e paz perpétua. A secularização enquanto perda "da normatividade e erosão da autoridade" dá-se por meio de cisões, substituindo gradativamente a causalidade teleológica pela cadeia de causas eficientes, vindo a desembocar numa "metáfora do naufrágio", ou numa metáfora do "crepúsculo dos Deuses", caracterizadas pela angústia e pelo desalento da perda de contornos, pela perda da áurea.

Marramao refere-se à antítese entre ocidente e oriente como constitutiva da *Kultur* européia, o que pode, em parte, servir de explicação para uma certa obsessão ligada ao oriente em alguns círculos do período weimariano: "não como centro, mas como apêndice que se destacou da matriz asiática por meio de uma diáspora dilacerante". Marramao conclui: "O sentido da ausência faz que no próprio *logos* se produza o desejo do choque com o *a-logon*" (Marramao, 1995: 160).

A racionalização do mundo desloca a categoria do espaço para o tempo, transformando a história em plano orientado para o futuro; é o domínio do cálculo, da previsão, do controle. Trata-se da razão instrumental, portanto, manifestando-se por meio de metamorfoses pela ruptura, numa *sucessão de catástrofes* e de estados de normalidade, de estabilidade estrutural. É a modernidade nascendo já em ruínas, fragmentada, lutuosa.

A redução do homem a sujeito-objeto é a condição mesma do saber tecnológico: a estatística, o estudo e o controle das populações, o biopoder. A sociabilidade moderna expropria o homem da experiência, fragmenta-a, virtualiza-a; é o fim do narrador benjaminiano. A relação homem-mundo dá-se na interioridade, pelo simulacro, pelo virtual, sem vínculo com a experiência, como a estetização de Schmitt e a reprodutibilidade de Benjamin. Na modernidade, com a secularização do princípio cristão das faculdades interiores, a experiência torna-se *ratio*, abstração, mensuração e cálculo. Constrói-se numa lógica semelhante ao eterno retorno do barroco, à expropriação-tolhimento do universo simbólico como produção do mundo *ex-nihilo*, e sua representação por simulação.

A apresentação, *Darstellung*, é princípio produtivo: a protomodernidade, caracterizada pela ciclotimia e "não propriamente [pelo] *more geométrico*, a forma abstrata, matematizante, do ritmo" do tempo presente, cindido em "não mais/não ainda". É a revisitação da temporalidade do século XVII, em que o tempo público é cíclico – tempo da repetição –, e o outro, o tempo que escapa, é o da biografia pessoal. São duas temporalidades: do céu-eternidade, da terra-secular.

A legalidade científica e racional – da adequação meio/fim – fundamenta a legitimidade da ordem. Trata-se da construção saber/poder de Foucault, que afasta a guerra como exceção e eleva a paz à categoria de "normalidade". O progresso torna-se atributo e medida do processo civilizador, do próprio Estado e não da história. A essa caminhada da humanidade na *Aufklärung* kantiana, na trilha do progresso sem fim, Marramao a cunha como a metáfora da viagem sem retorno, que absorve, abocanha e aniquila o espaço da experiência: trata-se da passagem "de viagem do progresso à viagem da entropia" (Marramao, 1995: 169).

A secularização enquanto deslocamento dos condensamentos simbólicos do mito ou da teologia, por meio da "desestruturação da autoridade [e da] extinção da heterodeterminação", produz o desencantamento como prognose dramática de uma nova escravidão, a "afirmação de si", que transfere a soberania do Estado ao indivíduo. Entretanto, a formalização e a racionalização da normatividade no tempo secular, na verdade apontada por Weber como indicador mesmo do processo de secularização, não resolve nem supera a questão da redenção – da ética. Benjamin, que representa o pensamento de ruptura da normatividade neutralizante e paralizante, não opera em termos identitários de alteridade e diferença, do Mesmo e o Outro, mas em termos de *excesso*, de ultrapassagem, superação, transgressão de limites e de significados, como o do próprio estado-de-exceção como verdade do estado-normal, do paradoxo como verdade da regra. Apesar dessa interpretação, convém lembrar que Benjamin também insiste que "nossa tarefa é originar um verdadeiro estado de exceção", em que a exceção recebe a conotação de redenção.

De acordo com Marramao, tanto em Benjamin como em Schmitt a secularização não se apresenta como um processo dialético, mas como deslocamento transversal, como um desvio, uma guinada, absolutamente inevitável. Trata-se da mesma inevitabilidade sofrida pela modernidade weberiana à qual, como aponta Cohn, é mister "resignar-se".

Entretanto, embora comum a Schmitt e a Benjamin, a intervenção inovadora que suspende o *continuum* legalidade, serialidade, normatividade – *continuum* que Marramao diagnostica como acometido de tendência/doença entrópica –, homogeneizador, é apenas em Benjamin que a suspensão se dá pela ruptura, pela busca da "verdadeira exceção". Schmitt, por seu lado, parece resignar-se à secularização, propondo o retorno à *verticalidade da teologia política*, na qual a suspensão dá-se com vistas à governabilidade, pela *voluntas* de um soberano, "[d]aquele que decide na exceção". Distingue-os também a simbologia em torno da ruptura do tempo histórico: em Benjamin é a ruptura – o Messias – que pode irromper por uma "porta estreita", opondo-se à grandiosidade da representação do soberano do Catolicismo Romano.

Embora ambos efetivamente trabalhem a impregnação dos modelos teológicos na política moderna, fazem-no a partir de registros distintos: Benjamin, do registro da temporalidade, e Schmitt, do da governabilidade. A teologia política de Benjamin não pode ser entendida sem uma dialética dos tempos, sem uma metodologia anacrônica, sem o salto tigrino nos céus da história. Embora para Schmitt a hermenêutica do excesso seja um correlato civilizador, o núcleo mesmo de uma revolução conservadora, ele não pretende explodir o *continuum* histórico mas, ao contrário, pretende "normalizar" a exceção.

Em colapso, o conceito de crise, diz Marramao, é substituído pelo conceito de catástrofe: trata-se da fé no progresso, que, como num presságio, vem lado a lado com o temor da entropia, que se torna cada vez mais inevitável na moderna sociedade de massas. Gabriel Cohn constrói, numa trajetória dialética, o que pode ser visto como o paradigma trágico de Weber no qual racionalidade perverte-se em irracionalidade, e o progresso, em entropia. A inevitabilidade da transformação do progresso em entropia é representada como o progresso enquanto "viagem sem retorno", inapelável, à qual, talvez, o homem contemporâneo deva resignar-se como mais um dos subprodutos de seu tempo.

Weber vincula a necessidade de previsibilidade da ação – que atravessa todas as dimensões, econômica, jurídica, política – ao processo de racionalização, característico da modernidade, de tal forma que, diz Cohn, "a ação perfeitamente racional é plenamente previsível". Mas a previsão total da ação é paradoxal, pois Weber também relaciona liberdade a ação racional, pois esta implica escolha entre opções – entre meios. A ação racional, entretanto, acaba tendo um rumo unívoco por conta da intencionalidade exclusiva da ação instrumental, voltada para a adequação de meios a determinados fins não questionados, ou seja, à racionalidade formal. Assim, a pluralidade perverte-se em consenso (imposto): a multiplicidade em única via, o debate em silêncio, a política em ruído.

A entropia, sinônimo de *morte térmica* na mecânica clássica, na sua transliteração estruturalista – no estrutural funcionalismo de Parsons, sobretudo – tornou-se "medida da homogeneidade da distribuição de energia em sistemas fechados" (Cohn, 1979: 91). Assim, a previsibilidade no interior do sistema aumenta na mesma proporção que a sua entropia e, nessa medida, pode-se dizer que a racionalização tem função entrópica em relação à ação, tem por função homogeneizar, eliminar a multiplicidade, a opção, a própria liberdade. No máximo de entropia não há mudança, apenas resignação ao Eternamente Mesmo.

Em Weber, cujo aspecto trágico, como diz Cohn, está em "sua trajetória marcada por dilemas insolúveis", a resignação aparece como oposição à noção de revolução e se refere "ao convívio entre oposições insolúveis – tais como racional e não racional, especialização fragmentadora e síntese integradora, o indivíduo livre e soberano e o totalitarismo e a atomização [...] –, que exclui os efeitos recíprocos, legítimos e dialéticos..." (Cohn, *op. cit.*: 4).

Na medida em que a teoria "não se permite anomalias", no sentido popperiano do princípio de falsificação, a exceção só é admissível provisoriamente, pois senão ela terminaria "por se tornar mais significativa do que a regra". Quanto ao retorno do recalcado, espécie de tradução do teológico na modernidade, ele sempre esteve presente: "é por isso que a *arqueologia do poder* [...] de Canetti [...] explica a atualidade".

O debate entre *Kultur* e *Zivilization* envolve a questão do tempo: desde a teoria de poder e racionalidade de Weber, passando pelas teorias funcionalista e sistêmicas, até chegar à categoria de *Entscheidung* – decisão, sentença, veredicto – de Schmitt. Trata-se da inversão do progresso em entropia do tempo, retomando o evento, a exceção e o nexo poder-instabilidade, ou governabilidade, por conta de uma "metacrítica dos modelos fundados no postulado do equilíbrio", uma das explicações para a função fundante de Maquiavel e da Razão de Estado de Meinecke para o decisionismo schmittiano.

A secularização é metáfora. Originou-se no âmbito jurídico para indicar a expropriação dos bens eclesiásticos em favor dos príncipes. No âmbito ético e sociológico, surgiu como categoria da evolução moderna, como a *gemeinschaft* e a *gesellschaft* de Tönnies, as solidariedades de Durkheim ou os tipos de legitimidade em Weber; ela "indica a passagem [...] do vínculo fundado na obrigação ao vínculo fundado no contrato, [indo] da vontade substancial à vontade eletiva" (Marramao, 1995: 30). Em suma, ela indica a entrada na modernidade; é a *revolução copernicana* do Homem Novo, que se adona de seu próprio destino, "numa imanência sem resíduos auto-afirmando-se como produtividade livre". Para os weberianos, trata-se da especialização progressiva e do princípio da legitimação, institucionalização ou formalização de uma mudança. Segundo Marramao, ela propõe a individuação como fronteira demarcatória entre a subjetividade e a objetividade e, portanto, a forma de construção da realidade social sobre um princípio eletivo marcado por relações de tipo contratual, racional-instrumental e formal. Categoria analítica, a secularização é, antes de mais nada, uma teoria do progresso que pode abarcar a decadência a partir de um modelo cíclico – tal como os processos civilizador e descivilizador de Elias. Central em Weber, a secularização denota a angústia, o luto, a "jaula de aço" de uma história renaturalizada e petrificada: o desencantamento, a racionalização do mundo e, ainda weberianamente, a resignação.

A polivalência semântica da revolução é inerente ao conceito de secularização. Enquanto a revolução da direita, ou revolução conservadora, remete a mutações como retorno e restauração, trata-se, no caso da revolução como mudança segundo uma determinada lei, de uma espécie de *expressionismo revolucionário* –, ou seja, uma revolução com deformações – ao invés de transformações – possíveis. Correlato moderno de progresso, instaura o desenvolvimento, o crescimento, colonizando, antropofagizando o revolucionário e transmudando-o em fator estabilizador. Porção da modernidade que não se laicizou, que não rompeu com a heteronomia nem com a transcendência, enfim, trata-se de um movimento *revolucionário conservador* que traduziu a velha ordem mantendo-lhe temporalidade e ritmos, metamorfoseando e deslocando raízes pagãs, judaicas e cristãs para um tempo histórico mundano, racional, libertário. Nesse sentido, milagre e revolução não necessariamente se vinculam à oposição entre racionalidade e irracionalidade: num sistema imanente como o capitalismo, em que o mercado se auto-regula e se equilibra, é a racionalidade weberiana, da adequação de meios a fins que entra em jogo. O mercado, previsível, evidencia a calculabilidade na superação de suas crises por sua transformação em crises cíclicas, sinalizando a capacidade do mercado e do capitalismo de encontrarem a "saída" – a partir de decisão vinda de fora do sistema – no domínio do excepcional, impossibilitando a ruptura do próprio sistema.

O interesse jurídico na decisão talvez não esteja na sua calculabilidade, mas sim no seu caráter normativo, "fruto da necessidade de julgar concretamente um fato concreto". Se, pois, para Schmitt o novo é uma espécie de exceção, o Estado em regime de exceção é a própria modernidade em ato; modernidade que se excede a si mesma, que é exceção de si mesma. Produtora de irracionalidade e, sobretudo, colocando a própria noção de crise em xeque, transforma-a em eterna crise cíclica, eternamente superável.

À imanência da norma liberal Schmitt opõe a exterioridade – a vontade de decisão: "admitir [...] um sentido de ruptura daquilo que superficialmente se designa como 'irracionalidade' implica [...] igualmente a ditadura, mas também soberania e absolutismo". A exceção pertence ao imprevisível, vinculando-se, portanto, à predestinação.

A justiça inerente à ordem liberal, que refuta a mediação da autoridade como condição de efetividade da norma, faz com que a sua suspensão aproxime o sujeito da decisão, o soberano, a Deus: "a decisão soberana é começo absoluto", é a gênese, a criação, no seu duplo sentido: como princípio-começo e como princípio-fundamento.

O decisionismo de Schmitt, para a maior parte de seus comentaristas atuais, implica o conceito cristão de Deus como "representação de uma desordem completa, de um caos que só pode ser transformado em lei – ou talvez em desmando – por pura decisão" (*apud* Kérvegan: 44).

Schmitt, na sua construção da exceção, assim como Benjamin, considera o caso limite: a exceção é da situação anormal – anômica, patológica – por não estar contida na norma, pois que "não pode ser subsumida". A transcendência da norma liberal, formal, como no barroco, não passa de cena dentro da cena. Mas, argumenta Schmitt, a decisão soberana não pode ser aprisionada pela racionalidade formal, baseada no cálculo do burguês liberal. Para Jay, a decisão em geral, assim como a exceção em particular, colocam a questão da "redução do único ao intercambiável, do qualitativamente diferente ao quantitativamente mesmo", o único e o serial, o único e o eternamente repetido, no sentido de que a soberania schmittiana seria um "antídoto à circulação e à troca interminável de mercadorias e de idéias". Assim, a soberania excederia e ultrapassaria o mercado e, ao mesmo tempo, ela garantiria sua durabilidade e estabilidade e a superação de suas crises.

O soberano iguala-se a Deus na suspensão das regras e na incomensurabilidade, na singularidade qualitativa e na irredutibilidade ao cálculo neutro de um processo de troca infinita. Negar a redução do único ao intercambiável equivale a querer a exceção como verdadeiramente excepcional, da forma como reivindica Benjamin – isto é, no seu sentido messiânico apocatástico, enquanto aquilo que reforça no Príncipe o *seu corpo de poder e autoridade*. Isso sem dúvida remete às críticas da modernidade e do capitalismo no sentido da relação entre valor de troca e valor de uso em Marx, bem como em grande parte da tradição crítica da alienação e do fetichismo da mercadoria, da *desauratização* de Benjamin, enfim, da transformação da qualidade em quantidade, da burocratização do carisma na dimensão política, da indestrutibilidade do mercado na economia, da colonização e antropofagia da oposição no conhecimento. No limite, pode se dizer que, assim como no capitalismo liberal, no contexto de uma governamentalidade, bem como no contexto do direito fundado pela violência e conservado pela administração e normatização da violência, a exceção transforma-se, também ela, em *mercadoria*, banalizada, intercambiável.

Ao transformar o excepcional em produto serial, em novidade, em natimorto, o liberalismo pretende "banir a exceção do mundo", diz Schmitt, acalmando os "ansiosos por segurança" diante da irrevogabilidade do conflito. Assim, a exceção enquanto possibilidade termina aceitando, justificando e mesmo reforçando a dominação, posto que "soberanos decidindo a exceção [sempre] são necessários devido à natureza das relações humanas" (Schmitt, 1992: 112).

O governo da lei é pré-condição da competição capitalista devido à necessidade, por parte do mercado, de previsibilidade e confiança no sistema como um todo. A livre concorrência precisa da generalidade da lei e do direito pela sua forma de racionalidade. A liberdade do mercado de bens e serviços, de trabalho, a livre seleção e contratação e a calculabilidade das decisões do Judiciário são essenciais ao sistema liberal. Como mostra Scheuerman em várias passagens de seu texto, para Weber, lei formal e capitalismo precisam um do outro. Entretanto, alegam tanto a esquerda, representada por Neumann, quanto o conservadorismo, representado por Schmitt, a relação íntima entre capitalismo e direito formal não se aplicaria ao caso do capitalismo de monopólios, pois que leva necessariamente à desformalização da lei pelo fato de ter que ser regulado por decretos e mecanismos legais individuais, instaurando assim as condições para um "Estado de prerrogativas e privilégios" no qual antes havia o governo da lei, diante da qual todos os homens são iguais.

Se a tarefa do Estado é garantir os contratos de forma a que o mínimo possível seja deixado à discricionariedade do juiz, se a retroatividade não é aceita pelo Estado de direito porque ela retiraria o aspecto legal da lei, frustrando as expectativas de uma lei a serviço do mercado organizado, se a exceção, de fato, é uma *ultima ratio*, e finalmente, se capitalismo e direito formal mutuamente se reforçam, então o direito formal do Estado parlamentar democrático e liberal não passa de uma situação e de uma condição teórica que mascaram o direito desformalizado da condição e da situação concreta.

Não se deve esquecer que no liberalismo a liberdade do contrato implica o direito de formar organizações, cartéis, sindicatos, associações de empregadores, de um lado, e de outro, de formar trustes monopolistas. Reciprocamente, sua contraparte, a dos direitos individuais inalienáveis, garante a liberdade de ir e vir, de opinião e de fala, de um lado, e de outro, o direito de propriedade. Assim, a exceção schmittiana termina desembocando numa "condição humana" em que, ela própria, aparece como fundante da exceção, revelando e justificando o fundamento decisionista da normalidade e desmascarando o "governo da lei", que pretende eliminar o conflito, pacificar e estabelecer a autoregulação e o equilíbrio automáticos do mercado de livre concorrência. Regular a exceção faz parte do processo de despolitização; eliminar a exceção é eliminar a política, no seu sentido de resistência à opressão, no sentido de Rancière, de Benjamin, e não no sentido da distinção entre amigo e inimigo. Na dimensão econômica, regular a exceção equivale, no limite, a eliminar a "liberdade do mercado" em caso de necessidade; é assegurar a perpetuação do *status quo* na economia em caso de crise conjuntural ou estrutural, em caso de ameaça à ordem econômica.

No universo do monismo decisionista de Schmitt, no qual a esfera do poder é a dimensão para a qual migraram os elementos da secularização, o *deísmo político* pertence, segundo ele, à profanação que a concepção liberal faz à noção de soberania, ao desprezar a analogia entre milagre e decisão soberana. Embora exclua Deus do mundo, diz Schmitt, a burguesia continua a crer na sua existência. Ela quer um Deus que não seja ativo, assim como quer um monarca desprovido de poder, "que reina mas não governa", que administra. Eis aí, em Schmitt, o mesmo *teísmo político* de Donoso Cortês, diretamente relacionado à soberania na decisão que inclui, simultaneamente, imanência e transcendência: é o poder de constituir e a *potestas* de suspender, em que o estado de exceção tem por função tornar manifesta a própria essência, a própria alma, o próprio "âmago" da soberania.

Em Schmitt, a decisão da exceção, diz Marramao, é *extranormativa* mas não *extrajurídica*, pois ela se auto-legitima: "a exceção está para a normalidade como a decisão está para a norma", de forma a vincular decisão soberana com o conceito de político, normalizando o político, o que servirá para determinar um novo agrupamento de amigos e inimigos. Trata-se da soberania não como monopólio do simples poder, mas "monopólio da decisão última", por meio da decisão *exnihilo*, fundada no Nada. Nas palavras de Marramao, "a autoridade demonstra não ter necessidade de direito para criar direito".

Trata-se, em última instância, de dois modelos críticos em que a violência como valor atinge em cheio a liberdade. Em Schmitt, o político enquanto modelo *poder-terror* torna-se força-repressão-governo, e em Benjamin, a *revolução-ruptura* torna-se violência-liberdade – *enthousiasmo*.

4. Algumas Anotações Conclusivas
Diálogo da Exceção com a Modernidade

O objetivo do presente livro foi lidar com a "mentalidade cultural" da época weimariana, presente na revolução conservadora e na noção de revolução-ruptura – crítica da estilização e da estetização da política – liberal e fascista – terror e violência, a partir do recorte do estado de exceção do art. 48 da Constituição – ou seja, a partir da distinção dos fundamentos do direito, *vontade* – em Schmitt – e *violência* – em Benjamin. Isso remete à semelhança entre ambos em relação à oposição à imanência – expandindo, portanto, o primado teórico do político, e que trabalha com a noção de duas temporalidades distintas, nascidas da razão iluminista: os conceitos de *secularização* e de *laicização*, com foco especial na secularização.

Neste texto, anacrônico como a própria história contemporânea, sob o olhar de quem conhece o final da história, o *pas-de-deux* entre Razão e Desrazão apareceu de duas formas distintas. Uma forma sob a ótica ainda iluminista, no sentido do progresso, procura reduzir a dissonância entre a evolução da humanidade e o surto regressivo e descivilizador da incongruência de um país – com uma constituição democrática exemplar, com a mais desenvolvida industrialização da Europa, o mais organizado movimento operário e com a capital cultural e intelectual do ocidente – ser atravessado pela barbárie, pela exclusão absoluta e pelo homicídio industrializado. É a Desrazão que invade, violenta, e perverte a Razão, tomando-a por parceira, embora esta ainda esteja prenhe das promessas da *Aufklärung*. A outra forma é a incongruência de um universo voltado para as paixões, para o oculto e para a morte, contido dentro de um marco administrado caracterizado pela alta eficiência, pela alta reprodutibilidade e pela alta indiferença, numa verdadeira *destruição arquitetada*, calculada, planejada, construída e, sobretudo, bem sucedida. É a razão instrumental administrando a exclusão e a morte, dando-lhes sentido, reinventando-as; é a Razão legitimando a Desrazão, é razão canibalizada.

Burocracia e irracionalidade... Um oxímoro? Trata-se do registro da tragédia weberiana de uma política marcada por uma espécie de esquizofrenia: de um lado, a ordem burocrática, a lei formal, a autoridade legal, a liberdade de mercado – enfim, o modo mais racional do exercício do poder – e, de outro, o poder carismático, transcendental, onipotente, como forma exclusiva de produção de mudança e inovação.

Nessa perspectiva, a República de Weimar é inaugural: representada pela angústia da "jaula de aço" e pela inquietude causada pelas formas de ação que comprometem a solidariedade no "mundo administrado", ela reproduz a estrutura binária do Estado como racionalidade e previsibilidade – a máquina das máquinas de Hobbes –, enquanto a política se esvazia, transformada em ruído.

O olhar racional, ao debruçar-se sobre a barbárie, revela uma humanidade que não está em perpétuo progresso nem em perpétuo processo civilizador, mas que se insere numa contemporaneidade concreta, constituindo-se – numa espécie de devir e ao mesmo tempo numa espécie de mecânica –, como sujeito assujeitado, rejeitado e enjeitado. Essa constituição leva em conta o tempo do cotidiano, da microtemporalidade da repetição, da extensão, do contágio interdimensional. Leva em conta, enfim, a morte do sujeito universal, aumentando em importância o olhar clínico que penetra, individualiza, configura e diagnostica a maneira pela qual os discursos adentram e tomam as massas, de que forma se direcionam e se cristalizam, conformando e enformando os mecanismos pelos quais o contemporâneo – mercado, poder e conhecimento – funciona.

O estado de exceção, aqui considerado como ponto de fuga de um dos períodos mais ambivalentes e polarizados do século XX, pareceu apropriado como apresentação e representação da própria ambivalência da dupla dimensão da razão iluminista: simbólica e mediada, da representação concreta e direta da apresentação. Entretanto, com o desenvolvimento do trabalho a noção de exceção, na figura simples do art. 48 da Constituição de Weimar – tantas vezes repetida e banalizada na maioria das constituições dos modernos Estados de direito ocidentais –, terminou dando pistas importantes sobre um mecanismo infinitamente reproduzido. Numa espécie de dialética da ironia, trata-se de um racional que se opõe ao princípio de identidade, como que uma dialética sutil, em que *aquele que é*, é aquele que excede, ultrapassa, transgride, enfim, *é aquele que nega*.

No Estado liberal, a exceção – e não a lei fundamental ou qualquer outra lei posta –, enquanto elemento do direito que está *fora do direito*, é que serve de alicerce para toda a construção do direito e da própria constituição. É a dimensão jurídica da hermenêutica do excesso, cuja racionalidade, para funcionar, deve estender-se a outras dimensões do social. Primeiro, à dimensão econômica como racionalidade do mercado, em que a possibilidade da destruição é que garante o consumo e a reprodução, ou seja, a possibilidade de "tudo que é sólido desmanchar-se no ar" – como o paroxismo financeiro que caracteriza a crise atual, em que a *produção virtual* é garantia de riqueza concreta. Segundo, à dimensão do poder enquanto racionalidade de dominação, e finalmente, à dimensão do saber como racionalidade de auto-reprodutibilidade infinita, reforçando-se, reconstruindo-se, petrificando-se, diria Benjamin, transformando-se em "segunda natureza".

Nas palavras de Francisco Oliveira, será esse o espetáculo da "incompatibilidade radical entre a dominação burguesa e a democracia"? Estaríamos efetivamente vivendo uma renovação ontológica? Estaríamos submetendo-nos a uma *ontologia do excesso*, em que o *Ontos*-Ser seria a própria exceção? Estaríamos ressignificando nossas categorias desumanizadas, naturalizadas e petrificadas a partir de uma hermenêutica do excesso e de uma hermenêutica do excepcional? Uma hermenêutica do banalizado às últimas instâncias, do homogeneizado, em que aquilo que excede é o que garante com exclusividade a existência daquilo que é normal? Estaríamos diante da proposta de que as incongruências, os disparates, as contradições, não são acidentais nem excepcionais, mas são a encarnação de uma *arquitetada loucura controlada*?

A construção aqui feita em torno da noção de transcendência – e da teologia política – certamente mostra que se pode falar em um retorno à ontologia, distinta da grega e certamente distinta da teologia do medievo, sempre em nome das estratégias de dominação. A burocracia é um dos indícios da modernidade que *desencantou* o mundo das forças secretas, de forma que a realidade como objeto passou a ser apreendida não como é, mas como funciona, como aparenta e, sobretudo, como transgride e excede – como se corrompe e como se vende.

Se antes da banalização do mal a liberdade significava enfrentar com as próprias forças a contingência e a adversidade, hoje o indivíduo e sua liberdade fazem parte do mercado enquanto contratantes: paixão e vício, reforma e revolução, miséria e conquista social tornam-se utilidades, comodidades. A irracionalidade produz lucro e passa a fazer parte da própria racionalidade que dirige o mercado. Trata-se de perversão da razão, em que tudo que pode trazer lucro, tudo que pode exceder, é racional. É a Desrazão tornada mercadoria consumível, transformando a liberdade em elemento de uma racionalidade que não pertence à modernidade.

No mundo administrado, a razão instrumental não é apenas razão burguesa, mas se inscreve como totalitarismo e barbárie na própria essência da Razão, inscreve-se como *racionalidade excepcional*. O conceito de *verwaltete Gesellschaft*, sociedade administrada, que nasce na década de 1940, mostra como esse tipo de dominação sobrevive também sob uma economia planificada, diferenciada do capitalismo de Estado, pois a burocracia de Estado preenche o vácuo decisório com os decretos de emergência: "a administrabilização do Estado [...] é a produção do consenso que [...] produz exatamente a anulação da política" (Oliveira, 1997: 4).

A sociedade administrada e excedida que forja a massa acrítica, aquiescente e manipulável, é o fim do sujeito responsável e autônomo, é a "volatilização da culpa", a desresponsabilização e, sobretudo, a indiferença: a transferência da vida à administração, diz Adorno, é o que permite que se cometam atrocidades sem se sentirem responsáveis. É a infantilização como mais uma das transcrições teológicas adotadas pela modernidade e que nas várias formas de populismo e paternalismo aparece como astúcia de governabilidade, como estratégia do exercício da dominação.

A "solução final" rompe – e ao mesmo tempo não rompe – com a auto-imagem civilizada do Ocidente, por envolver técnicas e formas burocráticas racionais do genocídio. É preciso, portanto, fazer a leitura do Holocausto como um problema do moderno, a barbárie como endêmica às sociedades modernas e racionais que produzem condições nas quais o efeito de atos individuais ultrapassa os limites da moralidade e da ética: como a singularidade da matança alemã, em que as vítimas, cujo comportamento era irrelevante, eram selecionadas por grupo identitário.

Desde a Segunda Guerra Mundial o Processo Civilizador não pode mais ser uma celebração cotidiana. O desejo pelo retorno do "homem forte", o desprezo pela democracia parlamentar, a ascensão de semi-educados ao poder e o desespero do povo, que entregou a nação ao médico político a fim de concretizar o velho sonho de um império alemão na Europa, é a própria incongruência do Processo Civilizador.

Toda razão, mesmo a que critica o poder, emana de outro poder: o nazismo, que também pode ser visto como o resultado da *explosão de modernidade* em Weimar, representa o fim das últimas reservas de racionalidade critica. A razão instrumental tem pretensões, em nome de uma razão sistêmica global, de não deixar espaços para uma racionalidade alternativa. É o modelo totalitarista da tirania da Razão na contemporaneidade, e que só pode ser questionado contestando-se a própria Razão.

A categoria/*ethos* do *excesso* que permeia o modo de ser, pensar e agir na sociedade contemporânea perpetua a polarização, atribuindo-lhe novas conotações e significados: amigo e inimigo; industrialização da morte e limpeza étnica; exclusão absoluta. Entretanto, além da eternização desse mundo cindido em dois, do progresso que se transforma em entropia, instaura-se uma nova racionalidade que trabalha com ambivalências, com regras de jogo vagamente enunciadas e mais vagamente ainda definidas e sempre *interpretáveis*. Dá, assim, guarida à Força que se confronta com a Razão, num movimento inverso do Iluminismo: onde havia a razão, agora estão a autoridade e a força, numa espécie de *anti-dialética* na qual os opostos não dialogam, não convivem – mesmo que em tensão – e não se superam.

À sombra dessa Weimar, que sob muitos aspectos tornou-se um mito infinitamente reproduzido – até hoje, e aqui também –, vivemos continuamente a destruição da experiência e a destruição do político.

Referências Bibliográficas

ADORNO, Theodor W. 1992. *Minima Moralia: Reflexões a partir da Vida Danificada*. São Paulo, Ática.
_____. 1995. "Educação após Auschwitz". In: *Educação e Emancipação*. Rio de Janeiro, Paz e Terra.
ADORNO, T. W.; FRENKEL-BRUNSWIK, Else; LEVINSON, Daniel J. & SANFORD, Nevitt R. 1965. *La Personalidad Autoritaria*. Buenos Aires, Proyección.
ADORNO, Theodor W. & HORKHEIMER, Max. 1985. *Dialética do Esclarecimento*. Rio de Janeiro, Jorge Zahar.
ALBERTIN, Lothar. 1971. "German Liberalism and the Foundation of the Weimar Republic: A Missed Opportunity?" In: NICHOLLS, A. & MATTHIAS, E. (eds.). *German Democracy and the Triumph of Hitler*. Londres, Georg Allen & Unwin.
ALTVATER, Elmar. "O Capitalismo se Organiza: O Debate Marxista desde a 1ª Guerra Mundial até a Crise de 1929". HOBSBAWM, Eric J. *História do Marxismo*, vol. 8. Rio de Janeiro, Paz e Terra, 1998.
ANDLER, Charles. 1917. *Le pangermanisme philosophique. (1800 à 1914)*. Paris, Louis Conrad, Libraire-éditeur.
ARENDT, Hannah. 1973. *Crises da República*. São Paulo, Perspectiva.
_____. 1989. *Origens do Totalitarismo*. São Paulo, Companhia das Letras.
_____. 1966. *Eichmann à Jérusalem*. Paris, Gallimard.
ASCHHEIM, Steven E. 1985. "Nietzsche and the German Radical Right, 1914-1933". In: PHELAN, Anthony (ed.). *The Weimar dilemma*. Manchester, Manchester University Press.
AYÇOBERRY, Pierre. 1982. "Franz Newmann – Behemot". In: *Le Débat*, Gallimard.
BARTHOLDY, Albrecht. 1937. *The War and the German Society: The Testament of a Liberal*. N. Haven, Yale University Press.

BAUDRILLARD, Jean. 1994. *À Sombra das Maiorias Silenciosas: O Fim do Social e o Surgimento das Massas*. São Paulo, Brasiliense.
BAUMAN, Zygmunt. 1973. *Culture as Praxis*. Londres, Routledge & Kegan Paul.
_____. 1989. *Modernity and the Holocaust*. N.Y., Cornell University Press.
BENDERSKY, Joseph W. 1983. *Carl Schmitt. Theorist for the Reich*. Nova Jersey, Princeton University Press.
BENJAMIN, Walter. 1987a. *Magia e Técnica, Arte e Política*. Obras Escolhidas. São Paulo, Brasiliense, vol. 1.
_____. 1987b. *Rua de Mão Única*. Obras Escolhidas. São Paulo, Brasiliense, vol. 2.
_____. 1975. "O Narrador". In: *Os Pensadores*. São Paulo, Abril.
BERGHAHN, Volker & KITCHEN, Martin (eds.). 1981. *Germany in the Age of Total War*. Londres.
BESSEL, Richard & FEUCHTWANGER, E. J. (eds.). 1981. *Social Change and Political Development in Weimar Germany*. Londres/Towota, NJ.
BLACKBOURN, David & EVANS, Richard (eds.). 1991. *The German Bourgeoisie: Essays on the Social History of the German Middle Classes from the Late Eighteenth to the Early Twentieth Century*. Londres/Nova York.
BOBBIO, Norberto. 1980. *A Teoria das Formas de Governo*. Brasília, Universidade de Brasília.
BÖCKENFÖRDE, Ernst-Wolfgang. 1997. "Carl Schmitt Revisited". *Telos*, nº 109, outono 1996. Nova York, Telos Press.
BOLDT, Hans. 1971. "Article 48 of the Weimar Constitution, its Historical and Political Implications". In: NICHOLLS, A. & MATTHIAS, E. *German Democracy and the Triumph of Hitler*. Londres, Georg Allen & Unwin.
BOLZ, Norbert W. 1992. "Dossiê Walter Benjamin". *Revista USP*, São Paulo, nº 15, 26-32, set./out./nov.
BOTTOMORE, Tom. 1978. *Austro-marxism*. Oxford, Clarendon Press.
_____. 1981. "Introduction to the Translation". In: HILFERDING, Rudolf. *Finance Capital: A Study of the Latest Phase of Capitalist Development*. Londres, Routledge & Kegan Paul.
BOUTHOUL, Gaston. 1964. *A Guerra*. São Paulo, Difusão Européia do Livro.
BRACHER, Karl Dietrich. 1991. *The German Dictatorship. The Origins, Structure and Consequences of National Socialism*. Inglaterra, Penguin Books.
BREUILLY, John (ed.). 1992. *The State of Germany. The National Idea in the Making, Unmaking and Remaking of a Modern Nation State*. Londres/Nova York.
BROSZAT, Martin. 1981. *The Hitler State. The Foundations and Development of the Internal Structure of the Third Reich*. Londres/Nova York.
BULLIVANT, Keith. 1985. "The Conservative Revolution". In: PHELAN, Anthony (ed.). *The Weimar Dilemma*. Manchester, Manchester University Press.
CANETTI, Elias. 1995. *Massa e Poder*. São Paulo, Companhia das Letras.
CAPLAN, Jane. 1977. "Theories of Fascism: Nicos Poulantzas as Historian". *History Workshop Journal*, 3.
CARR, Godfrey. 1985. "The Golden Age or Nothingness: Some German Intellectuals and the Idea of Suicide". In: PHELAN, Anthony (ed.). *The Weimar Dilemma*. Manchester, Manchester University Press.
CHILDERS, Thomas. 1986. *The Mobilization of Nazi Support: 1918-1933*. Australia, Provident House.

COHN, Gabriel. 1979. *Crítica e Resignação – Fundamentos da Sociologia de Max Weber*. São Paulo, Queiroz Editora.
CONSTITUIÇÃO DA REPÚBLICA ALEMÃ (1919). In: JAY, Martin; KAES, Anton; DIMENDBERG, Edward (eds.). 1994. *The Weimar Republic Sourcebook*. California, University of California Press.
CONSTITUIÇÃO DA REPÚBLICA FEDERATIVA DO BRASIL.
DAHRENDORF, Ralf. 1968. *Society and Democracy in Germany*. Londres.
DAYAN-HERZBRUN, Sonia. 1966. "A Paixão pela Morte como Paixão Política na Obra de Ernst Jünger". *Tempo*. Rio de Janeiro, vol. 1, nº 1.
DYMETMAN, Annie. 1996. "Crítica da Memória e Memória Crítica". In: *Revista Plural*, nº 3, São Paulo, FFLCH-USP.
ECO, Umberto. 1996. "Ur-fascismo". *Revista Hebraica*. São Paulo, nº 410, abril 1996.
EISENSTADT, S. N. 1996. "Barbarism and Modernity". *Transaction/Society*, v. 33, nº 4, maio/jun.
ELEY, Geoff. 1986. *From Unification to Nazism. Reinterpreting the German Past*. Londres/Winchester, Mass.
ELIAS, Norbert. 1996. *The Germans*. Cambridge, Polity Press.
EVANS, Richard J. 1985. "The Myth of Germany's Missing Revolution". *New Left Review*, 149.
FARIAS, Victor. 1988. *Heidegger e o Nazismo: Moral e Política*. São Paulo, Paz e Terra.
FERREIRA, Bernardo. 1996. *Decisão e Destino: A Crítica do Liberalismo na Obra de Carl Schmitt* (apresentado na ANPOCS).
FERRIS, David S. 1996. *Walter Benjamin: Theoretical Questions*. California, Stanford University Press.
FEST, Joachim. 1972. *The Face of the Third Reich*. Nova York, Pantheon Books.
FISCHER, Conan. 1995. *The Rise of the Nazis*. Manchester, Manchester University Press.
FISCHER, Fritz. 1986. *From Kaiserreich to Third Reich: Elements of Continuity in German History 1871-1945*. Londres/Boston/Sidnei.
FOUCAULT, Michel. *Genealogía del Racismo*. Buenos Aires, Altamira, (s/d).
_____. 1980. *La verdade y las Formas Juridicas*. Barcelona, Gedisa.
_____. 1984a. "O que é o Iluminismo?". In: ESCOBAR, Carlos Henrique (org.). *O Dossier – Últimas Entrevistas*. Rio de Janeiro, Livraria Taurus Editora.
_____. 1984b. "O que é o Iluminismo?". In: RABINOW, Paul (ed.). *The Foucault Reader*. Nova York, Pantheons Books.
_____. 1992. *Microfísica do Poder*. Rio de Janeiro, Graal.
FREUND, Julien. 1995. "Schmitt's Political Thought". *Telos*, nº 102, inverno. Nova York, Telos Press.
FREYER, Hans. 1940. "Schmitt's Posotionen und Begriffe im Kampf mit Weimar-Genf-Versailles". *Deutsch Rechtswissenschaft*, 5, pp. 261-266.
FRITZSCHE, Peter. 1994. "Landscape of Danger, Landscape of Design: Crisis and Modernism in Weimar Germany". In: KNIESCHE, Thomas W. & BROCKMANN, Stephen (eds.). *Dancing on the Volcano: Essays on the Culture of the Weimar Republic*. Camden House.
GARBER, Klaus. 1992. "Dossiê Walter Benjamin". *Revista USP*, São Paulo, nº 15, 10-19, set./out./nov.

Gossman, Lionel. 1996. "The Sulking Corner of Europe: Buckhardt's Basel and the Critique of the Modern". In: Sternhell, Zeev. *The Intellectual Revolt against Liberal Democracy*. Jerusalém, The Israel Academy of Sciences and Humanities.

Guérin, Daniel. 1973. *Fascismo y Gran Capital*. Madri, Fundamentos.

Habermas, Jürgen. 1980. "O Conceito de Poder em Hannah Arendt". In: Freitag, Barbara & Rouanet, Sérgio. *Habermas: Sociologia*. São Paulo, Ática.

_____. 1988. "Nenhuma Normalização do Passado". In: Fernandes, Heloísa (org.). *Tempo do Desejo*. São Paulo, Brasiliense.

Hamilton, Richard. 1982. *Who Voted for Hitler?* Nova Jersey, Princeton University Press.

Heller, Hermann. 1931. *Sozialismus und Nation*. Berlim, Ernst Rowohlt Verlag.

Herf, Jeffrey. 1993. *O Modernismo Reacionário – Tecnologia, Cultura e Política na República de Weimar e no 3º Reich*. São Paulo/Campinas, Ensaio/Ed. Unicamp.

_____. 1996. "Reactionary Modernism Reconsidered: Modernity, the West and the Nazis". In: Sternhell, Zeev. *The Intellectual Revolt against Liberal Democracy*. Jerusalém, The Israel Academy of Sciences and Humanities.

Heuss, Theodor. 1994. "Democracy and Parlamentarism: Their History, their Enemies, and their Future". In: *The Weimar Republic Sourcebook*. California, University of California Press.

Hilberg, Raul. 1971. *Documents of Destruction*. Chicago, Quadrangle Books.

Hilferding, Rudolf. 1981. *Finance Capital: A Study of the Latest Phase of Capitalist Development (1910)*. Londres, Routledge & Kegan Paul.

Hindenburg, Paul von. 1994. "The Stab in the Back (1919)". In: Jay, Martin, Kaes, Anton & Dimendberg, Edward (eds.). *The Weimar Republic Sourcebook*. California, University of California Press.

Hobsbawm, Eric. 1995. *A Era dos Extremos*. São Paulo, Companhia das Letras.

Hobsbawm, Eric J. (org.). 1988. *História do Marxismo*. Rio de Janeiro, Paz e Terra, vol. 6.

James, Harold. 1989. *German Identity: 1770-1990*. Londres, Weidenfeld & Nicolson.

Jaspers, Karl. 1957. *La Razón y sus Enemigos en Nuestro Tiempo*. Buenos Aires, Editorial Sudamericana.

Jay, Martin. 1977. *L'imagination dialetique*. Paris, Payot.

_____. 1993. "The Reassertion of Sovereignty in a Time of Crisis: Carl Schmitt and Georges Bataille". *Force Fields*. Nova York, Routledge.

Jay, M.; Kaes, A. & Dimendberg, E. (eds.). 1995. *The Weimar Republic Sourcebook*. California, University of California Press.

Jones, Larry Eugene. 1981. "The Dissolution of the Bourgeois Party System in the Weimar Republic". In: Bessel, Richard & Feuchtwanger, E. J. (eds.) *Social Change and Political Development in Weimar Germany*. Londres, Croom Helm.

Kantorowicz, Ernst H. 1998. *Os Dois Corpos do Rei: Um Estudo sobre Teologia Política Medieval*. São Paulo, Companhia das Letras.

Kelsen, Hans. 1945. *Teoria Geral do Estado*. Coimbra, Armênio Amado.

Kennedy, Ellen. 1984. "Carl Schmitt in West German Perspective". *West European Politics*, 4.

KERSHAW, Ian. 1989. "O Estado Nazista: Um Estado Excepcional?". *New Left Review*, nº 176.
KERVÉGAN, Jean-François. 1993. *Hegel, Carl Schmitt. Le politique entre spéculation et positivité*. Paris, PUF.
KESSLER, Count Harry. 1994. "On Ebert and the Revolution, 1919". In: JAY, Martin; KAES, Anton & DIMENDBERG, Edward (eds.). *The Weimar republic sourcebook*. California, University of California Press.
KIRSCHHEIMER, Otto. *Politik und Verfassung*. Frankfurt/M Suhrkamp.
_____. *Von der Weimarer Republik zum Fachismus*. Frankfurt/M, Suhrkamp.
KITCHEN, Martin. 1978. *The Political Economy of Germany: 1815-1914*. Londres.
KNIESCHE, Thomas W. 1994. "Weimar Today". In: KNIESCHE, Thomas W. & BROCKMANN, Stephen (eds.). *Dancing on the Volcano: Essays on the Culture of the Weimar Republic*. Columbia, Camden House.
KNIESCHE, Thomas W. & BROCKMANN, Stephen (eds.). 1994. *Dancing on the Volcano: Essays on the Culture of the Weimar Republic*. Columbia, Camdem House.
KONDER, Comparato. 1998. "Jornal de Resenhas". *Folha de S. Paulo*, 10 out.
KRIEGEL, Annie. 1983. *Les internationales ouvrières*. Paris, PUF.
LAMB, Stephen. 1985. "Intellectuals and the Challenge of Power: the Case of the Munich 'Räterepublik' ". In: PHELAN, Anthony (ed.) *The Weimar Dilemma*. Manchester, University Press, Manchester.
LANDA, Fabio. 1999. *La shoah et les nouvelles figures métapsychologiques de Nicolas Abraham et Maria Torok: essai sur la création théorique en psychanalyse*. Paris, Editions L'Harmattan.
LAQUEUR, Walter. 1977. *Weimar*. Frankfurt/Berlim/Viena.
LASKI, Harold. 1921. *The Foundations of Sovereignity*. Nova York, Harcourt Brace & Co.
LASSALE, Ferdinand. *Que é uma Constituição?*. São Paulo, Kairís Livraria Editora.
LORAUX, Nicole. 1992. "Elogio ao Anacronismo". In: NOVAES, Adauto (org.). *Tempo e História*. São Paulo, Companhia das Letras.
LÖWY, Michael. 1979. *Para uma Sociologia dos Intelectuais Revolucionários*. São Paulo, Editora Ciências Humanas.
MANNHEIM, Karl. 1944. *Diagnostico de Nuestro Tiempo*. Mexico, Fondo de Cultura Económica.
MARCUSE, Herbert. 1969. *Razão e Revolução*. Rio de Janeiro, Editora Saga.
MARRAMAO, Giacomo. 1995. *Poder e Secularização: As Categorias do Tempo*. São Paulo, Ed. Unesp.
_____. 1997. *Céu e Terra*. São Paulo, Ed. Unesp.
MARX, Karl. 1974. "O 18 Brumário de Luís Bonaparte". In: *Os Pensadores*, São Paulo, Abril Cultural, vol. XXXV.
MASON, Tim. 1971. "The Legacy of 1918 for National Socialism". In: NICHOLLS, A. & MATTHIAS, E. *Geman Democracy and the Triumph of Hitler*. Londres, Georg Allen & Unwin.
MATOS, Olgária. 1989. *Os Arcanos do Inteiramente Outro: A Escola de Frankfurt; a Melancolia e a Revolução*. São Paulo, Brasiliense.
MEINECKE, Friedrich. 1950. *German Catastrophe: Reflections and Recollections*. Harvard.

_____. 1924. *Machiavellism*. Londres, Routledge and Kegan Paul.
MERLIO, Gilbert. 1996. "The Critique of Liberal Democracy in the Works of Oswald Spengler". In: STERNHELL, Zeev. *The Intellectual Revolt against Liberal Democracy*. Jerusalém, The Israel Academy of Sciences and Humanities.
MEZAN, Renato. 1988. "Esquecer? Não: In-quecer". In: FERNANDES, Heloísa (org.). *Tempo do Desejo*. São Paulo, Brasiliense.
MOMMSEN, Hans. "The Breakthrough of the National Socialists as a Mass Movement in the Late Weimar Republic". In: LAFFAN, Michael (ed.). *The Burden of German History, 1919-1945*. 1/130, s/d.
MOMMSEN, Wolfgang J. 1973. "Domestic Factors in German Foreign Policy before 1914". *Central European History* VI, nº I (recomendações e notas da introdução da Ellen Kennedy no *parlamentarismus* de Schmitt).
MOSSE, George. 1964. *The Crises of German Ideology – Intellectual Origins of the Third Reich*. Nova York, Grosset & Dunlap.
MULLER, Ingo. 1991. *Hitler's Justice: The Courts of the Third Reich*. Harvard University Press.
MULLER, J. Z. 1987. *The Other God that Failed: Hans Freyer and the Deradicalization of German Conservatism*. Princeton.
_____. 1996. "The Radical Conservative Critique of Liberal Democracy in Weimar Germany: Hans Freyer and Carl Schmitt". In: STERNHELL, Zeev. *The Intellectual Revolt against Liberal Democracy*. Jerusalém, The Israel Academy of Sciences and Humanities.
NEUMANN, Franz. 1943. *Behemot*. México, Fondo de Cultura Económica.
_____. 1969. Estado Democrático e Estado Autoritário. Rio de Janeiro, Jorge Zahar (Herbert Marcuse, org., Luiz Corção, trad.).
NICHOLLS, Anthony & MATTHIAS, Erich (eds.). 1971. *German Democracy and the Triumph of Hitler*. Londres, Georg Allen & Unwin.
NOLTE, Ernst. 1966. *Three Faces of Fascism*. Nova York, Holt, Rinehart and Winston.
NORA, Pierre. 1990. "Entre Memória e História – A Problemática dos Lugares". *Revista do Programa de Estudos em História*. São Paulo, PUC, nº 10, dez.
OLIVEIRA, Francisco de. 1993. "A Economia Política da Social-democracia". *Revista USP*, São Paulo, nº 17.
_____. 1995. "O Surgimento do Anti-valor". *Novos Estudos CEBRAP*, São Paulo, nº 41, mar.
_____. 1997. "Privatização do Público, Destituição da Fala e Anulação da Política: O Totalitarismo Liberal". (no prelo).
ORFANEL, German Gomez. 1986. *Excepción y Normalidade en el Pensamiento de Carl Schmitt*. Madri, Centro de Estudios Constitucionales.
PALAVER, Wolfgang. 1995. "Schmitt's Critique of Liberalism". *Telos*, nº 102, inverno, Nova York, Telos Press.
PARSONS, Talcott. 1954. "Democracy and Social Structure in Pre-Nazi Germany". In: *Essays in Sociologial Theory*. Glencoe.
PARTIDO SOCIAL DEMOCRATA. 1994. "Convocação de Greve Geral, 1920". In: JAY, Martin, KAES, Anton & DIMENDBERG, Edward (eds.). *The Weimar Republic Sourcebook*. California, University of California Press.
PASQUINO, P. 1993. "Carl Schmitt: Teoria da Constituição". In: CHATELET, F.; DUHAMEL, O. & PISIER, E. *Dicionário de Obras Políticas*. Rio de Janeiro, Civilização Brasileira.

PAULA, Fátima de. 1994. "Tensões e Ambigüidades em Walter Benjamin: A Modernidade em Questão". *Plural*, São Paulo, nº 1.
PHELAN, Anthony (ed.). 1985. *The Weimar Dilemma*. Manchester, Manchester University Press.
PINTO, António Costa. 1996. "Modernity versus Democracy? The Mystical Nationalism of Fernano Pessoa". In: STERNHELL, Zeev. *The Intellectual Revolt against Liberal Democracy*. Jerusalém, The Israel Academy of Sciences and Humanities.
POPPER, Karl. 1973. *The Open Society and its Enemeis*. Londres, Routledge & Kegan Paul (1945).
PORTO MACEDO JR., Ronaldo. 1993. "Carl Schimitt e a Fundamentação do Direito". FFLCH-USP (diss. de mestrado em filosofia).
PRZEWORSKI, Adam. *Capitalismo e Social-democracia*. São Paulo, Companhia das Letras.
RANCIÈRE, Jacques. 1994. "O Dissenso". In: *A Crise da Razão*. São Paulo, Companhia das Letras.
RAUSCHNING, Hermann. 1979. *Hitler m'a dit*. França, Édition Aimery Somogy.
REICH, Wilhelm. 1980. *Psicología de Masas del Fascismo*. Espanha, Bruguera.
RELATÓRIO DA COMISSÃO DAWES (1924). 1994. In: JAY, Martin; KAES, Anton & DIMENDBERG, Edward (eds.). *The Weimar Republic Sourcebook*. California, University of California Press.
RIBEIRO, Renato Janine. 1984. *Ao Leitor sem Medo*. São Paulo, Brasiliense.
_____. 1978. A Marca do Leviatã. São Paulo, Ática.
RICHARD, Lionel. 1988. *A República de Weimar*. São Paulo, Companhia das Letras.
RITTER, Gerhard. 1955. "The Historical Foundation of the Rise of National Socialism". The Third Reich. In: INTERNATIONAL COUNCIL FOR PHILOSOPHY AND HUMANISTIC STUDIES. Londres.
ROMANO, Roberto. 1997. *Conservadorismo Romântico: Origem do Totalitarismo*. São Paulo, Ed. Unesp.
ROSENBERG, Alfred. 1970. *Race and Race History*. Nova York, Harper & Row.
ROUANET, Sergio Paulo. 1992. *As Razões do Iluminismo*. São Paulo, Companhia das Letras.
_____. 1993. *Mal-estar na Modernidade*. São Paulo, Companhia das Letras.
SALOMON, Ernst von. 1994. "The Outlawed, 1929". In: JAY, Martin; KAES, Anton & DIMENDBERG, Edward (eds.). *The Weimar Republic Sourcebook*. California, University of California Press.
SCHEUERMAN, William E. 1994. *Between the Norm and the Exception: The Frankfurt School and the Rule of Law* (Studies in Contemporary Social Thought).
SCHILLING, Flávia. 1999. *Corrupção: Ilegalidade Intolerável?* São Paulo, IBCCrim.
SCHMITT, Carl. 1931. *La Defensa de la Constitución*. Barcelona, Ed. Labor.
_____. 1992. *O Conceito do Político*. São Paulo, Vozes.
_____. 1971. *Legalidade e Legitimidade*. Madri, Ed. Aguillar. (trad. José Diaz Garcia).
_____. 1931. "The Necessity of Politics: An Essay on the Representantive Idea in the Church and Modern Europe". In: *Essays in Order*. Londres, Sheed & Ward.
_____. 1982. *Theoria de la Constitución*. Madri, Alianza Editorial.

_____. 1985a. *The Crisis of Parlementary Democracy*. Cambridge, MIT Press.
_____. 1988. "*L'idée de Raison d'État* selon Friedrich Meinecke". *Parlamentarisme et démocratie*. Paris, Seuil, p. 181.
_____. 1985b. *Political Theology*. Cambridge, The MIT Press.
SCHORSKE, Carl E. 1988. *Viena Fin-de-Siècle; Política e Cultura*. São Paulo, Unicamp/Companhia das Letras.
SCHWAB, George. 1970. *The Challenge of the Exception: An Introduction to the Political Ideas of Carl Schmitt between 1921 and 1936*. Berlim, Dunker & Humblot.
SIMMEL, Ernst. 1994. "War Neuroses and 'Psychic Trauma' ". In: JAY, Martin; KAES, Anton & DIMENDBERG, Edward (eds.). *The Weimar Republic Sourcebook*. California, University of California Press.
SLADE, Francis. 1966. "Catholicism as a Paradigm of the Political?". *Telos*, nº 109, outono, Nova York, Telos Press.
SOMBART, Werner. 1969. *A New Social Philosophy*. Nova York, Greenwood Press.
SONTHEIMER, Kurt. "Weimar Culture". In: LAFFAN, Michael (ed.). *The Burden of German History, 1919-1945*. 1/130, s/d.
SOUZA SANTOS, Boaventura. 1997. "A Queda do Angelus Novus: Para Além da Equação Moderna entre Raízes e Opções". *Novos Estudos CEBRAP*, São Paulo, nº 47, mar.
STERN, Fritz. 1961. *The Politics of Cultural Despair: A Study in the Rise of Germanic Ideology*. Berkeley, University of California Press.
STERNHELL, Zeev. 1996. *The Intellectual Revolt against Liberal Democracy*. Jerusalém, The Israel Academy of Sciences and Humanities.
STRAUSS, L. 1988. "Remarques sur la notion de politique". In: SCHMITT, Carl. *Parlamentarisme et démocratie*. Paris, Seuil.
STÜRMER, Michael. 1971. "Parliamentary Government in Weimar Germany, 1924-1928". In: NICHOLLS, A. & MATTHIAS, E. *German Democracy and the Triumph of Hitler*. Londres, Georg Allen & Unwin.
TALMON, J. L. 1956. *Los Origines de la Democracia Totalitária*. México, Aguilar.
TELÓ, Mario. "Teoria e Política da Planificação no Socialismo Europeu entre Hilferding e Keynes". *Hobsbawm*, vol. 8.
TELLES, Vera S. 1990. "Espaço Público e Espaço Privado na Constituição do Social: Notas sobre o Pensamento de Hannah Arendt". *Tempo Social*, Revista de Sociologia da USP, São Paulo, 2(1): 23-48, 1º sem.
THOMAS, Richard Hinton. 1985. "Nietzsche in Weimar Germany – and the Case of Ludwig Klages". In: PHELAN, Anthony (ed.). *The Weimar Dilemma*. Manchester, Manchester University Press.
"TRATADO DE VERSALHES: As Cláusulas das Reparações". 1994. In: JAY, Martin; KAES, Anton & DIMENDBERG, Edward (eds.). *The Weimar Republic Sourcebook*. California, University of California Press.
TROELTSCH, Ernst. 1994. "The Dogma of Guilt, 1919". In: JAY, Martin; KAES, Anton & DIMENDBERG, Edward (eds.). *The Weimar Republic Sourcebbok*. California, University of California Press.
ULMEN, Gary. 1995. "Reflections of a Partisan: Julien Freund". *Telos*, nº 102, inverno, Nova York, Telos Press.
VEBLEN, Thorstein. 1915. *Imperial Germany and the Industrial Revolution*. Londres.
VERMEIL, Edmond. 1955. *Doctrinaires de la révolution allemande*. Villingen.

VIERECK, Peter. 1965. *The Roots of the Nazi Mind*. Nova York, Capricorn Books.
VOEGELIN, Eric. 1969. *The New Science of Politics*. Chicago, The University Chicago Press.
VOGT, Jochen. 1994. "The Weimar Republic as the 'Heritage of our Time' ". In: KNIESCHE, Thomas W. & BROCKMANN, Stephen. *Dancing on the Volcano: Essays on the Culture of the Weimar Republic*. Coumbia, Camden House.
WALDMAN, Eric. *Uprising of 1919*. Milwaukee, Marquette University Press.
WEBER, Max. 1968. *Economy and Society*. Berkeley/Los Angeles/Londres, Gunther Roth and Claus Wittrich.
_____. "A Ciência como Vocação". In: *Ciência e Política: Duas Vocações*. São Paulo, s/d.
_____. 1980. *Vida e Obra: Textos Selecionados*. São Paulo, Abril Cultural. (coleção Os Pensadores).
WERNECK SODRÉ, Nelson. 1989. *A Marcha para o Nazismo*. Rio de Janeiro, Bertrand Brasil.
WIEGANDT, Manfred H. 1995. "Konservative Revolution – Then and Now". *Telos*, nº 104, verão, Nova York, Telos Press.
WILL, Wilfried van der & BURNS, Rob. 1985. "The Politics of Cultural Struggle: Intellectuals and the Labour Movement". In: PHELAN, Anthony (ed.). *The Weimar Dilemma*. Manchester, Manchester University Press.
WOLFE, Bertram D. 1948. *Three who Made a Revolution*. Boston, Beacon Press.
WOLFRADT, Willi. 1994. "The Stab-in-the-back Legend?, 1922". In: JAY, Martin; KAES, Anton & DIMENDBERG, Edward (eds.). *The Weimar Republic Sourcebook*. California, University of California Press.

SOCIOLOGIA NA PERSPECTIVA

Fim do Povo Judeu?
Georges Friedmann (D006)
Sociologia do Esporte
Georges Magnane (D015)
Sobre Comunidade
Martin Buber (D203)
Autoritarismo e Eros
Vilma Figueiredo (D251)
Capitalismo e Mundialização em Marx
Alex Fiúza de Mello (D279)
Sociologia da Cultura
Karl Mannheim (E032)
De Geração a Geração
S. N. Eisenstadt (E041)

Ensaios de Sociologia
Marcel Mauss (E047)
Sociedade Israelense
S. N. Eisenstadt (E056)
Arte, Privilégio e Distinção
José Carlos Durand (E108)
Uma Arquitetura da Indiferença
Annie Dymetman (E188)
Lenin: Capitalismo de Estado e Burocracia
Leôncio M. Rodrigues e Ottaviano de Fiore (El016)
O Desencantamento do Mundo
Pierre Bourdieu (El019)